U0925381

港澳台侨学生通识教育课程系列教材

中华文化概要

骆文伟　主编

清華大學出版社
北　京

内容简介

本书以习近平新时代中国特色社会主义思想为指导，以“铸牢中华民族共同体意识”政治理念和“中华民族伟大复兴”国家发展目标为根本遵循，坚持贯彻使中华文化倡导的“日用而不觉”的价值观成为每个港澳台侨学生的精神追求和行动圭臬，形成客观科学的历史观、疆域观、民族观和文化观。

本书坚持以马克思主义基本理论与中国历史实际相结合的大历史观和文化演进逻辑统领全书撰写思路。导言阐述大历史观：中华之为中华；第一章盘点中华文化形成的不拔之基；第二章洞悉儒道佛哲学思想；第三章提炼千年道统的中华文化基本精神；第四章展现道不离器的中华文化基本形式；第五章梳理美美与共的中外文化交融与互鉴；第六章阐释其命维新的中华文化传承与创新及其现实路径；第七章彰显中华文化的时代价值和天下大同的世界意义；结语呼应前言，同时呼吁广大港澳台侨学生融通中外文明，为构建“和而不同、美美与共”的人类命运共同体贡献青春力量。

本书可作为高校港澳台侨学生通识教育的通用教材，也可作为高校通识教育课程的选用教材，还可作为广大读者研习中华文化的参考书。

图书在版编目(CIP)数据

中华文化概要 / 骆文伟主编. —北京：清华大学出版社，2022.10 (2025.9重印)
港澳台侨学生通识教育课程系列教材
ISBN 978-7-302-61940-6

Ⅰ. ①中… Ⅱ. ①骆… Ⅲ. ①中华文化－教材 Ⅳ. ①K203

中国版本图书馆 CIP 数据核字(2022)第 180813 号

责任编辑：王 定
封面设计：周晓亮
版式设计：思创景点
责任校对：马遥遥
责任印制：曹婉颖

出版发行：清华大学出版社
网 址：https://www.tup.com.cn，https://www.wqxuetang.com
地 址：北京清华大学学研大厦 A 座 邮 编：100084
社 总 机：010-83740000 邮 购：010-62786544
投稿与读者服务：010-62776969，c-service@tup.tsinghua.edu.cn
质 量 反 馈：010-62772015，zhiliang@tup.tsinghua.edu.cn
印 装 者：三河市科茂嘉荣印务有限公司
经 销：全国新华书店
开 本：185mm×260mm 印 张：12.25 字 数：276 千字
版 次：2022 年 10 月第 1 版 印 次：2025 年 9 月第 5 次印刷
定 价：59.80 元

产品编号：096932-01

为全面贯彻落实习近平总书记关于华侨高等教育的重要指示精神，华侨大学积极开展港澳台侨及留学生通识教育课程教材的建设工作。2020 年 12 月教材建设工作正式启动，《中华文化概要》是该系列第一批重点编写教材之一。《中华文化概要》获 2019 年国家社科基金高校思政课研究专项和华侨大学重点教材建设项目资助。“中华文化概要”(原“中国传统文化概论”)获评 2021 年福建省一流本科课程和 2022 年福建省闽台高等教育融合发展示范项目建设——台湾学生国情教育示范课程。

本书书名在“中国文化”和“中华文化”、“概论”和“概要”之间几经取舍，最终确定为《中华文化概要》。首先，从文化属性上说，中华文化更具文化意蕴。“中国”和“中华”既是一个历史范畴，也是一个现实范畴。虽然两者在很多方面可以通用，但“中国”更强调地理地域概念，而“中华”更强调民族文化概念。其次，从对象适用性来说，一方面中华文化更具广泛性。区别于国内其他高校“中国传统文化概论”课程，本课程的授课对象为港澳台侨学生。2014 年 6 月习近平在出席第七届世界华侨华人社团联谊大会时指出：“在世界各地有几千万海外侨胞，大家都是中华大家庭的成员。”中华文化能综合考虑到对港澳台侨学生的教学要求。另一方面中华文化更具针对性。2018 年 10 月 24 日，习近平考察暨南大学时指出：“中华文化源远流长、博大精深，如同一座宝藏，一旦探秘其中，就会终生受用。”他勉励港澳台侨学生好好学习、早日成才，为社会作出贡献，把中华优秀传统文化传播到五湖四海。第三，从统战工作的基本遵循上，中华文化更具有民族性和权威性。中国共产党第十九次全国代表大会将“铸牢中华民族共同体意识”作为新时代的政治理念和民族工作战略指向写入报告。2018 年 3 月第十三届全国人民代表大会通过的《中华人民共和国宪法修正案》中，“中华民族”概念首次写入宪法，同时将“中华民族伟大复兴”确定为国家发展目标，这是从国家根本大法的层面，对统一战线内部构成和性质发展的权威阐述和最高确认。2022 年 10 月习近平在党的二十大报告中指出，坚持和发展马克思主义，必须同中国具体实际相结合、同中华优秀传统文化相结合。中华优秀传统文化源远流长、博大精深，是中华文明的智慧结晶。要增强中华文明传播力影响力，坚守中华文化立场，深化文明交流互鉴，推动中华文化更好走向世界。

本书坚持以习近平新时代中国特色社会主义思想为指导，以“铸牢中华民族共同体意识”政治理念和“中华民族伟大复兴”国家发展目标为根本遵循，服务于新时代海外统战工作战略，以“溯文化之源，窥文化全貌，承文化经典，凝文化精神，塑文化自信”为主旨，按照“文化—中华文化—中华文化认同—社会主义文化强国”和“民族(国族)—中华民族—中华民族共同体—中华民族伟大复兴”两条相互交叉而自成体系的认知逻辑路线，由表及里进行中华文化系统性、阐释性及内核化教育，力图构建较完整的中华文化认知地图，深入理解中华文化精髓和中华文明根性，让港澳台侨学生形成一种超越地域、民族、宗教以及成长背景的文化共识和文化自信，有利于形成客观科学的历史观、疆域观、民族观和文化观，使中华文化倡导“日用而不觉”的价值观成为每个港澳台侨学生核心价值观的风向标和行动圭臬，积极推动中外文明交融与互鉴，为实现中华民族伟大复兴的中国梦作出积极贡献。

本书坚持以马克思主义基本理论与中国历史实际相结合的大历史观的逻辑思路和文化演进的叙事原则来展现中华文化。导言阐述大历史观：中华之为中华；第一章盘点中华文化形成的不拔之基；第二章洞悉中华哲学的儒道佛哲学思想；第三章提炼千年道统的中华文化基本精神；第四章展现道不离器的中华文化基本形式；第五章梳理美美与共的中外文化交融与互鉴；第六章阐释中华文化传承与创新及其现实路径；第七章彰显中华文化的时代价值和天下大同的世界意义；结语呼应导言，同时呼吁广大港澳台侨学生融通中外文明，为构建“和而不同、美美与共”的人类命运共同体贡献青春力量。

本书由骆文伟担任主编，设计总体思路和框架，并负责全书统稿和审定。各章节编写分工如下：导言由骆文伟编写，第一章由赵威编写，第二章由骆文伟、骆嘉意编写，第三章由董艺乐编写，第四章由黄孔雀编写，第五章由魏丹编写，第六章、第七章和结语由袁张帆编写。此外，参与本书编写和资料整理的还有刘艳、梁超、王惠等人。

本书在编写过程中，上级主管部门相关领导和华侨大学校领导给予高度重视和持续关注，张西平、李道湘、沈桂萍、翁贺凯、张梧、李存山、庄锡福等专家、学者进行了悉心指导，华侨大学教务处同仁在编写与出版方面积极协调，清华大学出版社编辑们对本书进行了细心审校，在此，对他们的付出表示衷心的感谢。此外，本书还参阅了大量的国内外著作、文献、教材、报刊及网络资料，在此向这些作者们表示衷心的感谢！

中华文化源远流长且博大精深，编写组成员囿于学识有限，本书所涉内容难免有疏漏之处，敬请读者予以指正，以便再版时修正。

本书提供配套教学大纲、教学课件、电子教案、慕课课程等教学资源，读者可扫描下方二维码获取。

教学大纲

教学课件

电子教案

慕课课程

编　者

2023 年 8 月

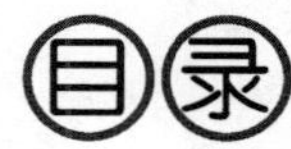

大历史观：中华之为中华

本课程的名称叫作“中华文化概要”。在篇章展开之前，首先要解释何谓中国、何谓中华，然后对“中华文化”及相关概念进行概说。中华民族是中华文化的创造主体，导言引入中华民族共同体意识建构这一重要的政治——文化议题，以利于培育和铸牢中华民族共同体意识。基于大历史观视角，坚持历史整体性的叙事原则，对中华文化展开阐释。本书所论，重点在中华文化的“昨天”和“今天”，同时昭示“明天”，是为导言。

第一节　何谓中国，何谓中华

何谓中国？何谓中华？这是我们首先必须思考的重大问题，也是我们走向世界、融入世界以及将来还很有可能重塑世界要解决的根本问题。

一、何谓中国

中国这个词出现得非常早，远古时期就有中国的概念，但并不是历史界定的中国。夏朝是中国史书记载的第一个世袭制王朝。中国历史上的“家天下”就是从夏朝的建立开始的。号称“中华第一王都”的河南偃师二里头遗址，是迄今可确认的中国最早的宫城遗迹，为人们探索中国早期文明提供了重要物证。值得一提的是，二里头遗址出土的绿松石龙形器证实了华夏先民早在夏代就已经把龙作为图腾来崇拜(见图 0-1)。该遗址同时出土的夏代乳钉纹青铜爵是目前所知中国发现最早的青铜爵，被誉为“华夏第一爵”(见图 0-2)。作为东亚大陆最早的广域王权国家遗存，二里头文化堪称“最早的中国”，通过其后商周王朝的传承与扬弃，成为华夏文明的主流。[①]

① 国家文物局. 二里头遗址博物馆今天奠基“最早的中国”将在此呈现[EB/OL]. [2017-06-11]. http://www.wcha.gov.cn/art/2017/6/11/art_2004_141839.html.

图 0-1　夏代绿松石龙形器

图 0-2　夏代乳钉纹青铜爵

商汤灭夏后，在黄河流域建立国家，自认为居于天下中央，可见商人很早就有了“中心—四方”的意识。有中心就有围绕中心的外部格局，商都周边地区分散着很多远较商朝落后的诸侯部落国家，卜文中多以“什么方”的形式称呼这些诸侯部落国家，称作“方国”“四方”，多数方国规模较小。商朝最早在亳(今河南商丘)建立首都，因河患和战乱频繁迁都，盘庚十四年(前 1302)迁都于殷(今河南安阳)，因此商朝又被后世称为“殷商”。商都虽多次迁移，但一直在河洛之地流转，河洛之地因此被视为天下之中。之后，无论哪一古代民族，只要入主中原建立政权，都以中国自居，以自表正统。

《尚书·梓材》第一次提出了中国的概念：“皇天既付中国民越厥疆土于先王，肆王惟德用，和怿先后为迷民，用怿先王受命。”大意是，上天既已把中国的臣民和疆土都付给先王，今王只有施行德政，来和悦地教导殷商那些顽固派，用来完成先王所受的使命。那时的中国是指版图，范围包括关中和河洛地区。至春秋时期，中国的范围逐渐扩展到包括各大小诸侯国在内的黄河中下游地区。而后，又随着各诸侯国疆域的拓展不断向周边延伸，最终成为当今雄踞世界东方的泱泱大国。

周武王以丰镐二京(今陕西西安，即宗周①)为基地，会同诸侯誓师伐纣，最终完成灭商大业。殷商覆灭后，周的权力范围超出其起源地陕西，延伸到河南，着手在中原营建新都洛邑(今河南洛阳，即成周)。洛邑被视为大地中心，称为中国，传世文献称为“地中”“土中”或“中土”。西周何尊青铜器的铭文中出现了“宅兹中国”的表述(见图 0-3)，记载着周成王营建洛邑王城这一历史事件。把洛邑称为中国，折射中国命名者的中心意识，中国和四夷(见图 0-4)是周王朝用来区分华夏族部落和四方部落的称呼。

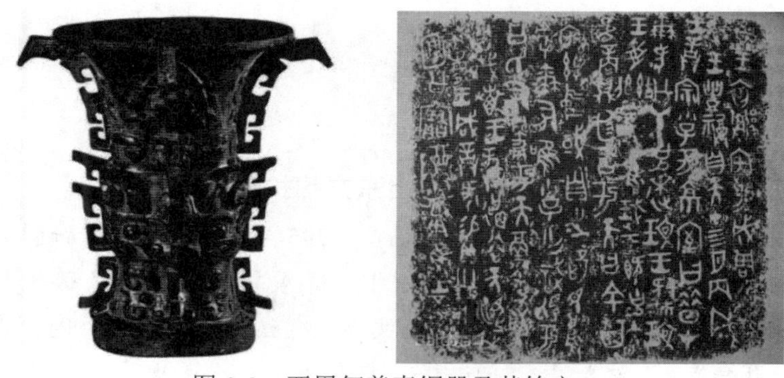

图 0-3　西周何尊青铜器及其铭文

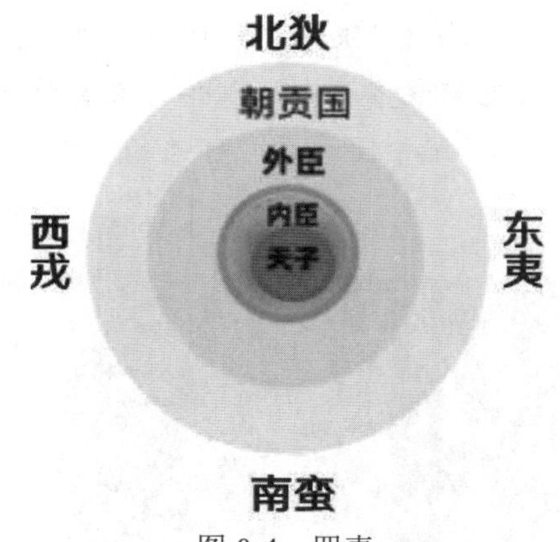

图 0-4　四夷

河洛地区是华夏民族和中华文明的主要发祥地，河洛文化是中华文化的母文化或根文化。在中国南方诸省(含台湾)和东南亚各地的闽南人和客家人，多自称“河洛郎”。1987 年台湾同胞青年夏令营来大陆寻根访祖，就在洛阳市王城公园内庄严刻石立碑“根在河洛”。

秦始皇统一六国后，国家的概念才真正树立起来。汉王朝在中国的形成过程中有着十分独特的意义：一方面，秦汉奠定的大一统帝国疆域已经大体形成。如果说秦始皇统一六国，中国历史上第一次出现了统一的多民族国家；那么，汉朝建立起中原王朝的一个初步形态，后几经繁衍变化至今天的中国疆域，其中尤以汉武帝对疆域的拓展最具开

① 《尚书正义·衰毕命》载：“越三日壬申，王朝步自宗周，至于丰。於朏三日壬申，王朝行自宗周，至于丰。宗周，镐京。丰，文王所都。”

创意义。[①]汉武帝时主导与经略的疆域范围空前辽阔，基本确立“中国的雏形”，并逐步开始疆域融合。“中国的疆域范围自汉代以来就大体形成，这说明中国不是一个扩张主义的国家”。由于汉朝控制了河西走廊，通向西域的大门已经打开，自此使中原文化进入了中亚地区，河西走廊也成为中西方艺术、文化、佛教等方面交流的重要渠道。1995 年新疆尼雅遗址出土的西汉五星出东方锦护臂就是这个鼎盛时期的重要见证。[②]另一方面，汉朝士人、儒生与帝王共同创建的天人感应的大一统观念，也为这庞大的疆域和空间提供了有力的观念支撑。

【拓展阅读 0–1】

西汉五星出东方锦护臂

著名的西汉五星出东方锦护臂(见图 0-5)，1995 年 10 月出土于新疆和田地区民丰县尼雅遗址，国家一级文物，中国首批禁止出国(境)展览文物，现收藏于新疆博物馆。上面绣有的“五星出东方利中国(讨南羌)”的文字。“五星出东方利中国”在《史记 • 天官书》《汉书 • 张耳传》《汉纪》中均有记载，其意为水、金、火、木、土五大行星共见东方之天象，则于中国军国大事有利。汉代儒生们认为，汉之兴是因为汉元年十月五星聚东方。这样一件具有政治、民族色彩的汉制丝绸膊锦出现在距离中原几千公里外的精绝国，足见当时精绝国与中原汉王朝联系之密切。作为汉晋时期丝绸制品的巅峰之作，西汉五星出东方锦护臂被誉为 20 世纪中国考古学伟大的发现之一。

图 0-5 西汉五星出东方锦护臂

资料来源：新疆维吾尔自治区考古研究所.

在此之后，经历过三国两晋南北朝数百年的分裂与动荡之后，又有隋唐的恢复和扩展；经历过五代两宋与北部辽金多国并立之后，又有元明之际的恢宏格局。到了明清之际，西方传教士们习惯上称明朝或清朝为“中华帝国”。1689 年，中国清朝与沙皇俄国

① 李青. 汉武帝与一个国家的雏形[J]. 科技文萃，2005(4)：120-122.

② 《史记 • 天官书》中记载：“五星分天之中，积于东方，中国利。”《汉书 • 赵充国辛庆忌传》中也记载：“今五星出东方，中国大利，蛮夷大败。”

之间签订《尼布楚条约》，首席代表索额图被授予的官衔当中使用了中国一词，标志着中国开始成为主权国家的专称，用于中国处理国际事务。在清嘉庆二十五年(1820)修订完成的《嘉庆重修一统志》中，中国的疆域格局最终成型。这一版图，也成为后来者追溯中国历史及疆域范围的基本依据，成为我们共同的空间想象与中国观点的起点。

二、何谓中华

中华这一名称，由来已久。“中”，意指居于四方之中；“华”，本义为光辉、文采、精粹。中华是中国与华夏的合称，华夏先民生活于黄河中游，自称中央且文化灿烂，所以称为中华。中华一词，最早出现在东晋大将军桓温的《请还都洛阳疏》中“自强胡陵暴，中华荡覆，狼狈失据”，希望率军北伐收复中原失地，此后被大量使用。唐代最早在法律中正式出现中华一词，始见于唐朝永徽四年(653)颁行、由长孙无忌领衔撰文的《律疏》(后被称为《唐律疏议》)，对中华一词释文如下：“中华者，中国也。亲被王教，自属中国。衣冠威仪，习俗孝悌，居身礼仪，故谓之中华。”简言之，凡行政区划及文化制度自属于中国的，都称为中华。唐代诗人也常以中华引以为傲，如唐朝吕温所作“明时无外户，胜境即中华”(《吐蕃别馆和周十一郎中杨七录事望白水山作》)。元至正二十七年(1367)，朱元璋命徐达北伐讨元，其檄文提出“驱逐胡虏，恢复中华”的著名口号，这种与“胡虏”对称的中华，指汉族及汉文化传统。至近代，中华则逐渐成为指认全中国的一种文化符号，如开国元勋周恩来在少年时期就立下“为中华之崛起而读书”的宏伟志向，青年时期赴日留学时为同学题词“愿相会于中华腾飞世界时”，表达了为国家和民族而奋斗终生的责任感和使命感。

由此可见，中华和中国两词基本同义，常互为使用。相比于中国，中华一词淡化地理方位，突出文化的先进性。中国更强调地理地域这个概念，而中华更强调民族文化这个概念。

综上所述，中国既是一个历史动态的概念，也是一个地理空间的概念。同时，中国还是一个文化文明的概念，又是一个政治秩序的概念。

第二节　中华文化概述

世上所有的追问，归根到底是文化的追问。文化，是一个看似处于高阁其实近在身边的课题。[①]中华民族是中华文化的创造主体，中华民族的概念从提出到不断地引申和发展，到现今已不再是单一的中国各民族的总称，而是一个与中国的国家、民族、地域、历史、精神等紧密相连的整体的政治—文化议题。新时代铸牢中华民族共同体意识无疑具有十分重大的意义。

---

① 余秋雨. 艰难的文化[N]. 解放周末. 2011-03-11.

一、中华文化

“文化”是中国语言系统中古已有之的词汇，较早可见《周易·贲卦》：“观乎天文，以察时变；观乎人文，以化成天下。”大意为，治理国家者必须观察天道自然的运行规律，以明耕作渔猎之时序；又必须把握现实社会中的人伦秩序，使人们的行为合乎文明礼仪，并由此而推及天下。在这里，天文是指天道自然，人文是指社会人伦。“以文教化”即文化，表示对人的性情的陶冶和品德的教养，本属精神领域的范畴。一般认为，凡是超越本能的、人类有意识作用于自然界和社会的一切活动及其结果，都属于文化；或者说“自然的人化”即文化。

中华文化是指由中华民族在广袤的中华大地上所创造出来的具有鲜明民族特色和恒久生命力并传播到世界各地的文化总和。中华文化负载着中华民族的价值取向，影响着中华民族的行为方式和生活方式，聚拢着中华民族自我认同的凝聚力。

【拓展阅读 0–2】

《周易》

《周易》即《易经》，包括《连山》《归藏》《周易》三部，其中《连山》和《归藏》已经失传，现存于世的只有《周易》，是阐述天地世间关于万象变化的古老经典。《汉书》称“人更三圣，世历三古”。三圣是指伏羲、文王、孔子。三古是指《易经》的成书经历了上古、中古、下古。上古伏羲画八卦，中古周文王演为六十四卦，并作卦爻辞。下古孔子作“十翼”，内容包括《经》和《传》两部分，孔子作传解经。河南汤阴羑里城遗址(见图 0-6)，是周易文化发祥地，“画地为牢”“文王拘而演周易”历史典故均源自于此。

图 0-6　羑里城遗址

二、中华民族

中华民族是中华文化的创造主体。《尚书·武成》有云：“华夏蛮貊，罔不率俾。”在漫长的历史发展过程中，中原地区的华夏族与周边“蛮貊”等少数民族相互影响、相互融合，中华民族共同体诸要素渐趋完备。特别是进入近代，由于西方殖民统治者的入侵，更是激发了中国各民族在政治、经济、文化上的整体意识，中华民族也成为中国各民族的共同称谓。“中华民族”一词是20世纪初梁启超首次提出，1905年对其给出如下定义：“中华民族自始本非一族，实由多民族混合而成”“凡遇他族而立刻有‘我是中国人’之一观念浮于其脑际者，此人即中华民族一员也。”由此，梁启超完成了“中华民族”一词从形式到内容的革命性创造。

孙中山在《中华民国临时大总统宣言书》中提出“五族共和”的政治口号：“国家之本，在于人民，合汉、满、蒙、回、藏诸地方为一国，即合汉、满、蒙、回、藏诸族为一人，是曰民族之统一。”《中华民国临时约法》用法律形式将民族平等规定下来：“中华民国人民一律平等，无种族、阶级、宗教之区别。”

“实现中华民族伟大复兴是全体中华儿女的共同光荣，也是全体中华儿女的共同使命。”2018年3月，中华人民共和国第十三届全国人民代表大会第三次全体会议表决通过的《中华人民共和国宪法修正案》中，“中华民族”首次写入宪法，使中华民族的现代国家的宪法有了“中华民族”的概念，同时，它将“中华民族伟大复兴”与“社会主义现代化强国”并列为国家发展目标，突显了中华民族在国家发展中的地位和作用。2021年10月，习近平在纪念辛亥革命110周年大会上的讲话时呼吁：“海内外全体中华儿女更加紧密地团结起来，发扬孙中山先生等辛亥革命先驱的伟大精神，携手向着中华民族伟大复兴的目标继续奋勇前进！”①

【拓展阅读 0–3】

中华民族构成

现今的中华民族共包括56个民族，即汉族、蒙古族、回族、藏族、维吾尔族、苗族、彝族、壮族、布依族、朝鲜族、满族、侗族、瑶族、白族、土家族、哈尼族、哈萨克族、傣族、黎族、傈僳族、佤族、畲族、高山族、拉祜族、水族、东乡族、纳西族、景颇族、柯尔克孜族、土族、达斡尔族、仫佬族、羌族、布朗族、撒拉族、毛南族、仡佬族、锡伯族、阿昌族、普米族、塔吉克族、怒族、乌孜别克族、俄罗斯族、鄂温克族、德昂族、保安族、裕固族、京族、塔塔尔族、独龙族、鄂伦春族、赫哲族、门巴族、珞巴族、基诺族。

三、中华民族共同体

中华民族共同体是由中华民族衍生出来，由“中华民族”和“共同体”两个概念整合而成，构成一个内涵丰富的统合性概念。“共同体”概念最早由德国古典社会学家滕尼斯在其著作《共同体与社会——纯粹的社会学概念》中提出。在不同学科语境下，“共同

① 习近平．在纪念辛亥革命110周年大会上的讲话[N]．人民日报，2021-10-29.

体”衍生出多种含义，可指任何形式的聚合群体。全球化背景下共同体已经成为联结民族国家发展和各国合作共赢的纽带。中华民族共同体强调中华各民族共同构成一个有机统一体，即中国 56 个民族融入共同体并依赖共同体而存在发展的状态。

“中华民族多元一体是先人们留给我们的丰厚遗产，也是我国发展的巨大优势。”[①]历史上中国各民族虽然不乏冲突，但最终都在不同阶段铸就了中华民族共同体。在先秦，商族起于东夷，周人起于戎狄，由夷狄而入华夏以主中原。在秦汉，秦人出于西戎而一统六国，完成了从西到东的华夏整合，汉朝设置“都护”经略西域而完成了由南往北的国家统合。在隋唐，经过魏晋南北朝以来的胡汉交融，王朝统治者一改以往“贵中华、贱夷狄”的民族歧视，代之以“爱之如一”的平等态度。宋代到清代，王朝统治者提出“皆是国人，不宜有分别”“胡汉一家”“华夷无间”等思想，创制一系列因地制宜、因俗而治的民族宗教法规和管理体制，奠定中华民族多元一体大格局。中国在近代遭受西方列强侵略的危难中之所以没有四分五裂，一个重要的基础就在于历史赋予中华民族共同体团结统一的内生动力。中国各民族人民在中国共产党的领导下，维护、激发和加强各民族团结统一的内生动力，推翻了“三座大山”，建立了中华人民共和国。中华民族共同体的发展史清楚表明，每一次民族大融合都促进了国家大一统和中华文明大发展；每一次国家大一统和中华文明大发展都强化了中华民族共同体意识。[②]

中华民族共同体意识是习近平倡导的重要理念之一。2017 年 10 月，中国共产党第十九次全国代表大会将“铸牢中华民族共同体意识”写入报告，并载入《中国共产党章程》。

铸牢中华民族共同体意识具有三个层面的含义：第一，中国各民族多元一体大格局形成的中华民族共同体意识；第二，中华民族共同体意识是中华民族相互认同的血缘、地缘与精神基础，以中华民族共同体意识培育为路径，有利于解决国家统一大业问题；第三，海内外中华儿女以中华民族共同体意识为基础，有利于解决好中华民族与世界其他民族发展的人类命运共同体问题。中华民族共同体理论的根基在于人与自然和谐共生共同体，拓展解决中国的民族问题、国家统一问题和国际关系问题，旨在形成全球共生的生命的人类命运共同体意识。因此，中华民族共同体是中华各民族、港澳台同胞、海外中华儿女共同的“文化之家”与“精神之家”，更是一个实实在在的“祖国之家”。它涵盖了海内外中华儿女命运与共的特殊关系，这种关系超越了一般意义上的民族共同体，强调共同繁荣发展。

新时代铸牢中华民族共同体意识作为新时代中国共产党的政治理念和民族工作战略指向，无疑具有里程碑式的意义。第一，从民族团结角度看，铸牢中华民族共同体意识是维护国家统一、民族团结进步的必要前提；第二，从国家现代化角度看，中华民族共同体建设是提高国家治理能力和治理体系现代化的内在要求；第三，从政治动员角度看，在实现中华民族伟大复兴的进程中，中华民族共同体具有凝聚人心、汇集

① 习近平. 在全国民族团结进步表彰大会上的讲话[N]. 人民日报，2021-09-27.

② 潘岳. 中华共同体与人类命运共同体[N]. 学习时报，2018-12-20.

中华儿女力量和智慧，提升中华民族凝聚力和向心力的政治号召作用。

第三节　大历史观中的中华文化

中华文化是中华民族对人类文明的伟大贡献。谈起中华文化，我们常常会用两个成语来形容：一个是“源远流长”，指其历史悠久，传承从未中断；另一个是“博大精深”，指其无论广度还是深度，都令人叹为观止。任何一本中华文化的书籍都不能穷尽其所有内容。面对特定的不同港澳台侨学生群体，如何取舍教材内容是编者要认真思考并做出回答的关键问题。

内容取舍的标准在于我们如何理解与把握历史，更重要的是从历史中获取什么。历史和历史观是两个完全不同的命题。史实不等于史识，历史不等于历史观。历史所影响的绝不仅仅是苦难与辉煌交织的过去，更影响机遇与挑战并存的未来。黄仁宇的“将宏观及放宽视野这一观念导引到中国历史研究里去”从而高瞻远瞩地考察中国历史的“大历史观”，在史学界影响至深。简言之，大历史观就是用历史的内在逻辑，以长远的、比较的思维来看待问题，从而对当前发生的事件做出正确的判断以及对未来社会的走向做出合理预测的历史观。在如何看待中华文化的发生、发展和走向方面，我们应该树立一种长远的大历史观维度。习近平指出，要“坚持正确历史观”，强调“让历史说话”，在历史中找到镜鉴、发现规律、涵养智识，以正确的历史观奠定中国和世界走向未来的基础。由此可见，中华文化的大历史观尤其重要，对于中国人而言，回顾历史，也是一种展望未来。

我们从历史观的维度编写本书，不仅立足于构建较完整的中华文化认知，不啻理解中华文化的思想资源、基本精神及主要表现形式，而且通过追踪中华文化孕育、发展、隆盛、转型、走向复兴的一系列过程，阐明“中华优秀传统文化是中华民族的‘根’和‘魂’”“积淀着中华民族最深层的精神追求，代表着中华民族独特的精神标识，为中华民族生生不息、发展壮大提供了丰厚滋养”。5000 多年的中华文明蕴含着统一安定之道、多元一体之道、包容开放之道、责任伦理之道、中正和平之道，[①]彰显了中华文化的根性和底色，创造了中国特色社会主义的人类文明新形态，预示了中华文化的时代价值和世界影响。中华文化倡导的“中华一统”核心精神以及“日用而不觉”的价值观应当成为每个港澳台侨学生的精神追求和行动圭臬，不断提升中华文化自觉和文化自信，培育和铸牢中华民族共同体意识，为中华民族伟大复兴做出应有的贡献。

大历史观视角下必须坚持历史整体性的叙事原则。中华文化和世界上其他民族文化一样，有其发生、发展的历史，也有它的昨天、今天和明天。2014 年 4 月，习近平在比利时布鲁日欧洲学院发表演讲指出：“观察和认识中国，历史和现实都要看，物质和精神也都要看。中华民族 5000 多年文明史，中国人民近代以来 170 多年斗争史，中国共产党

---

① 潘岳. 传播中华文明　促进中西互鉴[N]. 中国侨网，2021-09-27.

90 多年奋斗史，中华人民共和国 60 多年发展史，改革开放 30 多年探索史，这些历史一脉相承，不可割裂。脱离了中国的历史，脱离了中国的文化，脱离了中国人的精神世界，脱离了当代中国的深刻变革，是难以正确认识中国的。”用历史整体性的叙述来展现中华文化史，既有新意，也增加了难度。本书把 1949 年中华人民共和国成立以来中国共产党带领中国人民不断传承和创新的中华文化作为中华文化递嬗的一大节点。本书所论，重点在中华文化的“昨天”和“今天”，同时昭示“明天”。具体而言，“昨天”是以 1949 年中华人民共和国成立以前的中华传统文化和中华近代文化为节点，“今天”是以 1949 年中华人民共和国成立以后的中华当代文化为节点。首先，中华传统文化是我们的先辈传承下来的丰厚遗产，曾长期处于世界领先地位。中华传统文化所蕴含的基本精神一方面具有强烈的历史性和传承性，另一方面具有鲜活的现实性和变异性，无时无刻不在影响着今天的中国人，为我们开创新文化提供历史依据和现实基础。这方面名师的经典著作琳琅满目。同时，中国改革开放 40 多年来，学界对于新文化运动前后的文化，结合重大历史事件，着力表现中华传统文化的转型和嬗变，研究日趋成熟。而中华当代文化的教材和研究则是有待进一步深入挖掘的学术点，如何把中华传统文化的基本精神融入当代中国社会是一个值得研究的命题。

历史并未过去，仍影响着今天，并且向将来延伸。历史中国和当代中国是一个中国。中华传统文化和中华当代文化息息相通、一脉相承。中华当代文化根植于中国 5000 多年文明的历史基础之上，中华传统文化的基本精神在今天仍然是支撑中华民族智慧的力量和精神的源泉。中国共产党是中华优秀传统文化的忠实继承者和弘扬者，推动着中华优秀传统文化创造性转化和创新性发展。中国共产党第十九届中央委员会第六次全体会议决议指出：“习近平新时代中国特色社会主义思想是中华文化和中国精神的时代精华。”这句话高度概括了习近平新时代中国特色社会主义思想在中华文化发展史上的重要地位，鲜明地体现了习近平近年来念兹在兹、反复强调的长时段、宽视野、高站位、通古今的“大历史观”，是全新的重大的理论论断。[①]习近平新时代中国特色社会主义思想作为马克思主义中国化的最新理论成果，以鲜明的文化自信和文化自觉彰显了中华文化持续发展的生机与活力。

思考题

请结合自己开始形成中国人意识的经验，说说你如何理解中国和“中国人”这两个概念。

---

① 翁贺凯. 彰显历史自觉和文化自信的马克思主义纲领性文献[N]. 香港文汇报，2021-11-19.

参考文献

1. 王鉴. 中华民族共同体意识的内涵及其构建路径[J]. 中国民族教育，2018(4)：17-20.

2. 骆文伟. 中国传统文化概论[M]. 北京：清华大学出版社，2019.

3. 张岱年，方克立. 中国文化概论[M]. 北京：北京师范大学出版社，2004.

不拔之基：中华文化的形成基础

从传说中的盘古开天辟地到女娲造人，中华文化经过几千年的历史演变，与世界各古代文明和近现代文明长期相互影响与融合，不断焕发出新的生机和活力。人类文明依水而生，中华文化发源于黄河与长江，从“地理共同体”发展到“文明共同体”，进而发展为“命运共同体”，其文化的时代性演进和地域性展开均丰富多彩，由此形成中华文化多元一体的文化格局。自然地理环境、经济基础、社会政治结构以及各具特色的民族文化，都是中华文化形成和发展的最深刻的根源。

第一节　中华文化萌发的地理环境

人类文明首先在河流旁边兴起。例如，尼罗河旁边兴起了埃及文明，底格里斯河和幼发拉底河流域诞生了美索不达米亚文明，中华文明则起源于黄河流域与长江流域，从萌生就呈现以河谷型文化为主的文化形态。这两条长河都“发源于青藏高原的同一地带，在地球上画出一个不规则的圆圈以后又形成一个花环，这个花环成为一个‘地理共同体’”，[①]人们在这个“地理共同体”中繁衍生息，创造了中国早期辉煌灿烂的黄河文明和长江文明，这是一个“文明共同体”，中华文化就在这个文明共同体内孕育并不断发展。

地理环境是人类生存与发展的空间和物质条件，不同类型社会的主要特征都是受到地理环境的影响后形成的，而物质生产方式的不同型范又是各种格局的文化类型得以形成的基础，影响着各地域人群“地理共同体”的生活方式与思维方式。有江河灌溉的暖

① (美)谭中. 简明中国文明史[M]. 北京：新世界出版社，2017.

温带—亚热带可以为农作物的生长提供充分的热能和水分，农业发展得最早，大河—农业文明的稳定持重与江河灌溉造成两岸居民农耕生活的稳定性有关；草原—荒漠展开了流动畜牧的广阔场所，成为游牧经济的温床，草原—游牧文明的粗犷剽悍、惯于掠夺，与来自草原多变的恶劣气候提供的“射生饮血”的游牧生活方式有关；滨海地区拥有鱼盐之利和交通之便，工商业应运而兴，海洋—商业文明的外向开拓精神则与大海为海洋民族的流动生活提供纵横驰骋、扬帆异域的条件相关。可见，中华文化的产生和发展与所处的地理环境有着直接的关系。

一、中国地理环境的基本特征

（一）四周天然阻隔、相对封闭

中国地处世界最大的亚欧大陆东部，东临浩瀚的太平洋，除东南及东部面向海洋外，东北、北部、西北、西部、西南皆与亚欧大陆连接，但却被河流、沙漠或高原峻岭所阻隔，形成了一个相对封闭的地理单元。具体来说，中国西部是被称为亚洲中轴的帕米尔高原，中国西南是世界上最高的山脉——喜马拉雅山脉，西南是横断山脉及其江河和热带丛林，北部是广袤无垠的草原和沙漠，中国东部及东南是广阔的海岸线。

（二）地势西高东低，自西向东呈现出三大阶梯式的地形地貌

具体来说，第一阶梯是西部的青藏高原，平均海拔在4000米以上，号称“世界屋脊”；第二阶梯是青藏高原以北、以东，海拔在2000～1000米范围内，蒙古高原、云贵高原、塔里木盆地等相间分布，地形复杂多样；第三阶梯则是北起大兴安岭，中经太行山，南至巫山、云贵高原东侧一线以东的中国东部地区，平均海拔在500米以下，海拔200米以下的东北平原、华北平原、黄淮平原、长江中下游平原及江南红土盆地都分布在这一地区，滨海地带海拔低于50米。

（三）季风气候显著，各地干湿冷暖差别很大

就干湿度而言，中国大陆以距离海洋远近形成了从东南向西北由湿润、半干旱到干旱逐渐递变的气候特征。东部阶梯除华北以外一般湿润多雨，中部阶梯除云贵高原以外一般为半干旱、干旱气候，西北内陆则是最干旱地区。就冷暖度而言，中国大陆呈现出热带、亚热带、暖温带、中温带、寒温带渐次递变的气候特征。从南到北温度和干湿度的变化决定了淮河、秦岭以南的中国南方产业结构以稻作农业为主，淮河、秦岭以北至长城的中国北方以粟作农业为主，而长城以北则以游牧业为主。

中华文化赖以生存发展的地理环境并不是一成不变的，从古至今一直处在运动变化之中。海洋成为陆地，江河改道而行，湖泊变为荒漠，沧海桑田，中华文化在几千年的岁月流转中积淀，焕发出强大的生命力。

二、地理环境对中华文化的影响

地理环境对中华文化的影响是多方面的，主要表现在以下三个方面。

（一）文化的多样性与多元一体格局

地理环境的复杂多样性导致了中华文化的多样性，早在先秦时期就形成了各种区域文化，如中原文化、齐鲁文化、荆楚文化、吴越文化、巴蜀文化等，之后又有关东文化、草原文化、雪域文化、闽南文化、岭南文化等。这些区域文化各具特色，如中原文化人文渊薮、博大精深，荆楚文化轻灵精奇，湖湘文化朴质霸蛮，闽南文化重乡崇祖，岭南文化开放风气，等等，正所谓“百里不同风，千里不同俗”。中华文化虽然存在巨大的多样性和差异性，但又具有统一性，正如《易传·系辞下》所言“天下同归而殊途，一致而百虑”，风采各异的区域文化共同构成了锦绣中华的历史画卷，形成了中华文化大一统的局面。

（二）文化的独立性与自成一体

相对封闭的地理环境造就了中华传统文化相对封闭、独立的特性，中国古代的各派文化学说(如儒家、道家、墨家、法家、阴阳家、道教等)基本上是在本土独立成长的，这些思想和宗教流派在世界上自成一体，影响深远。汉字、书画艺术、四大发明都是由中国人独立创造的，其他的中华文化也是如此。中华文化具有极强的包容性，在对外交流中往往有外来文化传到中国，但自它们传入中国开始就被中华文化吸收并融合，在漫长的历史进程中，中华文化始终保持着一种自我独立的状态向前发展。

近代以来西风东渐，中华传统文化受到外来文化的冲击和影响，在与外来文化的兼容并包中实现转型。1949 年以来，中国共产党领导中国人民在传承中华优秀传统文化的同时，推动中华文化的创造性发展和创新性转化。

（三）典型的农耕文明与南北差异

中国自然地理的特点使中国古代就形成了东南、中原以农耕为主，西北以畜牧为主的人文生产景观，这与欧洲农牧相间结合、亦农亦牧的情况有很大不同。中国自然地理造成长期性的文化基因传承和发展，极大地影响了中国南北文化的差异。农耕与游牧文明构成了中国古代文明的主体。

长期以来，中国绝大部分人口都自然集中在地理环境相对优越的中原、东南农耕区域，人们在有限的土地上精耕细作、集约经营，时日积久，养成了中国人安土重迁(《汉书·元帝纪》)、乐天知命等基于农耕文明的民族文化性格，由此培养了中华民族对乡土的眷恋和对故国的深切情怀，增强了民族凝聚力。同时，北方游牧民族则因为游牧生活的环境迁徙不定，重牧轻农，勇猛好斗。

【拓展阅读 1-1】

胡焕庸线

胡焕庸线，即中国著名地理学家胡焕庸在 1935 年提出的划分中国人口密度的对比线。该线北起黑龙江省瑷珲、南达云南腾冲，划分中国人口分布为两个密度特征区。该线大致为倾斜 45° 基本直线，东南方 36%的国土居住着 96%的人口，以平原、水网、丘陵、喀斯特和丹霞地貌为主要地理结构，自古以农耕为经济基础；西北方人口密度极低，是草原、沙漠和雪域高原的世界，自古为游牧民族的天下。该线具有重大意义，一直为世界地理学以及人口学学者所承认和引用。

资料来源：蒲亮．高黎贡山[M]．北京：世界图书出版公司，2017.

第二节　中华文化植根的经济基础

文化是人类社会相对于经济、政治而言的精神活动及其产物，是一切群族社会现象与群族内在精神的既有传承、创造和发展的总和。人类自身的发展首先以生产实践(经济活动)为基础，在历史发展过程中，依托于中国的自然条件、地理背景，中华民族发展出古代、近代和现代物质生产方式，为中华文化提供了经济生活土壤。

一、农耕与游牧：古代社会经济形式

中国有一条重要的地理分界线——400 毫米等降水量线，这条线大致经过大兴安岭—张家口—兰州—拉萨—喜马拉雅山脉东部，它是半湿润区与半干旱区的分界线，也是农耕文明与游牧文明的分界线。早在新石器时代，当远古的人类告别以渔猎采撷为基础的原始经济形式时，中华民族的经济生活就分化为两个发展方向：其一，气候适宜、土壤肥沃的黄河中下游流域率先走向了农耕生产；其二，蒙古高原和北方游牧文化经济圈里的先民们呈现了向游牧经济方向发展的痕迹。在蒙古高原东部和辽河中下游西北部地区出土的大量细石器表明这里的先民们在几千年的历史发展中已经开始由单纯的渔猎向游牧经济发展。到了青铜器时代，这些从事狩猎和游牧的民族已经进入氏族向部族社会过渡的阶段，到东胡、肃慎、匈奴等民族正式形成，游牧经济作为一个和农耕经济相区别的经济类型正式走上历史舞台。

(一) 农耕经济与农耕文化

东亚大陆的湿润带，“草木榛榛，鹿豕狉狉”(唐·柳宗元《封建论》)，是动植物繁茂的区域。在气温和雨量适中的黄河中下游和长江中下游，华人先民从六七千年前的彩陶文化时期就逐渐进入以种植业为基本方式的农耕时代。春秋战国时期，农业得到长足发展。秦汉以后，大一统的帝国把“重本抑末”作为“理国之道”。之后列朝帝王都耕籍田、祀社稷、祷求雨、下劝农令，以“天子亲耕”“后亲蚕”之类的仪式和奖励农事的政令鼓舞天下农夫勤于耕作。自汉武帝经营南方以后，尤其是东晋南渡，长江流域迅速演进为农产丰盛的耕作区。隋唐以后，长江中下游成为漕米、布帛的重要供应地，“东南财赋”与“西北甲兵”共同构成唐宋元明清各朝赖以存身的两大支柱。

在长期的农业生产中形成的农耕文化集道家、儒家及各类宗教文化为一体，呈现出独特的文化内容和特征。农耕文化的核心是平和自足，农耕文化所产生的是“天人相应”“天下为公”“物我一体”“顺”“和”“大同”等观念，都表现出农业生产方式的文化特征。

（二）游牧经济与游牧文化

在400毫米等降水量线的西北部，就是北方游牧民族繁衍生息的森林、草原、沙漠地带。游牧人在这片广阔的草原—荒漠地带逐水草而居，往来转徙，渔猎牧羊，创造了一种和北方草原游牧民族生存的自然地理环境相适应的生产方式，从而形成了北方草原游牧民族独特的经济生活，也形成了北方游牧民族开放、扩张的文化性格。

游牧民族不是一个具体的民族，而是指在这个区域内所有以渔猎和畜牧经济为主的民族。从历史上最早出现的东胡、肃慎等古老民族算起，先后出现过几个族系、几十个民族。从历史的横向发展看，这一地区部落之间的兼并、统一和民族间的融合连绵不断。从历史的纵向发展看，不同的时代，这一地区生活着不同的民族，即使是同一个民族，有的民族在不同的时代也采用不同的族名。比如维吾尔族、裕固族在唐朝初期时称回纥，唐朝后期时称回鹘，元朝时称畏兀儿，清朝时称维吾尔。再如藏族在唐宋时称“吐蕃”，元朝时称“吐蕃”“西蕃”，明清时期称“西蕃”“图伯特”“唐古特”“藏蕃”“藏人”等。

游牧文化的特点在于动。游牧民族因依托草原生存，要根据草场的变化进行不断的迁徙，造成其整体的不稳定性。因为变动性大，不利于手写文字的产生，其文化的积累便主要依靠口耳相传，无法形成如农耕文明那样发达的社会文化和制度组织。

从历史时序上看，中国进入封建社会以后至中华民国建立，共经历了秦、汉、三国、两晋、南北朝、隋、唐、宋辽金、元、明、清11个历史阶段，计2132年。如果将中国封建社会的历史划分为两个千年：第一个千年是农耕民族的千年，从秦汉创下中国历史上的一统帝国和宏阔强盛的一统文化到唐代盛世，将中国封建社会推向高峰，创下至今令中华民族引以为傲的唐代文化，都烙印下农耕民族在中国历史上的作用和贡献。第二个千年则是北方草原游牧民族的千年，从蒙古人在高原崛起，建立起横跨欧亚大陆、把中华民族的强盛推向极致的蒙古帝国到清朝的乾隆盛世，都书写着北方游牧民族在中国历史上的作用和贡献。在第一个千年里，农耕民族维持了800年的辉煌；在第二个千年里，北方游牧民族维持了近700年的辉煌。但是从文明发展的样态看，农耕文明占据绝对的统治地位，不论在物质上还是在精神上都对其他文化具有强大的同化力。游牧民族进入农耕区域以后，会主动将草原游牧经济文化和农耕经济文化相结合，而不是以游牧经济文化代替农耕经济文化，这一过程是自觉发生的。

二、不完全的自然经济与资本主义经济：近代社会经济形式

（一）近代社会主要经济形式

近代以来，随着殖民主义的入侵，中国逐步变成半殖民地半封建社会。西方列强用武力打开中国的门户，把中国卷入世界资本主义经济体系和世界市场之中。中国的经济形式出现封建经济为主体，四种经济形式(自然经济、帝国一资本主义经济、官僚资本主义经济、民族资本主义经济)并存的经济结构，呈现出越来越深的半封建半殖民地性质。

中国近代社会多种经济成分的存在，不可避免地在文化上反映出了复杂性：既有资本主义文化，又有封建主义文化；既有殖民主义文化，又有爱国主义文化；既有西方现代文化，又有中国传统文化；既有新文化，又有旧文化；等等。各种文化既互相矛盾冲突、制约影响，也互相结合或融会，出现许多新的文化领域，使近代文化呈现出丰富多彩、新旧并陈的复杂状态。

近代中国的每一次战争都使中国一步步陷入半殖民地的历史深渊，每一次战争也使中国人产生震惊和民族危机感，爱国主义的精神日益增强。近代文化的发展变化始终同政治变革、救亡图存密切结合，反帝反封建斗争，争取独立、民主、富强始终是中国近代历史的主题，科学与民主是近代文化的核心思想内容。这里所说的科学和民主都是从广义上讲的。科学既指自然科学，又包括认识事物的科学法则、科学思想和科学精神。民主的含义同样广泛，既包括近代民主制度、民主精神，又包括在政治、经济、思想文化等方面的解放和变革。多元文化和革命文化这两个方面，基本上涵盖了近代中国文化发展的主要内容。

【拓展阅读 1–2】

胡适的表字“适之”的由来

《天演论》出版之后，“优胜劣败，适者生存”的思想像野火一样，延烧着许多少年的心。“天演”“物竞”“淘汰”“天择”等术语渐渐成了报纸文章的熟语，还有许多人爱用这种名词作为自己儿女的名字。我有两个同学，一个叫孙竞存，一个叫杨天择。我自己的名字，也是这种风气底下的纪念品。我在学堂里的名字是胡洪骍。有一天早晨，我请我的二哥代我想一个表字，二哥一面洗脸，一面说：“就用‘物竞天择，适者生存’的‘适’好不好？”我很高兴，就用“适之”二字。

资料来源：胡适. 四十自述[M]. 北京：华文出版社，2013.

（二）资本主义生产方式在中国难以产生的原因

1. 农耕自然经济的影响

中国古代以农耕自然经济为最主要的经济形式，加上中国人自古标榜的“耕读传家”

的社会心理，会形成社会财富更多地投向土地，而不是转向商业资本，甚至商业资本也趋于投向土地的现实问题，使得中国在16世纪资本主义萌芽产生以后，一直未能进入资本的原始积累阶段，并与农耕自然经济在中国特别难以解体互为因果。市民文化(以商品经济充分发育为基础)在清代中叶以前的整个中国社会都相当幼弱。中华民族通往现代化的基点是以小农业为主体的经济形态，而促成这种经济形态的现代化转型，以及随之发生整个文明的现代化转型，是近现代中国面对的一个战略性主题。

2. 城乡经济的同一性，城市对乡村的经济依赖

中国前资本主义生产方式的又一个显著特点是城市不具备自立的经济，其与乡村在经济上是同一的。古代中国的城乡关系，政治上城市是宗主，乡村是附庸；经济上乡村是财富的来源地，城市是财富的消耗处。从国家机制看，城市高高凌驾于乡村之上，但城市并未能获得独立运行的生命机制，不过是农业经济的附属物，自给自足的农业经济成为乡村和城市共同赖以存身的基础。中国农耕自然经济难以解体、资本主义生产方式萌芽发展迂缓、市民阶层晚成、市民文化孱弱等现象，均与城乡经济的同一性和城市迟迟未能形成独立的、与农村相抗衡的经济中心有着不能解脱的内在联系。

3. 生活资料生产与人口再生产比例的周期性失调

人类社会的生产活动包括两个相互关联着的方面：一方面是生活资料以及为此所必需的工具的生产，另一方面是人类自身的生产，即人口再生产。在中国历史上，这两种生产之间的比例多次发生剧烈的起落升降，一再经历了协调—失调—严重失调的周期性变化，这种变化周期与整个社会的兴衰周期大体同步，二者间互为因果，对中国社会发展进程造成周期性破坏，成为中国经济发展的严重障碍。

三、从新民主主义经济到社会主义经济：现代社会经济形式

1949年10月1日，中华人民共和国成立。为了建立社会主义经济，国家对农业、手工业和资本主义工商业三个行业进行了社会主义改造，1956年这一过程完成，使社会主义公有制在国民经济中占据主导地位，标志着社会主义制度在中国的确立，在一个经济文化十分落后且拥有几亿人口的大国实现了复杂和深刻的社会变革。值得一提的是，这种深刻变革不但没有造成国家社会生产力的破坏，反而促进了整个国民经济的发展；不但没有引起剧烈的社会动荡，反而得到了人民群众的广泛拥护，这在世界各国的社会变革史上都是极为罕见的，这与中国大同理想的长期传承和天下为公的文化基因密切相关。

1978年，中国开始实行改革开放的基本国策，逐步建立起中国特色社会主义市场经济体制。事实证明，儒家传统伦理思想与中国特色社会主义市场经济可以并行不悖，儒家的一些传统伦理价值观念，如和谐、忠诚、重视教育、勤劳节俭、鼓励储蓄等，是中国经济高速增长的主要推动因素。儒家精神所蕴含的“其命维新”的创新精神就是改革精神，“这种精神是内生的，是由当地的文化、民情所决定的，官员的改革精神也来

自此”。[①]社会主义市场经济具有兼容并包的混合优势，根源于中华文明的包容精神。

与社会主义经济基础相适应，中国正在建设“中国特色社会主义文化”。这种文化有三大理论来源：一是中华民族五千多年文明历史所孕育的中华优秀传统文化，二是中国共产党领导中国人民在革命斗争中所创造的革命文化，三是中国共产党领导中国人民在建设和改革中创造的社会主义先进文化。[②]其核心价值是有利于个人、家庭、国家、全人类的和谐与全面协调可持续发展，使人们在心灵自由、身体健康、财富自由等方面获得最大满足，促进人的全面发展和社会全面进步，全球一体，最终实现多民族、多文化相互尊重、竞争、并存、共荣。

第三节　中华文化依赖的社会政治结构

中国是一个以水为生、以农立国的文明古国，古代社会政治结构以农耕社会的政治结构为主。农耕社会的政治结构是一种以宗法制为基础、以宗族伦理为本位、以官僚制为骨架、以君权至上为核心的封建专制主义结构。“社会结构的宗法特征，导致中华文化形成宗法伦理型范式，经由天道自然证明的伦常道德观念，深刻影响着中华文化的各个分支。”[③]社会结构的专制特征导致中华文化形成政治型范式，体现在两个方面：一方面体现为君主专制政治统摄之下的两千年一贯制的思想统一；另一方面体现为专制主义的政治论高度发达与早熟，在封建社会的前期，曾经起到适应生产力发展状况、促进生产力发展的作用。虽然这种制度随着历史的发展已被废除，但因宗法制度而确立的家国关系仍是今天中国的政治特色。比较世界各大文明对“国家”的称谓，唯有汉语的“国家”具有“家”的内涵，在“国家”这一名称中可以看到“家庭”的影子，这是中国的“家国关系”最核心的政治含义。

一、传统社会政治结构：宗法制与中央集权制

（一）宗法制度

所谓宗法，是指一种以血缘关系为基础，标榜尊崇共同祖先，维系亲情，而在宗族内部区分尊卑长幼，并规定继承秩序以及不同地位的宗族成员各自不同的权利和义务的法则，它是由父系氏族社会的家长制演变而来的。中国的宗法制度产生于氏族社会末期，成熟于西周。

父系氏族后期，部落联盟的领袖在一定程度上已经具有后世国王的权力，夏禹死后，其子启继位，开创了中国历史上第一个奴隶制王朝。自夏王以下，各级奴隶主贵

---

① 姚中秋. 钱塘江以南中国：儒家式现代秩序——广东模式之文化解读[J]. 开放时代，2012(4)：37-48.

② 翁贺凯. “提升中华文化影响力”：内涵、问题与路径[J]. 中央社会主义学院学报，2021(6)：174-184.

③ 冯天瑜，何晓明，周积明. 中华文化史[M]. 3 版.上海：上海人民出版社，2010.

族都是“大人世及以为礼”，这种世袭统治权的确立与宗法制度的形成互为因果。在确定政治、经济等方面特权地位的继承秩序的同时，又规定这种特权地位的继承人应该依照血缘关系的亲疏远近，把部分权力和财产分配给宗族中的其他成员。确定继统秩序和在宗族内部依血缘关系区分尊卑亲疏、规定各自的权利和义务，二者相辅相成，是宗法制度的基本内容。西周时期，宗法制已臻于完善(见图 1-1)。秦汉以后，封建大一统帝国的官僚行政系统不容宗族组织插足各级政权，从这一意义上说，严整的宗法体系已不复存在。但是，如果从广泛的意义上来理解，把宗法制看作一种以血缘关系为纽带，在各个宗族内部体现尊卑有序，维护尊长特权，约束族人思想行为，以巩固统治秩序的规范和办法，那么可以说，宗法制兼备政治权力统治和血亲道德制约的双重功能，从而奠定了中国传统社会结构的定式。

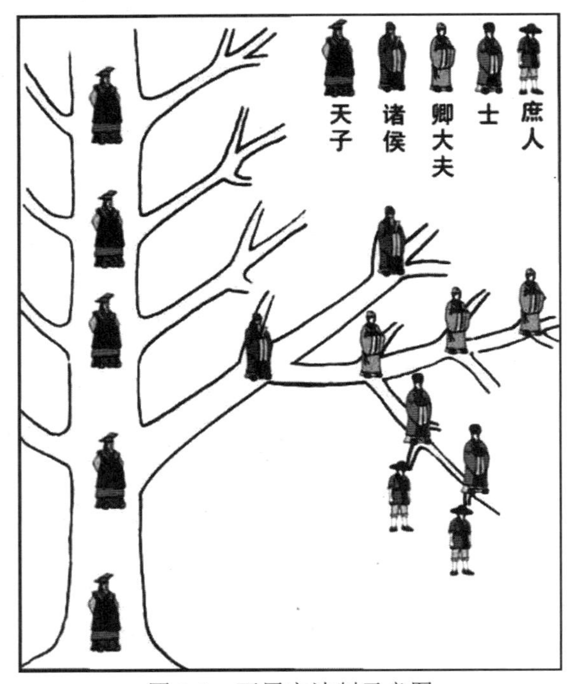

图 1-1　西周宗法制示意图

【拓展阅读 1–3】

宗法制

宗法制是按照血统远近以区别亲疏的制度。嫡长子继承制度是宗法制最突出的特点。宗法制确立于夏朝，完备于商朝，对后世产生了极大的影响。在宗法制度下，“天子建国，诸侯立家，卿置侧室，大夫有贰宗，士有隶子弟”（《左传·桓公二年》），形成了系统而完整的制度。

资料来源：https://baike.so.com/doc/6178997-6392241.html.

（二）中央集权制度

中央集权制度是中国封建社会基本的政治制度，以国家职权统一于中央政府，削弱地方政府力量为标志，中央对地方拥有统率权，地方听命于中央。皇权专制、中央集权、地方行政三方面内容的结合构成了中央集权制度。

皇权至高无上是中央集权制度的根本特征。在中国，这种形式起源于秦朝。公元前221年，秦始皇统一六国以后就着手建立和健全专制主义的中央集权制度，以巩固其对全国的统治，且彻底打破了传统的贵族分封制，奠定了古代大一统王朝制度的基础，提高了行政效率，强化了对地方的统治。这一特征在两千多年的历史发展中基本未变，变化的是中央集权制度的其他方面——中央政府的组成、地方机构的设置、文化专制的措施等，至清亡而结束。秦始皇所创立的上述专制主义的中央集权制度，基本上被后代的封建统治者所继承，隋朝以后发展为三省六部制、两府制和内阁制等，对于巩固国家统一、维护封建统治基础有十分重要的作用。

中国传统政治结构的特征体现为如下几点。

第一，家国同构是中国传统政治结构的首要特征。中国社会在进入文明社会时，其发展是由家族到国家，国家混合在家族里面。统治者利用国家政权的强制力量，利用宗法血缘的生理和心理基础，将氏族制发展为宗法制，用宗法血缘的纽带将家和国联结起来，而家庭以至家族就成了联系家和国的中介。同时，在结构上，家庭成了国家的缩影，国家则是家庭的扩大。严格的宗法制虽然在周代以后不复存在，但“家国同构”精神却数千年贯彻于中国社会。

第二，中国传统政治结构的另一个重要特征是存在着一个延续了两千多年的君主专制的世卿世禄与官僚制度。从阶段划分来看，中国封建社会的政治结构，大致可分为两个阶段：从西周到春秋，是一种单纯的以宗法制度为基本原则的政治结构，具体表现为世卿世禄制，战国时代则是从宗法制度的政治结构到官僚制的政治结构的转变时期；秦汉以后，则是以建立在宗法制的社会基础之上的官僚制为基本原则的政治结构。在长期的历史发展中，宗法制和官僚制相辅为用、互为表里，维护国家的大一统。

第三，君权至上是中国传统政治结构的又一基本特征，具体表现是中央集权和君主专制。这一制度自秦朝开始，汉继秦之后，沿袭秦的官制，并通过调整加强了中央官僚机构。汉以后，历代封建王朝基本沿袭“秦汉之制”，无论政权结构还是组织形式都没有根本变化，这与中国封建社会的经济结构，意识形态以及封建社会有机体构成中诸种再生产的状况是分不开的。君权至上的另一个重要表现，就是君权高于神权。

【拓展阅读1–4】

科举制度

科举考试是中国古代封建统治者为选拔人才而设置的一种定期考试的制度。它和之前的选官制度最根本的区别在于普通的读书人均有参加官府考试从而被选拔做官的机会。相对于世袭、举荐、九品官人法等选才制度，科举考试无疑是中国官制史上的巨大进步。科举制度的确立以隋炀帝创制进士科为标志，唐代继承并发展了隋代创设的科举制度，使中国古代科举制度进入鼎盛时期。从隋朝开始，科举制度在中国实行了整整 1300 年，隋唐以后，中国的社会结构、政治制度、教育、人文思想，莫不受科举制度的影响。科举制度对东亚、世界也有影响，15—16 世纪，这种制度逐渐流传到了东亚的一些国家，到了 17 世纪欧洲的传教士来到中国，将这种特别的选官制度带到了欧洲。

资料来源：上海古籍出版社编.中国文化史三百题[M].上海：上海古籍出版社，1987.

二、近代社会政治结构：共和制

中国近代史是指 1840 年至 1949 年中华人民共和国成立之时的历史。从 1840 年第一次中英鸦片战争至 1911 年辛亥革命爆发前，中国的社会政治结构主要还是表现为传统社会政治结构。辛亥革命之后，中国的社会政治结构是共和制。共和制是“君主制”的对称，是指国家代表机关或国家元首由选举产生的一种制度。民主共和政体在其共和范围和形式上包括全体公民在内，最高权力由多人执掌和行使，这些权力执掌者由选举产生，任期限定。按照不同职能机关和职位的地位与权限，民主共和政体又分为议会共和政体和总统共和政体。

1911 年至 1912 年初，中国发生了辛亥革命，孙中山在南京宣誓就职，改国号为中华民国，成立中华民国临时政府。1912 年 2 月，清帝颁布退位诏书(见图 1-2)，在中国延续了两千多年的封建君主专制制度结束了。

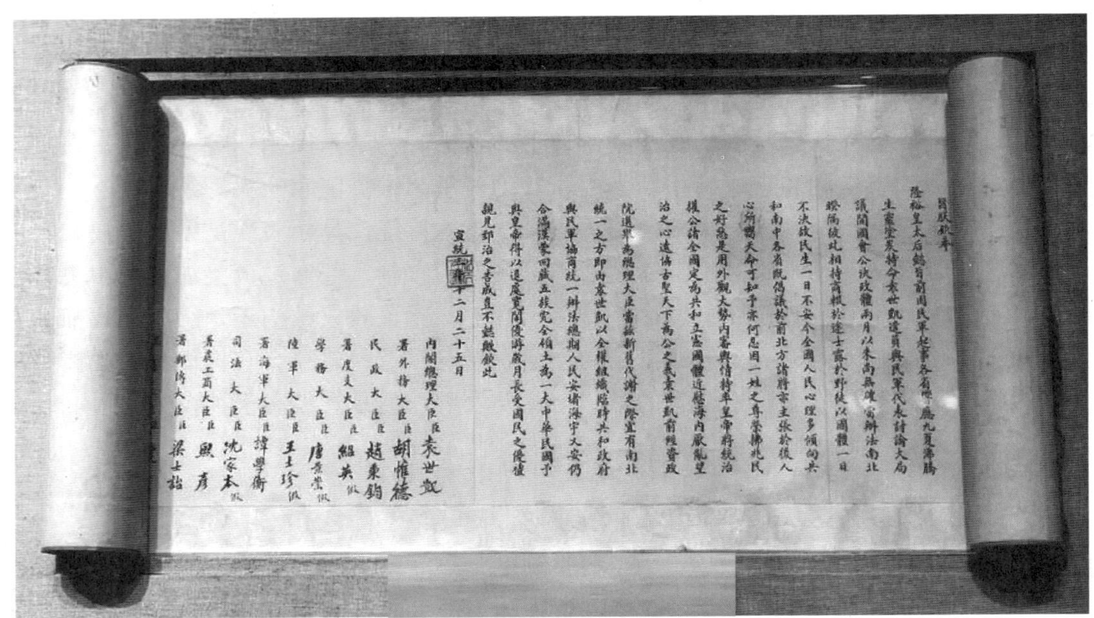
朕欽奉
隆裕皇太后懿旨前因民軍起事各省響應九夏沸騰
生靈塗炭特命袁世凱遣員與民軍代表討論大局
議開國會公決政體兩月以來尚無確當辦法南北
睽隔彼此相持商輟於途士露於野徒以國體一日
不決故民生一日不安今全國人民心理多傾向共
和南中各省既倡議於前北方諸將亦主張於後人
心所嚮天命可知予亦何忍因一姓之尊榮拂兆民
之好惡是用外觀大勢內審輿情特率皇帝將統治
權公諸全國定為共和立憲國體近慰海內厭亂望
治之心遠協古聖天下為公之義袁世凱前經資政
院選舉為總理大臣當茲新舊代謝之際宜有南北
統一之方即由袁世凱以全權組織臨時共和政府
與民軍協商統一辦法總期人民安堵海宇乂安仍
合滿漢蒙回藏五族完全領土為一大中華民國予
與皇帝得以退處寬閒優游歲月長受國民之優禮
親見郅治之告成豈不懿歟欽此
宣統三年十二月二十五日
內閣總理大臣臣 袁世凱
署外務大臣臣 胡惟德
民政大臣臣 趙秉鈞
署度支大臣臣 紹英 假
學務大臣臣 唐景崇 假
陸軍大臣臣 王士珍 假
署海軍大臣臣 譚學衡
司法大臣臣 沈家本 假
署農工商大臣臣 熙彥
署郵傳大臣臣 梁士詒

图 1-2　宣统皇帝退位诏书

南京临时政府采用资产阶级民主共和政体，实行三权分立的原则，这个政府的行政机关是临时大总统和行政各部，立法机关是临时参议院，司法机关是中央审判所。中华民国公布的《中华民国临时约法》(见图 1-3)规定人民一律平等，享有身体、家宅、财产、言论等自由和权利，享有请愿、诉讼、陈述、考试、选举及被选举等民主权利。但这个临时政府只存在了几个月的时间，之后中国就陷入了军阀混战时期。历史证明，“中国不能全盘照搬别国的政治制度和发展模式，否则的话不仅会水土不服，而且会带来灾难性后果”。[①]

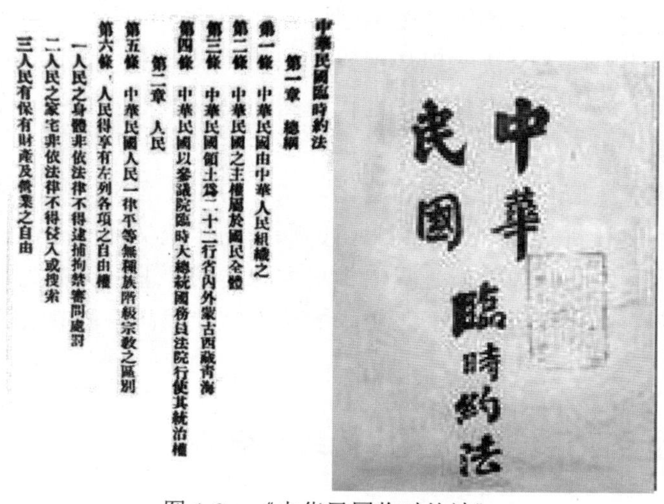

中華民國臨時約法

第一章　總綱

第一條　中華民國由中華人民組織之

第二條　中華民國之主權屬於國民全體

第三條　中華民國領土爲二十二行省內外蒙古西藏青海

第四條　中華民國以參議院臨時大總統國務員法院行使其統治權

第二章　人民

第五條　中華民國人民一律平等無種族階級宗教之區別

第六條　人民得享有左列各項之自由權

一人民之身體非依法律不得逮捕拘禁審問處罰

二人民之家宅非依法律不得侵入或搜索

三人民有保有財產及營業之自由

图 1-3　《中华民国临时约法》

1926 年，国民党和共产党领导中国人民发动了北伐战争。1928 年，国民政府从形式上统一中国。无论是在军阀混战时期还是北伐战争时期，到中华民国南京政府成立，一直到 1949 年中华人民共和国成立，中国的国家政权组织形式都是共和制。其不同之处在于，中华民国国民党统治的区域实行的是总统共和制，而中国共产党领导的根据地和解放区，普遍采取民主集中制。各级民主政权机构的领导人都经过人民选举产生，努力发扬政治民主，保障人民自由权利。

近代以来，中国的政治结构和政治思想与传统政治结构相比发生了很大变化，主要表现在以下三方面。

第一，国家和民族感增强。近代以来，外国资本—帝国主义以殖民扩张的方式给中华民族带来了巨大的灾难，列强发动的侵华战争以及中国反侵略战争的失败，从反面教育了中国人民，中国人首次作为一个群体产生了民族危机意识，极大地促进了国人的思考、探索和奋起，民族危机激发了中华民族的觉醒，增强了中华民族的凝聚力。中国自古以来的“天下兴亡，匹夫有责”的优良传统得到了发扬和升华。鸦片战争是中华民族觉醒的启蒙，甲午战争是中华民族觉醒的重大转折，抗日战争则是中华民族觉醒的总爆发。

---

① 习近平. 在布鲁日欧洲学院的演讲[N]. 新华网，2014-04-01.

第二，阶级关系变动。近代，中国从封建社会逐步演变为半殖民地半封建社会，中国社会的阶级关系发生了深刻的变革，旧的阶级发生了变化，新的阶级产生。在农村，地主阶级本身发生了某些变化，一部分地主将土地剥削获得的货币投资于资本主义工商业，转化为资本家，其中有一部分是官僚买办资本家，另一部分是民族资本家。在城市诞生了工人阶级，它的来源主要是城乡破产失业的农民、手工业者和城市平民。

第三，民权意识提高。经历了种种不成功的挫败之后，人们认识到思想和文化启蒙的力量，对中国传统文化与制度进行批判、拆检和重组，试图打破中国传统的伦理秩序，重新凝聚族群的力量，以弱者的团结姿态回应强势的西方侵略，民权思想应运而生。民权的使命是帮助近代中国人尽快实现从古代“臣民”向现代“国民”的成长与蜕变，将无数单一的个体凝聚成民族的力量。在近代中国的民权话语体系中，个人权利的要求始终与民族和国家紧密相连。

随着中国的政治结构和政治思想的变化，文化的先行者将中华文化放到整个近代世界文化的大参照系中判断其价值，批判封闭、保守的传统文化心态，提出改造的设想；同时，对中西文化又做了具体分析，指出中华文化传统并非一无是处，也有许多积极的方面，而资本主义文化也有阴暗方面，中华文化应该“发扬吾固有之文化，且吸收世界之文化而光大之”。①

三、现代社会政治结构：人民代表大会制

1954 年的第一部《中华人民共和国宪法》明确提出人民代表大会制度是中国的根本政治制度。人民代表大会制度的特点主要有：国家的一切权力属于人民，人民行使国家权力的机关是全国人民代表大会和地方各级人民代表大会；全国人民代表大会和地方各级人民代表大会的代表由民主选举产生，对人民负责，接受人民监督；国家的行政机关、审判机关和检察机关都由人民代表大会产生，对它负责并受它监督；全国人民代表大会是最高国家权力机关，地方各级人民代表大会是地方国家权力机关。

现代中国的政治结构和政治思想主要包括以下几点。

第一，民族复兴。习近平在 2017年提出，实现中华民族伟大复兴是近代以来中华民族最伟大的梦想，而建立中国共产党、成立中华人民共和国、推进改革开放和中国特色社会主义事业，是近代以来实现中华民族伟大复兴的三大里程碑。中国提出的中华民族伟大复兴涵盖了中国由近代不断衰落到根本扭转命运，再到持续走向繁荣富强的美好愿景。中华民族伟大复兴的目标已经部分完成，特别是习近平执政以后这一目标加速完成，2020 年中国全面建成小康社会，未来要全面建设社会主义现代化国家。

第二，法律面前人人平等。中国宪法明确规定，中华人民共和国公民在法律面前一律平等。每一位公民平等享有人身自由、人格尊严、政治权利、宗教信仰自由、劳动和休息的自由与权利、受教育的权利、从国家和社会获得物质帮助的权利等。中国在社会

① 孙中山. 孙中山全集：第 1 卷[M]. 北京：中华书局，1981.

建设中推进基本公共服务均等化，努力建设体现效率、促进公平的收入分配体系，进行教育改革，都是为了实现真正意义上的平等。

第三，人民至上。人民是国家发展最深厚的社会力量，人民是国家的主体。人民至上，就是通过制度和法律确立人民在国家中的主体地位，人民的幸福是国家经济和社会发展的根本目标。2021 年 11 月，中国共产党《中共中央关于党的百年奋斗重大成就和历史经验的决议》提出“始终坚持全心全意为人民服务的根本宗旨，坚持一切为了人民、一切依靠人民，坚持为人民执政、靠人民执政，发展成果由人民共享”。这是人民至上思想的最深刻体现。为了最大限度地实现民主，中国共产党提出并发展了全过程民主，避免人民在选举过程之外就没有民主参与的弊端，指出民主的判断标准：是要看人民有没有广泛参与权；要看选举后政府对人民的承诺实现了多少；要看制度和法律规定的政治程序和政治规则是不是真正得到了执行；要看权力是否真正受到人民监督和制约。

随着中国的社会政治结构从传统到现代的发展，中华文化也进行了从传统到现代的变迁，传统的中华文化建立在血缘家庭伦理和宗法制的基础上，形成了忠君爱民的思想，近代中华文化是以救亡图存、民族独立、国家富强为核心的民族文化和革命文化，而现代中华文化则是以人民为中心的社会主义先进文化。中国共产党领导下的人民民主继承与弘扬了中华文明的人民性传统，中国共产党领导的人民民主使千百年来中华文明所向往的“天下为公”从理想转变为现实。中国坚持以社会主义核心价值观引领社会，注重用社会主义先进文化、革命文化、中华优秀传统文化培根铸魂，积极进行文化建设。

第四节　中华各民族文化的交流融合

关于中华各民族形成的历史时代问题，至今仍有不同意见。中国历史上有非常多的文化遗存，如仰韶文化、龙山文化、马家窑文化、大汶口文化、红山文化等，这些文化遗存不但表现了中华文化多元的起源，揭示着不同民族的文化特征，还展现出以汉族为主体的各个民族形成与发展，由弱小走向强大，由分散、碰撞走向交流、融合，最终形成一体的过程。中国每一次大的发展进步都建立在统一的基础上，统一不但是中国历史的主题，而且是推动中华民族发展进步的根本保证。

一、中原农耕文化与北方游牧文化的交融

中华大地的农耕区与游牧区常发生冲突和战争，也会形成文化互补、民族融合。一方面，在整个古代，中原农耕人学习游牧人的骑射技术，吸收游牧人从远方带来的异域文化，并以粗犷强劲的游牧文化充作农耕文化的复壮剂和补强剂。战国时，秦国学习西戎“击技”，楚国汲取苗蛮文化、越族文化，赵武灵王“变俗胡服，习骑射”；汉代开辟丝绸之路，广采博取中亚、西亚游牧文化及绿洲文化的成果；唐代承魏晋南北朝以降汉

胡文化融合；宋代仿效回回炮加以改进推广；等等，都是农耕区从游牧区获得积极影响的生动事例。另一方面，游牧人则从农耕人那里广为学习先进的生产方式、政治制度乃至改变生活习俗，促使自身的社会形态发生历史性飞跃。值得注意的是，以征服者身份进入农耕区的游牧人在更高级的农耕文化氛围中，往往“为被征服者所同化”。元代蒙古人入主中原后，渐次皈依汉文化，元世祖忽必烈将首都从游牧区迁至农耕区的“大都”(今北京)，便是归化农耕文明的决定性步骤。后金首领努尔哈赤也十分注意学习汉文化，他“好看三国、水浒二传”，让人把三国译成满文，发给部下阅览，故其用兵谋略颇得《三国演义》之妙。努尔哈赤的儿子皇太极在更高层次上以汉文化为师，逐步采取了创制文字、开科取士、收集经典、记史译书、吸纳汉臣等措施，为后来清军入关打下了文治基础。

总之，东亚大陆农耕和游牧两大文明区绝非自我禁锢的系统。以迁徙、聚合、战争、和亲、互市等形态为中介，农耕人与游牧人彼此交往、相互融合，不断实行互摄互补，历时数千年，方汇成今日气象恢宏的中华文化。农耕与游牧作为东亚大陆两种基本的经济类型，是中华文化中两个彼此不断交流的源泉，从一定意义上可以说，在长期既相冲突又相融汇的过程中共同缔造了中华文化。

【拓展阅读 1–5】

文成公主入藏

唐朝贞观年间，唐太宗将文成公主下嫁吐蕃赞普松赞干布，松赞干布迎娶文成公主后在逻些(今拉萨)居住，为文成公主筑城，修建宫室(布达拉宫)。文成公主进藏时，带去了 500 驮谷种，1000 驮锄犁，以及数百名最好的工匠。当时汉族的纺织、建筑、造纸、酿酒、制陶、冶金、农具制造等先进生产技术以及历法、医药等陆续传入了藏族地区。文成公主入藏后，佛教开始慢慢在西藏流传，文成公主亲自主持修筑了吐蕃式殿宇“大昭寺”与汉式庙宇“小昭寺”。文成公主带去的释迦佛像至今仍为藏族人民所崇拜。松赞干布下令禁止吐蕃人的赭面习俗，甚至自己也脱下毡裘，穿上纨绮，逐渐仰慕唐风。松赞干布和文成公主对汉藏两族的文化交流做出了重要贡献。

资料来源：https://baike.so.com/doc/5400500-5638090.html.

二、中原农耕文化与南方山地游耕文化的交融

南方山地游耕文化主要分布于中国南部，包括西南的彝族、白族、傣族、景颇族、苗族和东南的壮族、瑶族、土家族等，是中国古代农耕文化的另一重要部分。从距今六七千年的浙江余姚河姆渡文化遗址及其他稻作文化遗址的发现来看，东南沿海百越地区是目前所知亚洲最古老的稻作文化发源地，是中华文明另一个农业区域文化所在。其与中原华夏农业区域的文化不同，形成了显著的区域性特征：一是在耕作方式上为刀耕火种，二是过着迁徙不定的游移生活，三是在社会生活的各个方面尚处于不成熟状态。

中国古代南方山地民族在艰苦恶劣的自然和地理环境下创造的随山所处、“食尽一

山则他徙”的游耕文化，因其独特的传承和发展难以留下比较清晰的文化遗址。不过，从传说时代起，南方山地民族游耕区域文化就与中原华夏农业区域文化和东南百越稻作区域文化鼎足互存，共铸中国古代农耕文化。先秦时期的中原地区，对东南地区百越稻作文化已有认识，周代的东南沿海百越稻作区域文化，就已成为与中原农业文化合为一体的区域文化了。秦汉时，统治者一方面迁徙 50 万众戍岭南，一方面又在建元三年(前 138)，沿袭并大量汲取东南百越稻作区域文化的长江流域农耕文化，与继承中原华夏礼仪传统、不断融合北方和西部游牧文化的黄河流域农耕文化，南北相映地推进和遥领着古代中华文化的发展。魏晋南北朝时期是南方山地游耕区域文化大量融入中原华夏农业区域文化，以及迅速封建礼仪化时期。

三、少数民族的文化贡献

中华文化是汉族人民与少数民族人民共同创造的。在漫长的历史进程中所形成的中华文化，既有高度发展的汉族文化，也有丰富多彩的少数民族文化。没有少数民族人民独特的创造和巨大的贡献，中华民族就不会像今天这样光照寰宇、绚丽多姿。少数民族对中华文化的重大贡献体现在物质文化和精神文化两方面。

第一，物质文化方面。中国青铜器数量大、种类繁多、散布区域广，从存在的时间和特点的异同看，既反映了各民族社会发展的不平衡，又说明了它们是由中国不同民族分别创造的。商周时期，当夏族青铜器文化大放光彩的时候，作为“戎狄之长”的蜀国的青铜器也取得了极大的成就。以畜牧业为主的游牧民族与以农业生产为主的农业民族，除了通过“互市”“榷场”等进行交换之外，还通过相互间的贡纳和回赐的方式来满足双方的经济需要。游牧民族对中国畜牧业的发展和牲畜良种的养殖起重要作用。在中国农业民族中，少数民族也各有独特的创造。在粮食作物中，黍、稷、菽可以说源于黄河流域，是由夏族较早种植的；大麦则源于青藏高原的民族；小麦在中国是天山南麓的民族最先种植的；水稻源于南方民族；高粱是蜀地民族最先种植的。后来经过各民族人民的频繁交往和互相学习，这些重要的粮食作物便在中国普遍种植，它们已经成为中国各族人民的共同财富了。解决人们穿衣问题的毛皮、丝绸、麻、棉等，也是中国各族人民共同创造的。茶叶是由中国南方民族发现、培植和发展起来的。中国各民族都有历史悠久并独具特色的手工业，如游牧民族擅长制造毛革和骑具，农业民族擅长制造农具和纺织等。除此之外，少数民族在水利上也有很多创造。

第二，精神文化方面。除个别情况，每个民族都有自己的民族语言。随着社会和科学文化的发展，很多民族在语言的基础上创造和使用了文字。由于生产和生活的需要，很多民族都创造了适用于本民族的历法。其中汉历，即农历，不单汉族使用，南方农业民族也普遍使用。他们在使用汉历时，也根据本民族的情况和特点做某些变化，如云南傣族的傣历、藏族的藏历、新疆的回回历等，然后再根据自己使用的历法，形成了本民族的节庆之日。在与自然和疾病的斗争中，每个民族都积累了一定的医药知识和经验，进而发展为比较系统的医药学。例如，蒙古族的医学历史悠久，在发展过程中又吸收了藏医和汉医的经验，维吾尔族的医学也有较完整的体系，汉族也吸收了维吾尔族医学的成就。很多少数民族用本民族文字或用其他民族的文字撰写了不少史学著作。例如，蒙古族 13 世纪中叶成书的《蒙古秘史》、明时成书的《大黄金史》、无名氏的《蒙古黄金史纲》、清代的《蒙古源流》、卓特・富俊的《蒙文指要》、博尔济吉特・博明的《西斋偶得》等，都是价值较高并闻名于世的史学著作。少数民族的文学艺术更是丰富多彩，创造了许多具有鲜明的民族色彩和风格的优秀作品。很多少数民族的先民给我们留下了形式多样、内容丰富的原始时代宝贵岩画，如内蒙古阴山岩画、新疆岩画、广西左江流域的岩画、云南沧源岩画等。闻名遐迩的敦煌石窟自东晋至宋元历时千年，是氐、羌、匈奴、鲜卑、汉、吐蕃、回鹘等族共同创造的。新疆库车地区和吐鲁番地区的千佛洞，成于魏晋南北朝至隋唐时期，其中许多高水平的壁画是由当地民族绘制的。

【拓展阅读 1-6】

北京居庸关云台券门石刻

居庸关云台，位于居庸关关城内。居庸关云台券门两壁四天王的空间处，有用梵文(古印度文)、藏文(分两体，即加嘎尔文、吐波文)、八思巴文(元朝官文使用的蒙文，元亡后即废弃，见图 1-4)、维吾尔文(元代称为畏兀儿文)、西夏文(古代西夏王国党项族使用的一种笔画烦冗的仿汉字)、汉文等六种文字镌刻的如来心经陀罗尼，佛顶尊胜陀罗尼经文和咒语，并有造塔功德记和元代的年号。北京居庸关云台券门石刻是研究佛教史、古代文字和各民族间文化交流史的重要参考资料。

图 1-4　八思巴文

资料来源：https://baike.so.com/doc/6579850-6793618.html.

四、中华各民族交流融合的历史经验

5000 多年中华文明发展史也是各民族交流融合的历史，其中共有五次民族大迁徙、大互动、大融合。第一次是从传说中的炎黄时代到夏商周时期。炎帝和黄帝两大部落与周边族群在互动和冲突中不断发展壮大，形成炎黄部落集团，夏朝建立后，在此基础上形成华夏族。第二次是从春秋战国到秦汉时期。华夏族与北狄、西戎、东夷、南蛮、羌、百越等族群不断互动交融，由于华夏族文明水平较高，众多族群融入华夏族。在秦汉时期，华夏族演化为汉民族。第三次是从魏晋南北朝到隋唐时期。北方少数民族与中原汉族融合，南方少数民族与南迁的中原汉族融合，形成了全国范围的民族大融合。第四次是从五代十国到宋辽金元时期。北方的契丹、女真、党项等少数民族大量进入中原，与当地汉族融为一体，中原的部分汉族因战乱再次南迁，壮大了南方的汉族群体。第五次是明清时期。明朝建立后，留在中原的少数民族大多改用汉姓，促进了新的融合，也有一些西北少数民族迁入汉族地区并与汉族融合。清朝建立后，打破了满汉之间的地域界线，并采取一系列措施推动汉族与少数民族的文化交流，进一步促进了民族融合。由此可见，各民族交流融合是中国历史上民族关系发展的主流。每一次交流融合之后，无论是少数民族还是汉族，都展现出新的面貌和新的姿态。

【知识拓展 1–7】

北魏孝文帝汉化改革

北魏是鲜卑族拓跋部建立的国家。公元 471 年，拓跋宏即位，是为孝文帝。为了解决国内出现的社会矛盾和民族矛盾，孝文帝先后进行了一系列汉化改革。孝文帝向汉人学习，推行均田制和户调制，变革官制和律令，迁都洛阳，改易汉俗，等等。孝文帝实施汉化中最重要的政策是将语言改变，规定不再说鲜卑复合语，而须改说单音节的汉语，下令把鲜卑族人的姓氏(通常是复姓)改为单姓，尊孔子。孝文帝汉化改革使北方社会经济有了明显发展，促进了民族的交流和融合。

资料来源：https://baike.so.com/doc/8655474-8976877.html.

各民族交流融合增强了中华民族的凝聚力。中国自秦朝以后，大一统始终是历史发展的主基调，相比较而言，欧洲的面积与中国相当，但自古罗马帝国以后就逐步分裂为众多国家。其中一个重要的原因是，中国各民族在交流融合中逐渐形成了世界上人口最多、文字基本统一、观念基本相同的中华民族共同体，而欧洲并没有形成这样一个具有凝聚力的民族共同体。中华民族在形成和发展的历程中不断整合，由多元到一体、由交流到融合、由松散到紧密，最终形成你中有我、我中有你、谁也离不开谁的格局。在这一过程中，由中原人构建、各民族参与发展的价值观和伦理道德成为各民族共同的精神支柱，中原地区形成的科技文化和制度文化成为周边各民族学习和模仿的对象。

中华文明的发展史就是一部中华各个民族的融合史，每次民族大融合都是中华文明的大发展。中华文明在民族问题上始终强调文化认同，多民族在艰难曲折的历史进程中融合成中华民族共同体。

第五节　多元一体的中华文化格局

中国既是一个文明传统悠久深厚的国度，又是一个广土众民的国度，其文化的时代性演进和地域性展开均呈现婀娜多姿的状貌。从大文化观的角度来看，区域文化是民族国家之内文化发展过程中出现的特殊现象，而中华大地绚丽多姿的区域文化共同构成纷繁多姿的华夏文化。

一、绚丽多姿的区域文化

在中国辽阔的国土上，文化与大自然一样，千差万别，复杂多样。人们听到拖着嗓子的长调民歌，会联想起辽阔的内蒙古草原；听到幽雅的丝竹箫声，会联想起小桥流水的江南人家；信天游和花儿会给人黄土高原粗犷的形象；傣族的泼水节、苗族的芦笙舞、大理的三月街等，都是区域文化的标志。按照文化地理学的划分标准(差异性原则、民族和语言原则、行政区原则)，自北向南可以将中华文化分为蒙新草原—沙漠游牧文化区和青藏高原游牧文化区、传统农业文化区、西南少数民族农业文化区等四个大的文化区域，其各自又包含很多个文化副区。

值得注意的是，港澳文化植根于岭南文化，岭南文化是港澳地区的文化血脉。由广府文化、客家文化、潮汕文化三大支流汇聚的岭南文化长期在港澳地区得到保留和发挥，并占据着主体地位。岭南文化是以汉文化为主体，以南越本土文化为基础，吸收海外文化形成的多元文化体系，以其独有的多元、务实、开放、兼容、创新等特点，采中原之精粹，纳四海之新风。近现代岭南文化与港澳文化是相互促进、双向互动的。港澳文化的开放多元使岭南文化“得风气之先”，又“开风气之先”，在近现代中国文化发展中占有重要地位。台湾文化主要由闽南文化、客家文化与南岛文化组成，既有中华传统文化的根基，又融合了日本、欧美等地的文化特色。从人口方面来说，台湾居民中以移入的汉族为主，大陆汉族居民入迁台湾的历史可以追溯到三国时期。从文化渊源上看，台湾文化与福建文化同脉共祖，有许多共同的文化要素，中华文化是台湾文化的主体。

【拓展阅读 1–8】

开台王颜思齐

颜思齐，福建海澄县(今厦门海沧青礁村)人(见图 1-5)。据连横的《台湾通史》记载，1624 年颜思齐率船队在笨港(今台湾北港)靠岸，他率领大家伐木辟土，构筑寮寨，同时对岛上的少数民族加以安抚，商定疆界，互不侵扰。大局初定后，颜思齐派下属率船队赴福建漳州、泉州故里招募移民。颜思齐将垦民分成十寨，发给银两、耕牛和农具等，开始了台湾最早的大规模拓垦活动；组织海上捕鱼和岛上捕猎，发展山海经济，以解决移民生产和生活的物质需要；同时，挑选了一批有航海经验的漳州人、泉州人，利用海上交通之便，开展和大陆的海上贸易。颜思齐开启了台湾一个新的时代，开启了大规模的移民高潮，被称为“开台王”。

图 1-5　颜思齐

资料来源：https://baike.so.com/doc/5658106-5870757.html.

二、多元一体的文化格局

在中华民族走向统一的历史中，有两个朝代起着特别重要的作用：第一个是吞二周而亡诸侯的秦朝，它将中原的农耕民族统一起来，建立了能够体现统一要求的国家制度，这一制度为以后历代封建王朝所承袭。第二个是以战争手段打通东西方联络，将世界五大文明连接起来的元朝。元朝对国家的统一不但包含北方游牧民族、中原的汉族和南方的其他少数民族，而且包含西藏和云南的大理，实现了中华民族各民族的统一。这次统一以后，元朝建立了行省制，这一制度为清朝所承袭，成为中国国家管理体制的基本形式。

在文化上，南北朝以前汉文化在中华文化中一直处于独尊地位。两晋时期由于北方、西北方的少数民族大量进入中原，汉文化独尊的地位被胡风汉制、夷夏并用的复合型文化取代了。所谓胡风汉制，就是将北方游牧文化流动、开放、扩张的文化性格与中原汉族创下的农耕经济，以及在农耕经济的发展中形成的封建政治制度、治国安邦之道相结合，以此构成中华文化“大一统”的基本结构。

中华民族是由多民族组成的统一的大家庭，由于各个民族在形成和发展中都形成了自己的文化，所以中华民族在由多元走向一体的时候，中华文化也由多元走向一体。“多元一体”的中华文化格局中，“多元”是前提，“一体”是由“多元”长期碰撞、融合而来的，各文化因子和元素是华夏文化大系统中的众多子系统。所谓中华文化，实质上是一种以农业文化为主体，包含一定的游牧文化和很少的海洋文化的混合体。在文化的表现形式中，中国哲学、文学、史学、科技、教育、法律等制度文化和心理文化体现出中华文化一体性的一面；而风俗、习惯、民间信仰、乐舞戏剧等物态文化和行为文化差异性明显，较能体现出中华文化多元性的一面。今日异彩纷呈、生机盎然的中华文化，是诸地域、诸民族的共同创造，是文化的“多元”与“一体”互动的结果。这种和而不同、刚健自强的文化机制，是中国作为一个广土众民的泱泱大国长久地屹立世界东方的重要原因。

思考题

1. 试比较中华文化和西方文化形成的地理环境有哪些区别。
2. 为什么中华文化中产生了“家国同构”的文化精神？
3. 如何认识中华文化的“多元”与“一体”？
4. 如何理解中华民族是一个“文化共同体”？

参考文献

[1] 冯天瑜，何晓明，周积明. 中华文化史[M]. 上海：上海人民出版社，2021.

[2] 周尚意，孔翔，朱竑. 文化地理学[M]. 北京：高等教育出版社，2010.

[3] 许倬云. 万古江河：中国历史文化的转折与开展[M]. 长沙：湖南人民出版社，2017.

[4] (美)费正清. 中国的思想与制度[M]. 北京：世界知识出版社，2019.

[5] (英)阿诺德·汤因比. 中国纪行：从旧世界到新世界[M]. 司佳，译. 上海：上海人民出版社，2019.

儒道佛：中华文化的古代哲学思想

哲学思想是对人生、世界等的思考。中国古代哲学思想是中华文化最核心、最本质、最深层的思想文化，是中华民族赖以生存、推动和指导中华民族不断前进的思想武器。中国古代哲学经历了一个漫长复杂的发展历程，具有不同的时代特色。按照历史时期划分，一般把中国古代哲学分为先秦子学、两汉经学、魏晋玄学、隋唐佛学、宋明理学、明清实学、乾嘉朴学七个阶段，每个发展阶段都有自己不同的、鲜明的思想特征。儒家思想、道家思想、佛教思想是中国哲学发展演化的智慧源泉，对当时社会和人类文明的反思，体现出深刻的哲学洞见，在中国古代思想史上留下了浓墨重彩的一笔，参与塑造了其后整个中华文明极富鲜明特色的价值系统、思维方式和民族性格，中华文化也在儒道释的互补中不断推陈出新。

第一节　儒家思想

先秦时期确立了儒家思想的基本观念和理论内容，奠定了儒学发展的精神方向和思想基础。秦始皇“焚书坑儒”[①]后，儒家遭受重创。而后汉武帝听从董仲舒“罢黜百家，独尊儒术”的建议，对思想实施钳制使儒家重新兴起。其后儒家学说经历代统治者的推崇以及孔子后学的发展和传承，成为中华文化的主流思想和中华民族的传统标记。自汉以来，儒家思想在绝大多数历史时期都作为中国的官方思想，每一个中国人的深层观念中无不深深烙下儒家思想的印记。两千余年来，儒家思想早已融入中国人的血液中，融入中国人的一言一行中，成为中国人先天文化基因的一部分。“儒家思想同中华民族形成和

① 焚书坑儒，又称“焚诗书，坑术士”，出自《史记·儒林列传》“及至秦之季世，焚诗书，坑术士，六艺从此缺焉”。史载秦始皇在公元前213年和公元前212年焚毁书籍，坑杀“犯禁者四百六十馀人”。

发展过程中所产生的其他思想文化一道，记载了中华民族自古以来在建设家园的奋斗中开展的精神活动、进行的理性思维、创造的文化成果，反映了中华民族的精神追求，是中华民族生生不息、发展壮大的重要滋养。”[①]儒家思想不仅是中华民族宝贵的精神财富，而且极大地推动了亚洲乃至世界文化的发展，成为人类文明的重要组成部分。如今在韩国、日本和越南等国家，伦理和礼仪都受到儒家思想的深刻影响。下文简要介绍儒家的主要代表人物及其核心思想。

一、孔子

孔子(前 551—前 479)，名丘，字仲尼，春秋末期鲁国陬邑(今山东曲阜)人，伟大的哲学家、思想家和教育家，儒家学派创始人和儒家思想的代表。《史记·孔子世家》记载了孔子的生平事迹，他的思想言论由其弟子及再传弟子记录整理下来，保存于《论语》一书。现存于山东曲阜孔庙的《孔子行教像》(见图 2-1)，是最被广泛认可和流传的孔子像，是由唐代著名画家吴道子所绘石刻本。春秋末期礼崩乐坏，社会矛盾和问题异常尖锐。面对分崩离析的社会现状，孔子站在维护旧贵族统治和传统政治秩序的立场上，继承了夏商周三代的礼乐文化，以《诗》《书》《礼》《乐》等为经典，办私学、收徒弟，教之以礼、乐、射、御、书、数等技艺，通过在诸国游历及聚众讲学、从政议政，逐渐形成了以仁、义、礼为核心，以道德修养和教化为内容的独特思想学派——儒家。

图 2-1　山东曲阜孔庙的石刻本《孔子行教像》

① 习近平. 在纪念孔子诞辰 2565 周年国际学术研讨会暨国际儒学联合会第五届会员大会开幕会上的讲话[N]. 人民日报，2014-09-24.

（一）仁学思想

孔子博大精深的哲学思想体系是围绕着“仁”而展开的，孔子的哲学思想也被称为“仁学”。这一最具特色和智慧的核心范畴既是对人的本质的把握，也是一种极高的人生境界；既是社会的伦理法则，也标志着人内在的德行修养；既是治国安邦之道，也表现为一种理想社会的观念。

“仁”是对人的本质的把握。孔子的学生樊迟问仁，子曰：“爱人。”(《论语·颜渊》)这里的人指的不是抽象的人，而是处在各种阶级关系中的人，如君臣、父子、夫妇、朋友等。但“仁”有亲疏远近和等级差别。首先，“孝悌也者，其为仁之本欤”(《论语·学而》)，孝悌之爱，即血缘亲情之爱。孔子在强调孝悌为仁爱之根本的同时，又将仁爱推广开来，“泛爱众，而亲仁”(《论语·学而》)，进而爱一切人。“四海之内，皆兄弟也”(《论语·颜渊》)，甚至要把四海之内都当作兄弟去爱。子贡问孔子：“如有博施于民而能济众，何如？可谓仁乎？”孔子回答说：“何事于仁，必也圣乎！”(《论语·雍也》)在孔子看来，博施于民而能济众是仁的最高境界。大同是“仁”的最终归途。建设大同社会，是儒家社会政治理想的最高理念，几千年来激励着无数仁人志士为之奋斗。

孔子通过忠恕之道来教育人、启发人，以此作为行仁之方。子贡问孔子，有没有一句话可以作为人一生的行为准则？孔子说，“其恕乎！己所不欲，勿施于人”(《论语·卫灵公》)，即将心比心，这就是所谓的“恕”。这是从消极方面来讲忠恕之道的。从积极方面来讲，孔子说“夫仁者，己欲立而立人，己欲达而达人”(《论语·雍也》)，即自己有某种需求需要满足，也要推想他人也有这种需求需要满足。以上两句话较为完整和准确地表达了“仁”的实现之道，即忠恕之道。后来，《礼记·中庸》将“仁”的本质简洁表达为“仁者，人也”。正是因为儒家把“仁”纳入伦理关系，倡导人伦义务，进行伦理教化，把中国传统哲学变成了富有中国特色、充满人文气息的伦理学。

“仁”是儒家理想人格的内涵和道德修养的至高境界。孔子把具备这种道德修养的人称为“仁者”或“仁人”。作为“仁者”或“仁人”，一定有其良好的行为习惯、是非分明、毅力坚韧、做事勤勉、胸怀宽广、心存高远、超凡脱俗、深邃高妙的精神修养，只有道德修养达到这样境界的仁人才能全面自觉地为恢复、巩固周礼而献身。孔子认为，能做到“刚、毅、木、讷，近仁”(《论语·子路》)，能够“博学而笃志，切问而近思，仁在其中矣”(《论语·子张》)，具备了“仁”的品德，这样的人就将没有忧惧而具有无上的勇气。这就是他所说的“仁者不忧”(《论语·子罕》)和“仁者必有勇”(《论语·宪问》)。因此，意思是要求每个人不管怎么匆忙仓促、颠沛流离，都应该时时刻刻追求这种境界，有时候还应该用生命来实现和捍卫“仁”，所以孔子又说，“有杀身以成仁”(《论语·卫灵公》)。孔子的得意门生子路一生谨遵老师教诲，最终结缨而死，实践了孔子的“杀身成仁”。

（二）礼乐思想

礼乐思想包含典章、制度、仪节、习俗以及人们以这种礼乐制度为准绳的行为规范，既是修身齐家治国平天下的准则，也是仁的体现与实施路径。

孔子提出以“礼”救世，希望建立一个理想的礼治社会。面对一个礼崩乐坏的时代，为了推行礼治思想，孔子采取了“正名”的措施，“必也正名乎”(《论语·子路》)。他说：“名不正，则言不顺；言不顺，则事不成；事不成，则礼乐不兴；礼乐不兴，则刑罚不中；刑罚不中，则民无所措手足。”(《论语·子路》)也就是说，只有正名，师出有名，才能挽救混乱的社会秩序，才能促进周礼的复兴重建。所谓周礼，就是西周统治者制定的礼乐制度和礼仪规范，即“君君、臣臣、父父、子子”(《论语·颜渊》)，使“君、臣、父、子”各安其位，具备各自的品性，得到应得的对待，社会秩序才能得以恢复。

孔子还强调将“仁”作为礼的内容来达到对人自身的约束。具体体现在为人和为政等社会现实层面上，作为行为规范和处事准则。在为人方面，孔子说：“人而不仁，如礼何？”(《论语·八佾》)，一个不仁的人是不能真正理解周礼和实行周礼的，需要用德化来充实和加强礼治。孔子认为，求仁是自觉的，他说“克己复礼为仁。一日克己复礼，天下归仁焉”(《论语·颜渊》)，就是要约束自己的行为使其符合礼的规范，做到这一点，天下都会公认他做到了仁。在为政方面，恢复礼制、巩固礼制所定的政治秩序的行为才能叫作仁。子张问仁于孔子，孔子曰：“能行五者于天下，为仁矣。”(《论语·阳货》)具体说就是，“恭、宽、信、敏、惠。恭则不侮，宽则得众，信则任人焉，敏则有功，惠则足以使人”(《论语·阳货》)。意思是，做到恭、宽、信、敏、惠就是做到了“仁”。保持一定的尊严和恭敬，从而避免招致侮辱。待人宽厚就可以得到百姓的爱戴，讲求信用就能取信于人，做事敏捷就能帮助建立功绩，施人恩惠就可以使人尽力地工作。孔子特别强调对“身”和“言”的反思和纠正。在孔子看来，“苟正其身矣，于从政乎何有？不能正其身，如正人何”(《论语·子路》)。只有先正己才能正人，“其身正，不令而行；其身不正，虽令不从”(《论语·子路》)。孔子还强调“言”的重要性，提出“一言以兴邦”“一言而丧邦”(《论语·子路》)，以告诫统治者“言”的重要性。

孔子重视礼乐一体，礼为主，乐为辅。在孔子那个时代，作为礼的主要内容之一的天子、诸侯、大夫及家族的大量祭祀活动中，不仅要有礼的规定，还要有乐的配合，这不仅是春秋时期社会制度现状的真实反映，也是孔子思想体系中的客观存在。五经之一的《诗》更是诗乐合一、篇篇有谱，可咏可奏可唱。正如我们在重大庆典仪式上演奏国歌一样，这是一种礼，而这个“礼”又离不开“乐”，与乐融为一体。

【拓展阅读 2–1】

曾侯乙编钟

曾侯乙编钟(见图 2-2)，1978 年出土于湖北随州曾侯乙墓，年代为战国早期。钟架长 7.48 米、高 2.65 米。全套编钟共 65 件，分 3 层 8 组悬挂在呈曲尺形的铜木结构钟架上，上层为 3 组共 19 件钮钟、中下层 5 组共 45 件甬钟，以及一件楚惠王赠送给曾侯乙的镈钟。钟及架、钩上共有铭文 3755 字，内容为编号、记事、标音及乐律理论。每件钟均能奏出呈三度音程的双音，整套编钟音域可跨 5 个半八度，中心音区 12 个半音齐备，能演奏五声、六声或七声音阶的乐曲。

图 2-2　曾侯乙编钟

资料来源：http://www.hbww.org/Views/ArtGoodsDetail.aspx?PNo=Collection&No =GZZQ&Guid=4da8fb86-07e5-4f5f-9c50-7bc2d17182c5&Type=Detail.

（三）君子论

孔子倡导培养弘道之士。孔子一生笃信“朝闻道，夕死可矣”(《论语·里仁》)的精神追求。同时他教育学生“人能弘道，非道弘人”(《论语·卫灵公》)，“士志于道，而耻恶衣恶食者，未足与议也”(《论语·里仁》)。孔子的学生曾参对此深有体会，他说：“士不可以不弘毅，任重而道远。”(《论语·泰伯》)。曾子不仅是坚定的理想主义者，同时也是立于言、践于行的君子。孔子主张“士”的标准就是“君子”，君子是孔子心目中做人的最高境界。通读《论语》，不难发现，“君子”一词不时映入眼帘，犹如一颗颗晶莹璀璨的星星，熠熠生辉；又如一颗颗剔透的钻石，闪闪夺目。孔子认为，君子应该是“人不知而不愠”(《论语·学而》)；应该是“讷于言而敏于行”(《论语·里仁》)；应该是“见贤思齐焉，见不贤而内自省也”(《论语·里仁》)；应该是“成人之美”(《论语·颜渊》)，用自己的嘉言善行去影响和感化周围的人；应该是“言必信，行必果，硁硁然小人哉”(《论语·子路》)，坚持诚信待人、一诺千金；应该是“求诸己”“躬自厚而薄责他人”(《论语·卫灵公》)，反躬自省、克己修身。总之，孔子认为，“君子道者三，我无能焉：仁者不忧，知者不惑，勇者不惧”(《论语·宪问》)。只有兼备“仁”“智”“勇”这三种道德品质，才能成就一个真君子。

【名人典故 2–1】

躬自厚而薄责于人，则远怨矣

有一次，孔子的得意门生颜回在街上看到一个买布的人和卖布的人在吵架，买布的人大声说道：“三八二十三，你为什么收我二十四个钱？”颜回上前劝架，说：“是三八二十四，你算错了，别吵了。”那人指着颜回的鼻子说：“你算老几？我就听孔夫子的，咱们找他评理去！”颜回问：“如果你错了怎么办？”那人回答：“我把脑袋给你。如果你错了怎么办？”颜回说：“我就把帽子输给你。”于是，两人一起去找孔子。孔子问明情况后，对颜回笑笑说：“三八就是二十三嘛，颜回，你输了，把帽子给人家吧！”颜回虽然不情愿，但还是把帽子递给了那人，那人拿了帽子高兴地走了。接着，孔子对颜回说：“说你输了，只是输了一顶帽子；说他输了，那可是一条人命啊！你说是帽子重要还是人命重要？”颜回恍然大悟，扑通跪在孔子面前，恭敬地说：“老师重大义而轻小是非，学生惭愧万分！”孔子淡淡地说：“躬自厚而薄责于人，则远怨矣。”意思是说，一个人多责备自己，少责备他人，那么怨恨自然就不会来了。

资料来源：https://zhidao.baidu.com/question/145973334.html.

二、孟子

孟子(约前 372—前 289)，名轲，邹国(今山东邹城)人。战国时期哲学家、思想家、教育家，儒家学派的代表人物，与孔子并称“孔孟”。孟子自觉以学习和传播孔子创建的儒学为己任，自称“乃所愿，则学孔子也”(《孟子·公孙丑上》)。孟子曾受业于孔伋[①]的门人，学成后，亦如孔子一般一面授徒讲学，一面周游列国，以期实现自己的社会理想。孟子曾任齐国客卿三年，晚年“退而与万章之徒序《诗》《书》，述仲尼之意，作《孟子》七篇”(《史记·孟荀列传》)。荀况评先秦诸子“子思唱之，孟轲和之”(《荀子·非十二子》，把子思和孟子列为一派，后世称为思孟学派。明代更尊颜回为“复圣”、子思为“述圣”、曾子为“宗圣”、孟子为“亚圣”，同受孔庙四配。思孟学派由是被奉为儒学正宗，影响深远。

(一) 性善论

人性的善恶问题是儒家哲学的一个重要理论问题。孔子曾说，“性相近也，习相远也”(《论语·阳货》)，他认为人先天具有的纯真本性互相之间是接近的，而后天习染积久养成的习性，互相之间却差异甚大。孟子以此为基础，提出性善论思想，并以此作为学说的理论基础。

孟子系统地阐发了人性本善的理论，认为人生来就有一种共同的天赋本性，这就是“不忍人之心”。孟子不认同告子“食色，性也”(《孟子·告子上》)的观点，认为“人之所以异于禽兽者几希”(《孟子·离娄下》)，最根本的区别在于人有道德性。他举例说，人突然看到小孩子要掉进井里，都会产生惊惧和同情心，这种同情心完全是从人天生的本性中发出来的。孟子认为人生而有之的四种秉性，正所谓“恻隐之心，仁之端也；羞恶之心，义之端也；辞让之心，礼之端也；是非之心，智之端也”(《孟子·公孙丑上》)，合称为“四端”，这四种“心”是孟子说明天赋道德观念和论证人性本善的根据。仁、义、礼、智这四种最基本的道德品质，是由“心”发端的，是与

① 孔伋(前 483—前 402)，字子思，孔子的嫡孙，受教于孔子的高足曾参，春秋时期著名的思想家。子思在儒家学派的发展史上占有重要的地位，他上承孔子中庸之学，下开孟子心性之论，并由此对宋代理学产生了重要而积极的影响。

生俱来的。

孟子进一步提出了一套良好修养养成的方法。他认为，“人皆可以为尧舜”，圣贤可学而至，关键在于本人的主观方面，通过自身的内心反省，即可“反求诸己而已矣”(《孟子·公孙丑上》)。此外，孟子将天视为道德之天、义理之天，“是故诚者，天之道也”(《孟子·离娄上》)，给自然之天赋予道德意义，使性善论获得了终极根据，为构建理想社会和人格奠定了理论基础。

（二）仁政学说

孟子发展和改造孔子“礼治”和“德政”的理论，以重民思想和性善论为基础，提出了“仁政”学说。这是他政治主张的中心。

孟子提出，“民为贵，社稷次之，君为轻”(《孟子·尽心下》)。他认为，“无野人，莫养君子”(《孟子·滕文公上》)，即如果没有劳动的百姓，也就没有人来养活统治的君子。他要求统治者重视百姓，不要无视百姓的力量。“民贵君轻”思想具有民本主义色彩，是孟子仁政学说的核心，对中国后世的思想家有极大的影响。

孟子指出实行“仁政”的措施。首要之义便是解决民生问题，他提出“制民之产”的主张，统治者应该给老百姓一些土地，让他们能够养活自己及家人，安居乐业，这样百姓才能有“恒心”。为解决“恒心”“恒产”的民生问题，孟子提出了以下设想和方案：其一，正“经界”，行“井田”。首先要正确地划定田界，其次把土地分给各级官僚地主，最后由地主出租给农民耕种。其二，井田制还包括其他一系列的政治、教育和税收等政策措施，如“省刑罚”“薄税敛”“不违农时”“以暇日修其孝悌忠信”“尊贤使能”，等等。孟子认为实行上述措施，就能使民众拥护，争相归附，达到国力增强，人民富足，从而实行“仁政”，达到天下大治。

孟子在政治上还主张“以德服人”。他说，“以力服人者，非心服也，力不赡也；以德服人者，中心悦而诚服也”(《孟子·公孙丑上》)，这是他公开反对暴力、主张仁义说教的感化政策。

总之，孟子“仁政”学说的根本目的虽然是维护封建统治秩序，但其以重民思想和性善论为理论基础建构起来的社会政治理论，是儒家较早且较成型的政治哲学方案，成为一种崇高的社会政治理想为后人所发展、效仿，并为历代政治家所吸收。

（三）大丈夫精神

孟子倡导“大丈夫”精神。在孟子看来，大丈夫心怀“仁”，按照礼的规定规范自己的行为，在实践中按照“义”的道理行事，得志的时候率领老百姓循正道前进，不得志的时候也独自坚持自己的原则。“富贵不能淫，贫贱不能移，威武不能屈，此之谓大丈夫”(《孟子·滕文公下》)，这实际就是孟子人格立项的写照。

要成为“大丈夫”，首先，要通过道德修养做一个“居仁由义”的君子。具体来说，就是：“存其心，养其性，所以事天也。夭寿不贰，修身以俟之，所以立命也。”(《孟子·尽心上》)简单来说，通过存心、养性、修身才能事天、立命，达到天人合一之境。其次，要正确处理义利关系。孟子认为，要想修养身心，最好的方法就是减少对物质的欲望，即“养心莫善于寡欲”(《孟子·尽心下》)。他主张以“义”来规范“利”，以“义”为标准来处理利益的取舍。君子应该对合乎“义”的利益泰然处之，对不合乎“义”的利益决然拒之。当“利”与“义”发生冲突时，应该毫不犹豫地舍利而取义，甚至为此付出生命的代价也在所不惜。这种舍生取义的价值取向凡人皆具，但只有君子贤人能“勿丧耳”。最后，要“养浩然之气”，即培养一种由“义”的道德观念和行为集合起来的、宏大刚强之气，即“其为气也，至大至刚……是集义所生者”(《孟子·公孙丑上》)。这一具有无比坦荡、无所畏惧、无往不前的“浩然之气”，不仅显示出人的精神状态，更是一种高尚的理想人格。

在中国传统社会中，孟子所提出的“大丈夫”精神成为无数仁人志士为之奉献和矢志追求的崇高目标，并为无数英雄豪杰付诸实践，对中华民族精神品格的形成起到了至关重要的作用。

【名人典故 2-2】

当今之世，舍我其谁也

这句话出自《孟子·公孙丑下》。孟子离开齐国，学生充虞在路上问：“老师似乎很不快乐的样子。可是以前我曾听老师您讲过：‘君子不抱怨上天，不责怪别人。’”孟子说：“那是一个时候，现在又是一个时候。从历史上来看，每 500 年就会有一位圣贤君主兴起，其中必定还有名望很高的辅佐者。从周武王以来，到现在已经 700 多年了。从年数来看，已经超过了 500 年；从时势来考察，也正应该是时候了。大概老天不想使天下太平了吧，如果想使天下太平，在当今这个世界上，除了我还有谁呢？我为什么不快乐呢？”

资料来源：https://www.meidekan.com/gushiwen/1185392.html.

三、荀子

荀子(前 313—前 238)，名况，战国末期赵国人，著名的思想家、哲学家、教育家，是继孔孟之后先秦儒家学派的代表。荀子曾在齐国稷下学宫讲学，后出任楚国的兰陵令，晚年蛰居兰陵著书立说，聚徒讲学，直至辞世。其思想集中反映在《荀子》一书中。

(一) 性与伪

与孟子一样，人性论是荀子全部思想的基础，但对于孟子人性善的主张，荀子从根本上予以反对，认为人性本恶，仁义礼智等善的品德是后天人为养成的。荀子认为，孟子之所以认为人性善，是因为孟子没有对“性”与“伪”这一对概念做出应有的区分，而荀子“性恶论”的基础则在于“性伪之分”，他说，“不可学，不可事，而在人者，谓之性；可学而能，可事而成之在人者，谓之伪。是性伪之分也”(《荀子·性恶篇》)。

荀子在明确了“善”“恶”含义后提出了“性恶论”的主张。所谓“善”，就是一切行为都符合封建的道德规范，服从封建礼仪制度；所谓“恶”，就是用心险恶，行为不正，犯上作乱，破坏封建统治秩序。因此，他认为，这种“善”在人的本性中是不存在的，因为人一出生不可能就自然地遵循封建的道德规范和政治制度。相反，人生来就好利、嫉妒、喜声色，如果不加以克制，就会产生争夺、犯上、淫乱。所以，事实上人的本性是“恶”的。人性虽“恶”，但却可“化”，可以通过后天的学习和改造，使自己变为善。这就是荀子所提出的“化性为伪”的命题。因此，需要圣人、君主制定礼仪和法度来引导规范，人才能做到孝悌、成就德行。荀子特别强调“学”和“思”在人的“化性为伪”中至关重要的作用。例如，《荀子·劝学篇》强调“学”的重要意义，认为人只有通过不懈的努力，经由礼义、法度的教化，才可以“积思虑，习伪故”，化性为伪，成为圣贤。

值得注意的是，孟子和荀子虽然在性善、性恶上持不同的主张，但二者对人的理解具有基本的一致性，都坚守了儒家的基本立场，无论是“性善”还是“性恶”都是统治阶级的标准。

（二）隆礼重法

荀子主张用“礼”和“法”的社会规范体系整顿社会秩序，约束人们的行为，实现社会大治。《荀子·王霸篇》中提出“国无礼则不正”，主张“以礼正国”，倡导通过社会分工确立贫富贵贱的等级制度，以实现社会的治理。“礼”对国家治理具有重要意义，君主以身作则是礼治成败的关键。同时荀子重视“法”对社会的重要意义。刑罚的根本目的在于惩罚恶行，稳定国家。但刑罚本身则必须有度，刑罚的度与所犯的罪相符，社会就会安宁；刑罚的度与所犯的罪不相符，社会就会混乱。荀子认为“礼”是“法”的根据，而“法”则据“礼”而制定。《荀子·性恶篇》中的“礼义生而制法度”就指出了这一点。荀子认为，需要将礼与法结合起来实施。“隆礼尊贤而王，重法爱民而霸者”(《荀子·强国篇》)，虽然两者皆可强国，但是“粹而王，驳而霸”(《荀子·王霸篇》)。相比于王霸，以礼为根本的原则，“隆礼”而致之王道，则是荀子最高的政治理想。

四、朱熹

朱熹(1130—1200)，字元晦，号晦庵，别称紫阳先生，徽州府婺源县(今江西省婺源县)人，生于南剑州尤溪(今福建省尤溪县)，南宋时期著名的思想家、哲学家、教育家，理学主要代表人物(见图 2-3)。朱熹是“二程”(程颢、程颐)的三传弟子李侗的学生，其学说与二程的学说合称“程朱理学”。因朱熹曾侨寓并讲学于福建，故又称其学派为闽学。朱熹哲学所形成的朱学具有强劲的生命力，对中国封建社会后期产生了深刻的影响。

图 2-3　朱熹像

(一) 理气论

朱熹继承了二程和佛教、道教的思想，提出了“理”和“气”关系的二元理论。他说：“天地之间，有理有气。”意思是天地万物的生成，要有理，也要有气。朱熹认为，理是“形而上之道也，生物之本也”（《朱子语类》），意指理为天地万物之本源。首先，理是事物的原理、规律和法则。朱熹认为“上而无极、太极，下而至于一草、一木、一昆虫之微，亦各有理”(《朱子语类》)。其次，理是伦理道德的基本准则。朱熹把理阐释为“凡事固有所当然而不容已者”，并把“理”的内容归结为“仁、义、礼、智、信”(《朱子语类》)。最后，朱熹论证了“理”的永恒性，他说“未有天地之光，毕竟也只是理”“自未始有物之前，以至人消物尽之后”，理“始终无有间断”(《朱子语类》)。朱熹认为，气是“形而下之器也，生物之具也”。气是有情、有状、有迹的，是构成万物的材料。但是，理和气的关系有主有次。理生气并寓于气中，理为先，气为后，把理视为可以游离于物质的存在，即超时空实体是绝对化的精神实体。

(二) 格物穷理论

朱熹的认识论主要体现在格物致知和知行关系上。首先，格物致知。格物致知源于《礼记·大学》所论述的“致知在格物，物格而后知至”。朱熹在《四书章句集注》中专门增补《补〈大学〉格物致知传》。朱熹认为“格物”是《大学》思想的核心观念，他曾说，“此一书之间要紧只在格物两字上认得”“本领全只在这两字上”(《朱子语类》)。可见，“格物”在朱熹思想中的重要地位。朱熹认为，“致知在格物者，言欲致吾之知，在即物而穷其理也”“推极吾之知识，欲其所知无不尽也。穷至事物之理，欲其极处无不到也”(《补〈大学〉格物致知传》)。“格物”是穷究事物之理，“致知”是穷究事物之理后获得知识。“格物致知”的中心就是要让我们去穷尽万事万物的性质和状态；就是要让我们去穷尽万事万物中的道理。其次，知行关系。朱熹提出了许多对后世有较大影响的观点，如“知先行后”“论轻重，行为重”“知行常相须”“致知力行互相发”(《朱子语类》)。这些命题贯穿于整个知行学说，并在此基础上提出了知行合一观，对传统儒学的知行关系是一个重大的创新。

（三）道德论

朱熹提倡“三纲五常”，三纲指父为子纲、君为臣纲、夫为妻纲，五常通常指仁、义、礼、智、信。朱熹说，“仁之为性，爱之理也。其见于用，则事亲从兄，仁民爱物，皆其为之之事也”(《论语或问》)。朱熹虽然也主张爱有差别等级，但他把仁民爱物视为仁的具体表现。仁民是道德伦理，爱物是生态环境。朱熹说，“义者，事之宜也”(《论语集注》)。“义”自孔孟至朱熹，主要是讲君臣或不同阶级、等级的人们之间必须遵循的道德责任。朱熹指“礼”为“天理之节文，人事之仪则也”(《论语集注》)，倾向于用内蕴天理的“制度”“节文”来释礼。朱熹认为，“智”为“知者，达于事理而周流无滞”(《论语集注》)，又能“明足以烛理，故不惑”(《论语集注》)。可见，智有理性、智慧的内涵。朱熹说，“信者，言之有实也”，意指说话诚实不欺。朱熹的道德原则立足于他的理欲、义利对立论，主张以理制欲，以义导利，重在自觉、自律和自我完善，从性善论和义理出发的道德原则有其合理性，继承了儒家传统人文主义精神。①

朱熹及其门人创立的“朱子学”不仅极大地影响了中华民族的思想文化，而且跨越传播到东西方许多国家，延续的时间之长、地域之广、影响之众，在中外学术史上都少有可与之比拟的。“朱子学”所蕴含的“格物穷理”的理学思想，强调人伦的伦理道德理念，强调“国以民为本”的民本政治思想，曾经对东亚思想产生过重要影响。他整理的儒家礼制，也曾影响了东亚文明中不少人的日常生活形态。从这个意义上可以说，“朱子学”在东亚的传播曾经对东方文明独立发展的路径有巨大贡献。而在西方，“朱子学”也曾一度在启蒙时代大放异彩，启发了不少思想家，其中最著名的莫过于德国哲学家和自然科学家莱布尼茨。英国科学史家李约瑟认为朱熹的理学对西方的自然科学产生过巨大的影响，他在《中国科学技术史》中指出：“肯定理与气的普遍的相互渗透，反映了近代科学的立足点。”在北美，当代学者重视对朱子思想的研究，以西方现代哲学语言来阐明“朱子学”，推动现代新儒学的发展。今天，对“朱子学”等中华文化新内涵的挖掘是否将有助于今天的东方文明走出有别于西方的另一条道路呢？

五、王阳明

王阳明(1472—1529)，本名王云，5岁更名为守仁，字伯安，号阳明，浙江余姚人，“心学”流派创始人，明代杰出的思想家、政治家、文学家、军事家。王阳明的文

① 衷尔钜. 朱熹哲学思想及其传播和展望——纪念朱熹逝世800周年[J]. 佛山科学技术学院学报，2001(1)：6.

章博大昌达，行墨间有俊爽之气，有《王文成公全书》传世。其弟子极众，世称“姚江学派”。习近平指出：“王阳明的心学正是中国传统文化中的精华，也是增强中国人文化自信的切入点之一。”王阳明创立了以“心即理”“知行合一”“致良知”等为精髓的心学思想，留下了极为丰富的思想文化遗产，至今仍具有历史价值和现实意义。

（一）心即理

“心即理”是王阳明哲学思想体系的基础，是“知行合一”和“致良知”思想形成的框架性前提。王阳明思想的树立，真正要从“龙场悟道”开始。历经人生各种磨难之后，王阳明终于开悟：“圣人之道，吾性自足，向之求理与事物者误也。”他宣扬“心外无物，心外无事，心外无理”，“求理”的途径是“内心自省”。比如，我们对父母讲孝，“孝”之理不在父母之处；对朋友讲信，“信”之理也不在朋友之处。因此，格物中之理，不应从外在事物而应从人的内心中去找、去格，这就是他提出的“心即理”“心外无理”的思想。“心即理”学说，不仅使阳明心学对于在明代占统治地位的传统程朱理学提出了颠覆性的挑战和否定，而且对于明朝中后期的思想解放以及其后以泰州学派的兴起为标志的儒学世俗化思潮产生了极为深刻的影响。

【名人典故 2–3】

龙场悟道

《王阳明全集》载：“龙场在贵州西北万山丛棘中，蛇虺魍魉，蛊毒瘴疠，与居夷人鴃舌难语，可通语者，皆中土亡命。旧无居，始教之范土架木以居。时瑾憾未已，自计得失荣辱皆能超脱，惟生死一念尚觉未化，乃为石墩(墎、椁、椁)自誓曰：‘吾惟俟命而已！’日夜端居澄默，以求静一；久之，胸中洒洒。而从者皆病，自析薪取水作糜饲之，又恐其怀抑郁，则与歌诗；又不悦，复调越曲，杂以诙笑，始能忘其为疾病夷狄患难也。因念：‘圣人处此，更有何道？’忽中夜大悟格物致知之旨，寤寐中若有人语之者，不觉呼跃，从者皆惊。始知圣人之道，吾性自足，向之求理于事物者误也。”

资料来源：王阳明. 王阳明全集[M]. 上海：上海古籍出版社，1992.

（二）知行合一

与“朱子学”的观点相反，王阳明认为不能把“知”与“行”割裂开来。他提出“知行合一”的观点，其中，“知”包含两种含义：一是“良知”；二是“知者行之始，行者知之成”。《传习录》中说，“知善知恶是良知”，意思是知道什么是该做的善事，什么是不该做的恶事。比如，见到父母之后知道应该主动行孝，见到哥哥之后自然就知道其弟弟的品行，这就是良知。所谓的“行”，“知之真切笃实处即是行”，不论学、问还是思辨，真切笃实去做便是行。“行之明觉精察处便是知”，在具体实践中也要时刻用“明觉精察”的“知”，来指导自己的行动。在王阳明“知行合一”的思想观点中，“知”和“行”是相互依存、相互影响的，两者不能独立存在。近年来，习近平多次在不同场合强调学习王阳明思想的重要性。2014 年 3 月，习近平在法国《费加罗报》发表署名文章《特殊的朋友　共赢的伙伴》中指出，中国人讲“知行合一”，法国人讲“打铁方能成铁匠”，都强调要把思想转化成为行动。只有将思想自觉转化为行动自觉，才算得上是真正的知行合一。

（三）致良知

致良知说是王阳明晚年更为成熟的心学思想。“良知”本是孟子所提出的，指辨别是非善恶之心，王阳明将“良知”解释为致吾心内在的良知，良知是每个人都有的，而且不需要借助外界力量就能够获得。王阳明的“致良知”即扩充良知，一方面要保持此心纯乎天理，除去心中的自私念头和不正当欲望；另一方面要把心中的善意身体力行地表现出来，在实践中追求自己的理想。从这个层面上说，“致”囊括了知与行的整个过程。因此，“致良知”的思想充分体现了“知行合一”的主旨。如果说朱子强调道德理念、规范与知识的话，王阳明则强调道德情感、直觉与体验。这就是程朱理学与阳明心学的不同。在方法论上，前者主张“道问学”，后者主张“尊德性”。

阳明心学产生后影响巨大，清末重臣曾国藩用一生推动了儒学平民化运动，让平民都崇拜、效法阳明。近代以来，孙中山、蒋介石、杨昌济、毛泽东等都十分强调阳明心学。阳明心学不但在中国发扬光大，还漂洋过海到了日本、韩国等东亚国家，在各国近代化进程中都发挥了重要作用，使王阳明历经 500 年仍备受关注。明万历年间，阳明著作就传入了日本。三轮执斋最先注解了《传习录》；大盐平八郎甚至在阳明心学的鼓舞下，领导了大阪农民和都市贫民的起义；梁川星岩、西乡隆盛、吉田松阴等以阳明心学为团结下层武士、平民的纽带和行为动力，开展倒幕运动和明治维新。中国阳明心学深刻影响了明治维新，这已经是国际学界的共识。冈田武彦甚至认为，中国阳明心学在明亡以后遭到空前激烈的非难，然而阳明心学在日本则得到了彻底的发展。王阳明逝世前后阳明心学传入朝鲜半岛，有“朝鲜朱子”之誉的李退溪虽然专门撰写了一部《传习录论辩》驳斥阳明心学，但却提出了与阳明心学颇为相通的“心即理”命题。17 世纪时，实学思潮主要流派的重要学者，如李瀷、朴齐家、丁若镛等无不受到阳明心学的影响。哈佛大学学者杜维明甚至预言：“五百年来以来，儒家的源头活水来自王阳明。21 世纪的精神世界将是王阳明的世纪。”①

【拓展阅读 2–2】

董仲舒及其主要思想

董仲舒(前 179—前 104)，西汉著名哲学家和今文经学大师，其著作汇集于《春秋繁露》一书。汉景帝时任博士，专治《春秋公羊传》。汉武帝元光(前 134)，董仲舒在《举贤良对策》中提出“诸不在六艺之科、孔子之术者，皆绝其道，勿使并进”，建议“罢黜

---

① 杜维明. 青年王阳明：行动中的儒家思想[M]. 北京：生活 • 读书 • 新知三联书店，2017.

百家，独尊儒术”，为汉武帝所采纳。其学以儒家宗法思想为中心，杂以阴阳五行说，把神权、君权、父权、夫权贯串在一起，形成帝制神学体系，系统地提出“大一统”“天人感应”“三纲五常”“阴阳五行化”等重要理论，使儒学成为中国社会正统思想，影响长达2000多年。

第二节　道家思想

道家是先秦哲学中与儒家并驾齐驱的重要流派之一。它始于春秋末期的老子，战国时期道家内部分化为不同派别，著名的有六大派，即老庄学派、杨朱学派、黄老学派、彭蒙田骈慎到派、老子学派和宋尹学派，都曾兴盛一时，其中以黄老学派最盛。道家以“道”为核心，主张自然、无为和自由等思想，对中国哲学、文学、科技、艺术、音乐、宗教等影响深远。道家提倡的人生态度、生活方式及生态美学精神等都对当今世界具有重大启发。英国科学技术史家李约瑟说：“道家思想乃是中国的科学和技术的根本。”“中国人性格中有许多最吸引人的因素都来源于道家思想。”[①]本节简要讲述道家的代表人物老子、庄子及其核心思想。

一、老子

老子(见图 2-4)，姓李名耳，字聃，字伯阳，生卒年不详，春秋时期楚国苦县(今河南鹿邑县)人，道家学派创始人，伟大的思想家、哲学家、文学家和史学家，后被道教尊为始祖，称“太上老君”。图中所见的苏州玄妙观老子像碑，为唐代吴道子绘像、唐玄宗题赞、颜真卿书、宋代刻石高手张允迪摹刻，堪称“四绝”。碑上老子形貌苍古、神态超然，颇具仙风道骨之姿。《史记·老子韩非列传》用了五百余字记载老子的生平，老子早年做过周王室的守藏史，以博学而闻名，孔子曾入周向他问礼。老子见乱世不可有为，欲弃官归隐，遂骑青牛西行。到灵宝函谷关时，受关令尹喜之请著《道德经》，言道德之意五千余言而去，不知所终。《道德经》(又称《老子》)，不仅在中国影响广泛深远，而且在公元7世纪便以梵文传到国外，16世纪传至欧美各国，此后逐渐风靡世界，成为全球文字出版发行量最大的著作之一。老子的哲学思想和由他创立的道家学派，博大精深，蕴含丰富，涉及天、地、人各个方面，在政治、经济、军事、艺术、伦理、养生等领域都有独到的见解和闪烁着智慧的光焰。

① (英)李约瑟.中国科学技术史：第1卷 导论[M]. 北京：科学出版社，1975.

图 2-4　老子像

（一）“道”生万物的哲学体系

“道”是老子哲学体系的核心，其整个哲学的思想系统都是围绕这一概念派生的。“道”的原始含义是道路，后引申为天体运行和世间万物的自然规律、人世间的社会规律以及人类道德法则。在老子这里，“道”超越了一般常识，他提出了一个作为世界万有的依据的“道”，这是中国思想史上从来没有的观念。老子说，“道冲，而用之或不盈。渊兮，似万物之宗……湛兮，似或存”(《老子·第四章》)。“道”虽然空虚无形，但充满在天地万物之中，永远用不尽。它十分渊博，寂静而深邃，却能生化天地万物，就好像万物的根本，它是那样深暗但又好像是真实存在的。因此，道介于有无之间，老子又称它是“众妙之门”。

老子进一步说，“道生一，一生二，二生三，三生万物。万物负阴而抱阳，冲气以为和”(《老子·第四十二章》)。一是由道派生的原始混沌状态，一生二分出阴阳两极，二生三是阴阳衍生出第三种状态，三生万物是阴阳此消彼长的过程中，赋予万物源源不断的生命力，以此生长成万事万物。万物各有阴阳二气，阴阳二气相互鼓荡就成为和气。这其中，“一”是整体观，“二”是阴阳观，“三”是发展观。从宇宙生成论的进路来理解，“三”的生生妙用，作用于宇宙万物从无到有、生生不息繁衍发展的全过程，因多元而变得丰富多彩，看似简单重复，实则奥妙无穷，其间闪烁着先贤的智慧之光。

（二）道法自然的社会历史观

自然与无为，是老子哲学的核心概念。自然即自然而然，强调顺其本性自由发展；无为即顺自然而不妄为。所以，从根本上来说两者是一致的。道法自然是老子自然和无为思想在社会历史领域的根本体现。道法自然出自《老子·第二十五章》“人法地，地法天，天法道，道法自然”，老子用了一气贯通的手法，将天、地、人乃至整个宇宙的生命规律精辟涵括、阐述出来，宇宙天地间万事万物均效法或遵循“道”的“自然”规律。自然是道家哲学最合理、最高的价值。道家的自然主义是一种深邃的哲学思想，时至今日更加显示出其重要的警示作用和启悟价值，对于现代人类寻找新的文化对策、缓解生存危机都是不可多得的思想资源。

老子认为人的真正本性应是效法天道，自然无为。《老子·第五章》载：“天地不仁，以万物为刍狗；圣人不仁，以百姓为刍狗。”意思是，天地无偏无私，顺任万物自然而然地生长；治理社会的圣人要效仿天地这种无偏无私的精神，让百姓自由自在地生存。圣人应该“以辅万物之自然而不敢为”(《老子·第六十四章》)。“无为”，简而言之就是一种治理社会过程中的不干涉与不扰民。《老子·第六十章》中提出“治大国，若烹小鲜”，这一命题最能生动地表现出“无为”的精神。烹小鲜则要不温不火，不能多加搅动，治理国家也是如此。

“无为”是老子社会思想的中心观念，而其对“无为”的提倡与对统治者“有为”的批判紧密地联系在一起。老子所遭遇的也正是春秋末季的“无道”天下，他揭露了当时的社会现实：大路虽然平坦，而人君却喜欢走邪道。朝廷已经腐败到了极致，农田已经十分荒芜，仓库已经非常空虚，而统治者依然穿着锦绣之服，饱餐精美之食，佩着锋利的宝剑，并且强占有着多余的财富。在老子看来，这简直是强盗的行径。之所以会造成这种“非道也哉”的社会现实，老子认为主要是由于统治者的“有为”，即恣意妄为所导致。他说，“民之饥，以其上食税之多，是以饥。民之难治，以其上之有为，是以难治。民之轻死，以其上求生之厚，是以轻死”(《老子·第七十五章》)。由此可见，一切不顾民意的强行妄为是社会秩序混乱的根本原因，要解决当时的社会危机，必须实行“无为而治”。老子认为，统治者应该少一点欲望、少一点作为，对人民听其自然，唯有如此，统治才能稳固。

老子这种消极无为的政治态度，决定了他对人生的看法也是消极无为的。在老子心目中，圣人应该是一个处处不与人争，不为人先，守柔处下，少私寡欲，绝圣弃智，像初生的婴儿一样，完全处于自然状态的人。只有这样才能在这复杂的现实斗争中保全自己的生命，无忧无虑，达到精神上的最高境界。

应当注意的是，老子并不是一般地反对要对社会实行有效的管理，他所反对的是那种不合乎“道”的强行妄“为”，也就意味着顺自然之道而“为”。这样也就能达到“无为而无不为”(《老子·第四十八章》)，从而“为无为，则无不治”(《老子·第三章》)。汉朝、唐初、明初由乱到治、由弱到强都证明了这一点。

【拓展阅读 2–3】

文景之治

文景之治是指西汉汉文帝、汉景帝统治时期出现的治世。文景二帝吸取秦灭的教训，笃信黄老治术，继续推行汉初无为而治的思想，重视“以德化民”，采取了轻徭薄赋、与民休息的政策，减轻农民的徭役和赋税等负担，着力于恢复农业生产，稳定封建统治秩序，注重发展农业生产。正如《史记·平准书》载："京师之钱累巨万，贯朽而不可校；太仓之粟，陈陈相因，充溢露积于外，至腐败不可食。"文景时期，社会比较安定，经济得到发展，海内富庶，国力强盛，史称"文景之治"。

二、庄子

庄子(前 369—前 286)，名周，战国时期宋国蒙(今河南商丘)人，著名的思想家、哲学家、文学家，与老子并称"老庄"，同为道家学派的重要代表人物。他回避政治，终身不仕。其作品收录于《庄子》一书，《庄子》和《周易》《老子》并称为"三玄"，有较高研究价值。他最早提出的"内圣外王"[①]思想对儒家影响深远。

（一）万物齐一

"齐物"是庄子哲学思想的一个重要观念。关于"齐物论"的含义，前人有"齐物"论与齐"物论"两种理解。"齐物"论表明世界万物看起来千差万别，归根结底却又是齐一的，对待世间万物要采取一视同仁的态度。齐"物论"表明人们的各种看法和观点看起来是千差万别的，但世间万物既是齐一的，言论归根结底也应是齐一的，没有所谓是非和不同。可以看出，前者与其天道观相连，属于价值观的径路；后者关注的是"论"之是非，属认识论的径路。故"齐物"不仅是知识，也是一种生活方式，以及由此开启的精神境界。庄子的齐物论是其道论在价值领域与认识论上的反映与延伸。庄子的"道"既超越于物，又内在于物。以"道"观物，则"恢诡谲怪，道通为一"（《庄子·齐物论》），事物的性质和差异都是相对的，人对事物的认识和知识也是相对的。因此，一方面，在认识论上庄子容易走向相对主义、怀疑论和不可知论；另一方面，在价值领域和精神境界上，具有防止独断论和支持思想自由的意义，这在庄子"逍遥游"中得到充分体现。

（二）逍遥游

重个人而轻社会是道家思想的总体特色，这在老子的思想中已有较为明显的体现，而庄子则将之发挥到了极致。与老子相比，庄子更加重视的是个人的"性命之情"，追求个人精神逍遥自适的"天乐"，从而要远离社会，"独与天地精神往来，而不傲倪于万物"（《庄子·天下》）。"逍遥"是两歧的，一方面它与"无为"相关联，是庄子要追求的境界，《庄子·秋水》中就记载了庄子拒聘为相的故事；另一方面它又与"困苦"相关联，所谓"逍遥"恰恰意味摆脱"困苦"。

庄子认为，达到"逍遥"这种幻想境界的办法是"坐忘"。所谓"坐忘"，就是彻底

① 内圣外王，出自《庄子·天下篇》，指内具有圣人的才德，对外施行王道。

地忘掉一切，不仅要忘掉外界物质世界，而且要忘掉自己的肉体、感官，排除形体、知识，使自己与整个自然浑然一体。据庄子说，达到了“坐忘”境界的人就完全恢复了人的“天然”本性。从这种虚无主义的人生观出发，庄子对当时统治者制定的各种制度竭力反对。他认为当时的各种道德制度都是违反人的本性，是造成当时社会争斗、混乱的原因之一。庄子将提倡仁义和是非看作加在人身上的刑罚。因此，他对当时统治者所宣扬的仁、义、礼、智等道德规范进行了尖锐的批判。庄子一派对儒家仁义道德的批判在某种程度上揭露了当时统治者利用仁义等道德说教欺骗人民，掩盖了其残酷剥削、压迫的虚伪性。但在庄子一派来看，他们主张追求个人精神绝对自由的境界。所以庄子理想的统治者是什么也不闻不问的人，他所推崇的统治方法就是不用心思，顺应自然。

【名人典故 2-4】

庄子拒相

相传，庄子在濮水钓鱼，楚王派两位大夫前往致意，请他当楚国的丞相。他们对庄子说：“希望将国内的事务劳累您啊！”庄子拿起鱼竿没有回头看他们，说：“我听说楚国有一只神龟，死的时候已经有三千岁了，楚王用锦缎将它包好放在竹匣中珍藏在宗庙的堂上。这只神龟，它是宁愿死去留下骨骸而显示尊贵呢，还是宁愿活在烂泥里拖着尾巴爬行呢？”两位大夫说：“宁愿活在烂泥里拖着尾巴爬行。”庄子说：“你们回去吧！我宁愿像龟一样在烂泥里拖着尾巴活着。”

第三节　佛教思想

佛教是与基督教、伊斯兰教并称的世界三大宗教之一，公元前 6 世纪至前 5 世纪，由乔答摩·悉达多创建于古印度，佛教徒尊称他为释迦牟尼。佛教何时传入中国？目前学术界较为公认的说法是，佛教约在公元前 70 年传入中国新疆的和田地区。[①]佛教自汉传入中国，先是被认作与黄老之学类似的学说，其后又被视为玄学的一支，经过与中国固有的传统文化的碰撞交流，最终形成了富有创造精神的中国佛教，成为中华文化的重要组成部分。佛教在中国不仅得以生根发芽，而且遍地开花，至今仍呈现出勃勃生机，成为外来文化本土化的典范，也成为沟通联络具有佛教信仰的华侨华人的重要精神纽带之一。

一、中国化佛教宗派

中国文化在中古社会的突破，首先表现为佛教的中国化，并使这种形式的佛教影响到中国文化的各个方面。目前基本认为，隋唐有以下八大佛教宗派：天台宗、三论

① 有学者认为，佛教最晚在公元前 122 年已经传入现在新疆的库车，即古代西域的龟兹国中心。

宗、禅宗、华严宗、净土宗、唯识宗、密宗(又叫真言宗)、律宗，被认为是有鲜明中国特色的佛教宗派。这些宗派的出现是以佛经的翻译与诠释为前提的，在充分领会佛法宗旨的基础上形成各自的思想特色，或以佛学理论见长，或以修行法门著称。天台宗、华严宗、禅宗、净土宗四宗，一向被认为是最有中国特色的佛教宗派，也是佛教中国化的最好代表。其他宗派虽没有它们那样富有创造力，但也能独树一帜，一度颇有声势。下面简要介绍天台宗、华严宗、禅宗及净土宗。

(一) 天台宗

天台宗，又称“法华宗”“止观宗”，因其发祥于浙江天台山而得名，实际创始人是智顗。天台宗是创立较早的中国佛教宗派，流传至今，影响深远。其后于 9 世纪初被日本僧人最澄传到日本。

天台宗教义主要依据《妙法莲华经》(简称《法华经》)而产生，“性具说”是天台宗最重要、最有特色的理论。“性具说”源自天台宗的“诸法实相论”。所谓“实相”，是指一切事物和现象(诸法)的本质，这一本质真实不虚，本然如是，故谓之“实相”。天台宗认为宇宙万有，都具有空、假、中三种谛理，即空谛、假谛和中谛，这三种谛理又互具互融，空即假中，假即空中，中即空假，故称为“三谛圆融”。天台宗构建了一套以止观双修为中心的佛学体系，即“摩诃止观”或“圆顿止观”。天台宗还提出了“一念三千”的重要理论。所谓“一念三千”，即指众生一个心念活动就涵括宇宙万有，是轮回和解脱的一切总和。此是佛教教义的一大进展，也是天台宗吸收中国德性观念的证据。“三谛圆融”和“一念三千”则是天台宗所要证得的最高深的止观境界。

(二) 华严宗

华严宗以《华严经》为根本教典，以神僧杜顺为始祖。华严宗三祖法藏得到了武则天的支持，使华严宗盛极一时，成为与天台宗、唯识宗等并立的大宗，因此后世又将法藏称为此宗的实际创立者。

性起说是华严宗最具特色的宗义，强调整个世界是统一于佛性的，佛性为万法之本，一切事物都是佛性的体现或显现都依佛性而起。表面来看，性起说与性具说都是从佛性的普遍性归结到世界的统一性，其实不然。性具说强调的是多，是万殊，是圆满；性起说强调的是一，是一理，是纯粹。天台宗以普遍为殊胜，得出佛具性恶的结论；华严宗以纯粹为殊胜，得出佛性纯净的结论。由于强调佛性的纯粹，华严宗提出“别教一乘”说，其根本义理强调圆融无碍的“无尽缘起说”。华严宗以“六相圆融”“十玄门”“四法界”等理论来说明无尽缘起，将本末、体用、理事、一多、真妄、染净等矛盾的东西结合起来，认为它们都是相互融通、相入相即的，而且整个宇宙都是一个相待相涉、重重无尽的整体。

(三) 禅宗

禅宗是以修禅为宗的宗派，为南朝刘宋时期来华的天竺僧人菩提达摩所开创，主张“教外别传，不立文字，直指人心，见性成佛”，因此又称别传宗。禅宗直传佛祖的心印，以心传心，因此也称佛心宗。禅宗派淡化佛经之于解脱的意义，反对盲目地坐禅，这是佛教思想史上的一场革命。禅宗在四祖道信、五祖弘忍时期法门大启、广收徒众，奠定了宗派的基础，五祖弘忍下分为南宗慧能、北宗神秀，在六祖惠能时期实现了理论的成熟。慧能之前的禅宗祖师，历史上被称为楞伽师，尊奉被誉为禅宗根本经典的《楞伽经》，递为心要，主张“藉教悟宗”“守心看净”。惠能时期又形成以说法为主的《六祖坛经》，这是中国人自己创作的第一部“经”，影响深远。慧能反对楞伽师拘泥于静坐入定，重在“但行直心，不著法相”，行住坐卧，道法流通，如《金刚经》所说，“应无所住，而生其心”。神秀与慧能之间的斗法，正是反映了这样的禅学转变。禅宗还发动了一场语言革命，突破了传统的语言文字模式，引入了棒喝机锋等新的传达形式，并以具有鲜明生活气息的公案代替经教文本，作为借教悟宗的依据和阐释禅理的样板，在文化思想领域产生了广泛而深远的影响。

【名人典故 2–5】

禅宗六祖惠能

六祖惠能，生于唐贞观十二年(638)，广东新兴人。其父卢公早亡，老母孤遗，艰辛贫乏，于市卖柴度日。年二十四，往湖北黄梅东山禅寺参礼五祖学佛法，舂米八月余。一日，五祖命门人各作一偈，若悟大意，即付衣法，为第六代祖。时有神秀上座，书偈于南廊壁间，呈心所见。偈曰：“身是菩提树，心如明净台。时时勤拂拭，勿使惹尘埃。”五祖知神秀入门未得，令门人尽诵此偈。惠能不识字，听了亦言有偈，请江洲别驾张日用为书。惠能偈曰：“菩提本无树，明净亦非台。本来无一物，何处惹尘埃。”书此偈已，徒众无不诧讶……五祖知悟本性，印证受法，便传顿教及衣钵，为第六代祖。六祖惠能到广东韶关南华禅寺传授禅法三十七年，传播全国各地，后来形成河北临济、湖南沩仰、江西曹洞、广东云门、南京法眼等五宗，即所谓“一花五叶”。法眼宗远播于泰国、朝鲜；曹洞、临济两宗盛行于日本；云门及临济两宗，更远播于欧美，故南华禅寺有“祖庭”之称。

(四) 净土宗

一般认为，净土宗由唐代的道绰和善导成立。他们承继北魏昙鸾的净土思想，尊崇《阿弥陀经》和《观无量寿经》，认为“当今末法，现是五浊恶世，唯有净土一门”(道绰《安乐集》)，意即在末法时代，众生要依靠阿弥陀佛的救助往生西方极乐世界，念佛往生才是众生得救的唯一法门。这种依靠他力的净土法门被称作“易行道”，他力易行，犹如水路乘船，而其他需要自力修持的法门则被称为“难行道”，犹如陆路步行。只要口念阿弥陀佛，便可往生净土，这种简便易行的念佛法门备受民间欢迎。早在中唐时期，此风已盛，白居易晚年有一首《念佛偈》，说“行也阿弥陀，坐也阿弥陀。……旦夕清净心，但念阿弥陀”。宋元之后，念佛往生的风气尤为炽烈，乃至乡野村夫见面皆称“阿弥陀佛”。念佛最后成了各宗共修的方便法门，禅宗、天台宗等兼用净土思想，提倡“禅净双修”或“台净合一”。

二、中国佛教的核心思想

佛教自汉传入以来，经过道教化、玄学化、儒家化与现代化等不同阶段，形成了中国化佛教。其间，随着佛教的传播、发展与创新，出现了越来越多的佛教流派与佛教文本，佛教思想也随之发生变化。无论古今中外流派有多大区别，从文化的角度上来看，中国佛教的核心思想依然散发着巨大的魅力。众生平等、戒恶行善、自度度人、因果报应等佛教思想依然受到世人的关注，产生着重要影响。

（一）众生平等

佛教虽然主张出世，但是提倡众生平等，这主要体现在种姓平等、佛性平等、轮回平等等方面，系统阐释了“性智平等”思想。

在印度，反对种姓制度，是印度佛教创立的最初动机和直接根由；在中国，则是反对王侯特权、主张政教平等的依据。东晋高僧慧远大师从区分“在家”教徒和“出家”教徒入手，有限度地要求宗教与政权处于平等地位。

主张佛性平等，即“一切众生皆可成佛”。这里的众生首先是指有情众生，其平等观念是从人性的根源上确立佛性的平等，人人都有佛的天性，人人都可追求成佛，反对只有少数人能成佛的思想观念。佛教的众生还包含无情众生，隋代的吉藏曾认为“不但众生有佛性，草木亦有佛性也”。

轮回平等是佛教特有的世界观和人生观。佛教认为众生无法逃脱生死业力、轮回报应，一切众生在三世中轮回也是平等的。对一切众生而言，善恶报应都是各自业力的结果，一律平等。

佛教的“性智平等”思想是佛教对“平等”做出的一种独特的解说，也体现了佛教对平等的倡导、追求与参悟。这一思想观念为现代人反对等级特权、探求平等，尊重和敬畏万物、建设生态文明等方面都提供了重要的思想依据。

（二）戒恶行善

佛教思想明确主张戒恶行善。佛家说善恶，无非就是为了戒恶行善。戒恶是从消极角度来指明不应该做的事情，行善是从积极角度来阐发应该做的行为。只有做到熟悉戒律、遵守戒律和惩罚违律，才能做到戒恶。同时，佛家倡导众生积极行善，四摄、六度对于如何具体布施行善讲得非常清楚。具体而言，布施是在精神思想方面要求宣讲善法善知善行，在物质利益方面要求捐物献身，在语言表达方面要求得理得法得当，在具体行为方面要求因时因地因人。[①]佛教的这种道德价值观，就是要求世人与人友善，即善待亲友、善待他人、善待社会、善待自然。

（三）自度度人

众所周知，佛教有小乘佛教和大乘佛教之分。小乘佛教之所以为“小”，是因为主讲自我解脱苦海；大乘佛教之所以为“大”，是因为不仅要讲自我解脱苦海，还要讲众生解脱苦海。这就意味着大乘佛教要求自觉觉人、自度度人、自利利人。

自觉觉人，即作为一个觉悟者，不仅要自我觉悟，还要觉悟他人，即不仅是超越自我、证明佛性，还要用佛法教化他人并使众生修道成佛，从而获得自我解脱。与精神层面进行的自觉觉人不同，自度度人要求参与实践活动，即要求践行者能够身体力行地进行自我心灵净化，并进行施乐救苦的利他活动。佛教所重视的觉人度人是利人，而自利利人是最终的皈依。可以说，自度度人带有改造自我和改造他人的双重功效，对于当下社会加强自我道德修养和社会公德建设具有一定的借鉴价值。而自利利人是道德责任的完成，有助于提升个人的人生境界和生命价值，有利于倡导社会风尚，并推动社会文明的进步与发展。

【拓展阅读 2–4】

为何不度

有一好吃懒惰之人，一日在屋檐下躲雨，看见观音[②]菩萨撑伞走来。这人高声呼喊：“观音菩萨，听闻您向来以普度众生为己任，今日带我一程如何？”观音菩萨回答道：“我在雨里，你在檐下；檐下无雨，你不需我度。”这人立刻跳到了雨中，对观音菩萨说：“现在我在雨中了，你应该度我了吧？” 观音菩萨说：“你在雨中，我也在雨中，我不被雨淋是因为有伞；而你被雨淋是因为无伞。所以不是我度自己，而是伞在度我。你要想度，不必找我，请自行找伞去！”说完便走了。这被观音菩萨丢在雨中的懒汉今日发现这世上果真有观音菩萨，第二天一早就跑去观音庙烧香了。正当他拜在观音像前恳请菩萨赐予他富贵时，却突然看见昨天在雨中遇到的观音菩萨也在庙中的观音像前礼拜。这让他升起疑惑，问道：“你是观音吗？”观音菩萨回答道：“我是观音。”这人又问：“那你为何还要拜自己？”观音菩萨笑着回答道：“因为求人不如求己！”

（四）因果报应

因果报应是佛教的核心理论，主要包含佛家因果缘起的世界观、业力轮回的生死观和善恶报应的价值观。佛教的因果报应论在思想上和行动上都深深影响着广大信徒的日

① 李宗桂. 中国优秀传统文化的现代价值[M]. 北京：人民出版社，2019.

② 曾因唐代避讳太宗李世民之名，去“世”字，略称“观音”。

常生活。

在佛家看来，世间万物的产生、发展、转变和灭亡都有其各自的原因，正所谓有因有果，有果有因，善因善果，恶因恶果。佛家讲的因果报应有善报和恶报之分，还存于过去世、现在世、将来世中。民间流传着很多这样的因果文，如《三世因果文》中所载："丰衣足食为何因，前世茶饭施路人。缺衣少食为何因，前世不助半分文。高楼大厦为何因，前世助学起凉亭。福禄俱足为何因，前世施粥济灾民。"说的都是三世因果报应的情况。其实佛教的这种"因果报应说强调人的一切都取决于人们自身的思想和行为，既非上帝的主宰，也非天命的安排。人事自作自受，自己掌握自己的命运，自己对自己的行为负责。从而原则上确立了人的主体地位，排除了神造论和天命论"。[①]

三、中国佛教思想的当代价值

中国佛教诸宗的创造性解释对中国哲学、中华文化发展的贡献功不可没。中国佛教的核心思想包含着合理价值，对当代社会具有积极的现代意义，为世人提供了另一种认识世界的视角和追求人生价值的途径。中国的儒、佛、道三教侧重不同，儒教侧重"治世"，道教侧重"治身"，而佛教则侧重"治心"。佛家所倡导的心灵安顿、宽容意识及慈悲情怀等对现代人的思维、行为和生活依然具有现实意义。

（一）心灵安顿

佛家认为："一切法皆是心法，一切名皆是心名。万法皆从心生，心为万法之根本。"佛教讲心性，最大的功能是治心，主张"心即是佛，平常心是道"，反对"认心作佛"。即心成佛就必须注意破除心执，直指本心。佛家倡导心灵安顿，做内心安适。正如初祖达摩所言："不谋其前，不虑其后，不恋当今。"无论是行还是坐，无论是穷还是富，都能做到安然对待，宠辱不惊。

如何在当下繁杂的世界里保持一份清纯，保留一份安分的心？关键在于学会让自己的心灵得到安顿，懂得谦和、仁静，学会沉淀，不急躁、不浮躁、不狂躁。有人曾比喻，人生犹如一个打开盖的水杯，上面多多少少总会落上灰尘，如何让这杯水保持清澈而不是浑浊？不摇晃，学会沉淀。只有这样我们才能拥有宁静而冷静的胸怀和心境，面对困境与危机时才能作出正确的判断与选择。正如古人所言"轻则失本，躁则失君"。当人处于急躁、浮躁、狂躁状态之时，是缺乏理性的时候，更谈不上智慧。学会用宁静、冷静控制我们的急躁，做心态的主人。只要内心安适，就能俯仰无愧，心安理得，活得踏实。可见，佛家心灵安顿思想对世人顺应现代的生活方式，构建与时代相符的中华民族新人文精神，具有一定的现实意义。

---

① 方立天. 中国佛教哲学要义[M]. 北京：中国人民大学出版社，2005.

（二）宽容意识

四川峨眉山灵隐寺弥勒佛殿两侧有一副令人回味无穷的对联："开口便笑，笑古笑今，凡事付之一笑；大肚能容，容天容地，于人何所不容。"这副对联说出了佛家思想中的宽容精神。"佛家主张众生平等，强调四摄六度，要求戒恶行善，达到度人自度，阐发平等得包容、以和敬得宽容、以忍度得宽容、以慈悲得宽容等多方面的思想。"①也就是说，在受到他人的损害或侮辱时不抱怨；能承受自身受到的一切烦恼与痛苦、依然能怀有宽容之心。

在市场经济条件下，人们为自己的利益互相争斗，使得社会矛盾更加复杂与多样，这对社会和谐发展无疑是一种阻碍。宽容精神的倡导不仅有利于化解社会动荡的风险，从而解决社会矛盾与冲突，进而推动社会发展道路前进，还可以给社会创造一个更加宽松和谐的舆论氛围，它允许人们在原则范围内谈论自由，允许人们能够表达自己合法的利益诉求，允许每个个体张扬自己的个性。可以说，宽容精神是和谐社会的润滑剂和调节阀。

（三）慈悲情怀

慈悲是佛教的核心理念之一，也是佛教的重要伦理准则，体现了佛教生命关怀的人文精神。慈悲精神有层次和境界之分。佛典《大智度论》中说："小慈但心念与众生乐，实无乐事；小悲名观众生种种身苦、心苦，怜悯而已，不能令脱。""大慈与一切众生乐，大悲拔一切众生苦。"小慈小悲是指仅仅在心理上的慈悲而未见付诸实际行动；唯大慈大悲方能使众生获得解脱，达到一种"与众生乐""拔众生苦"的境界。按照佛家的因果报应理论，弘扬慈悲精神可以得福报，最重要的实践就是给予。

人是社会的人，人的活动离不开社会。倘若每个人只索取而不给予，那么这样的社会不可能是一个温暖的社会；倘若每个人在索取的同时，不忘回馈社会与他人，这样的社会才能是温暖而和谐的。正所谓"众人拾柴火焰高""一方有难八方支援"，人们都应该以自己的能力尽可能去救助需要救助的人，救灾扶贫，积极从事公益事业，加入公益队伍，为建设美好社会家园奉献自己的一份力量。由此可见，佛教的慈悲情怀对构建和谐社会具有积极的推动作用。

【拓展阅读 2–5】

白马寺

白马寺(见图 2-5)，世界著名伽蓝，位于河南省洛阳市，始建于东汉永平十一年(68)，是佛教传入中国后兴建的第一座官办寺院，乃中国、越南、朝鲜、日本及欧美国家的释教发源地和祖师之庭。白马寺把佛教传到了朝鲜、日本和东南亚，使佛教在亚洲得到普及，后来又进入欧美，成为世界各地佛教信徒参拜的圣地。因此，19 世纪末以来，日本、泰国、印度、缅甸政府相继出资修建白马寺，使之成为全世界唯一拥有中、印、缅、泰

---

① 平飞. 众生平等与安忍宽容——佛家思想的合理内核及其现代价值[J]. 现代哲学，2015(5)：120.

四国风格佛殿的国际化寺院。白马寺可谓名副其实的“天下第一寺”。

图 2-5　白马寺

思考题

1. 儒家的文化基因对你的思想道德品质塑造有什么启示和借鉴作用？

2. 作为外来宗教，佛教为什么能在中国得到迅速发展？

3. 朱熹和王阳明各有哪些主要思想？这些重要思想对于当今中国乃至世界产生了哪些深刻的影响？

4. 为什么选择古建筑材料时，中国人偏好木材而西方人青睐石头？请试从古代哲学思想中分析其文化渊源。

参考文献

[1] 张岱年. 中国哲学大纲[M]. 北京：商务印书馆，2015.

[2]《中国哲学史》编写组. 中国哲学史[M]. 北京：人民出版社，2012.

[3] 冯友兰. 中国哲学简史[M]. 北京：北京大学出版社，2013.

[4] 冯达文，郭齐勇. 新编中国哲学史[M]. 北京：人民出版社，2004.

[5] 李泽厚. 中国古代思想史论[M]. 北京：人民出版社，1986.

[6] 杨晓宁. 中国文化传统的哲学精神[M]. 北京：科学出版社，2016.

[7] 李宗桂. 中国优秀传统文化的现代价值[M]. 北京：人民出版社，2019.

千年道统：中华文化的基本精神

中华文化的基本精神是在中华文化中起主导作用、处于核心地位的那些基本思想和观念。其中最为关键的有中华一统、贵和尚中、以民为本、刚健有为、厚德载物五个方面。本章主要阐明这些基本精神的内容与价值及其在当代中国的创新发展。需要特别指出的是，“中华文明是世界上唯一自古延续至今、从未中断的文明”，中华文明为何流而不断？“大一统”功不可没！这有助于共同铸牢国土不可分、国家不可乱、民族不可散、文明不可断的底线共识！

第一节　中华一统

“中华一统”的内涵主要有三点，即法权内涵上的领土完整、政体内涵上的中央集权、道义内涵上的文化本位。其中，法权内涵上的领土完整，强调中国疆域版图的统一，主要包括人文范围和地理范围。人文范围是指包括以汉族为主体的众多民族共同体，即中华民族共同体。地理范围在历史上指历代“大一统”王朝的本土疆界，在今天指中国所辖的主权领土。政体内涵上的中央集权，强调无论是集权还是皇权从来不是中国人的偏好，而是中国社会历史发展的现实需要所决定的。“中华文明从未中断，根子在大一统。大一统是中国人的第一政治关切，是经无数次血的教训凝成的集体共识，任何外来理论都无法动摇。大一统有一整套制度体系来支撑，如郡县制、科举制、文官制、乡绅制、监察制、史官制等。”[①]道义内涵上的文化本位，强调文化伦理。它不仅强调权力的“一”，更强调思想的“统”，即这种集权要有包揽性与辐射力，要求中央政权必须具备政治合法

① 潘岳：传播中华文明　促进中西互鉴[EB/OL]. [2021-10-17]. http://www.chinaqw.com/qwxs/2021/09-27/309202.shtml.

性支撑，要求中国相对于周边地区必须要有政治道义、社会文明、文化教养上的感召力和辐射力。

中华文明为人类文明贡献了独特的“大一统”理念，回顾历史，中国在国力羸弱时也保持了“大一统”。那么，为什么中国能历经千年不离“大一统”？以“大一统”为要义的中华文明又如何影响着当代中国？

一、强大的中央集权政体

强大的中央集权政体，主要是指建立在中央集权体系之上的政治共同体。中华“大一统”的思想由来已久。西周初年，“一统”的观念已初步形成，周朝确立了“大一统”的道义标准，那就是“皇天无亲，惟德是辅”（《尚书·蔡仲之命》）、“以德配天”，有德者方能拥有天下。《诗经》中的“溥天之下，莫非王土；率土之滨，莫非王臣”，《礼记·坊记·曾子问》中的“天无二日，土无二王，家无二主，尊无二上”，就含有“天下一统”的观念。“大一统”一词的正式提出，始见于《公羊传·隐公元年》：“何言乎王正月？大一统也。”在这里，“大”表“推尊”“推崇”之义；“一统”就是元始，本义是指政治社会自下而上地归依于一个形而上的本体。在周朝，其是指天下诸侯皆统系于周天子。诸子百家的儒、道、墨、法等各派思想中也都潜藏着“大一统”的身影。

“大一统”思想为秦以来建立的中央集权国家提供了理论基础。秦汉奠定了“大一统”的政治体制，解决了封建与郡县之间的矛盾，《汉书·董仲舒传》对“大一统”观念进行了系统的理论阐述，“《春秋》大一统者，天地之常经，古今之通谊也”。意思是，“大一统”是天地古今之道，是不可改变的。有了“大一统”的国家，必须具有适应这种“大一统”国家的统一思想，只有上下统一，才能保证法制号令规章制度的畅行。“汉朝系统化了中国古典文明的政治价值观，并将‘大一统’与‘仁政’在政治实践上统一起来。‘大一统’强调文明不可离散，‘仁政’强调‘大一统’必须讲道义。”[①]三省六部制与科举制在隋唐王朝成熟定型，形成了完善的文官制度；宋朝实现了平民化儒学教育与乡绅制，打牢了“大一统”的人才基础，解决了门阀与士人之间的矛盾；明清时期，实现了“大一统”民族整合，形成了现代中国的基本疆域格局和多民族治理的模式。一般认为，中国“大一统”王朝有秦朝、西汉、东汉、西晋、隋朝、唐朝、元朝、明朝、清朝，北宋是不是“大一统”王朝在史学界尚有争议。

追求国家统一是中国“大一统”政治共同体的内在要求。“中国文明从一开始就重视‘大一统’……历史多次证明，只要中国维持‘大一统’的局面，国家就能够强盛、安宁、稳定，人民就会幸福安康。一旦国家混乱，就会陷入分裂。老百姓的灾难最惨重。”[②]可见，中华文化的“大一统”精神，塑造了统治者与被统治者共同的文化心理结构。以江山统一为乐，以社稷分裂为忧，“大一统”思想逐渐转化为民族文化深层结构的

---

① 潘岳. 秦汉与罗马[J]. 中央社会主义学院学报，2020(6)：5-27.

② 习奥瀛台夜话全记录，习近平系列重要讲话数据库[EB/OL]. [2021-03-11]. http://jhsjk.people.cn/article/26026076.

社会心理和永志不移的政治价值取向。

这种“大一统的民族国家理念与现实是中华文化长久不衰的重要原因之一，从殷周到清末，中国的政治未曾发生过外在的断裂，它是通过不断的‘内部调整’的方式达到了一种稳定的完整架构”。[①]可见，中华文明之所以不断流，根本原因在于“大一统”。正所谓“天下大势，合久必分，分久必合”，只要“分久必合”，中华文明依旧能够以国家载体而得到有序传承。

这与西方史截然不同，钱穆指出：“中国政治，是一个‘一统’的政治，而西洋政治则是‘多统’的政治。当然中国历史也并不完全在统一的状态下，但就中国历史讲，政治一统是常态，多统是变态。西洋史上多统是常态，一统是异态。更进一步地讲，中国历史上虽在多统时期，还有它一统的精神；西方史上虽在一统时期，也还有它多统的本质。”[②]在中国几千年的历史中，虽然中华大地上有不同民族建立的政权，纵然有分分合合，但追求“一统”始终是主流，即便是在政权分裂时期，“统一寰宇”仍为执政者最基本的政治目标，如在五胡入华时代，“从东晋的祖逖、庾亮、桓温、谢安，到宋武帝刘裕刘义隆父子、梁武帝萧衍、陈宣帝陈顼等。虽然都未成功，但谁也不敢宣布放弃。在华夏大地上，任何统治者，谁要放弃了大一统，就等于失去了合法性”。[③]

中国共产党是中华文化“大一统”精神的继承者与创新者，中国共产党将马克思主义国家理论中国化为中国特色国家治理体系和治理能力。通过民族区域自治，不同民族和谐共处；通过“一国两制”，不同制度并行共处；通过中央与地方统合，发挥中央统筹和地方积极性；通过责任伦理，实现忠孝节义与修齐治平的奉献担当，把绿水青山留给子孙后代，把“先富帮后富”视为理所当然，把对人民承担无限责任作为初心与使命；通过大统战，坚持大团结、大联合，坚持多样性与一致性的统一，促进阶层统合和人心凝聚，共同铸牢国土不可分、国家不可乱、民族不可散、文明不可断的政治底线。在当今中国，最关键的一个问题是国家统一问题。习近平在纪念辛亥革命110周年大会上的讲话时中强调：“中华民族具有反对分裂、维护统一的光荣传统。‘台独’分裂是祖国统一的最大障碍，是民族复兴的严重隐患。凡是数典忘祖、背叛祖国、分裂国家的人，从来没有好下场，必将遭到人民的唾弃和历史的审判！”“祖国完全统一的历史任务一定要实现，也一定能够实现！”[④]

【拓展阅读 3-1】

台湾同胞具有追求国家统一的传统

1895年，日本通过侵略战争强行割占台湾并实行残酷的殖民统治，企图通过暴力镇压、奴化教育、语言强制、更改习俗、文艺垄断和“皇民奉公”运动等割断台湾同胞与

---

① 张西平. 向世界说明中华文化的现代价值[N]. 北京日报，2017-11-06.

② 钱穆. 中国历史精神[M]. 北京：九州出版社，2011.

③ 潘岳. 中国五胡入华与欧洲蛮族入侵[J]. 中央社会主义学院学报，2021(2)：5-32.

④ 习近平. 在纪念辛亥革命110周年大会上的讲话[N]. 人民日报，2021-10-10.

中华大家庭的文化渊源与民族情结，但遭到英勇无畏的台湾同胞自发的、不屈不挠的抵制和斗争。以丘逢甲、莫那鲁道为代表的广大台胞同日本侵略者进行了坚强不屈的武装斗争；林献堂、蒋渭水等一大批文人志士，对日本殖民文化侵略进行有力反击；在日本侵略者侵占台湾的半个世纪里，65 万台湾同胞罹难，那种在孤绝环境中所进行的英勇斗争，慑敌寇而泣鬼神！

资料来源：崔雯，两岸命运共同体与心灵契合，中央社会主义学院核心课程，第 2-3 页.

二、文化认同塑造民族共同体

“中华一统”文化精神在民族关系方面的表现即“民族一统”的历史视野，也就是说“是否是中华民族一员，不是靠种族，不是靠地缘，不是靠宗教，而是靠文化”，[①]即文化族群观，这一观念强调汉族与少数民族之间、各少数民族之间、内地与边疆的整体性和不可分割性。“历史上，中国不乏多元族群与多元宗教。但无论族群如何多元，总能因命运与共而融为一体；无论宗教如何多元，总能因互鉴交流而和谐共存……任何一个少数民族政权定鼎中原，都主动传承中国制度体系与伦理体系；任何一种宗教进入中国，都去除非此即彼的排他性而融入中华文明思想体系。”[②]

【拓展阅读 3–2】

凉州会谈

公元 13 世纪中期(1247)，藏族和蒙古族两位代表性的杰出人物萨迦班智达和阔端在凉州(今甘肃武威市)白塔寺进行了具有深远历史影响的会谈，后世称为“凉州会谈”。“凉州会谈”之后，萨迦班智达执笔写下致西藏各僧俗首领的公开信，即著名的《萨迦班智达致蕃人书》，吐蕃各地归属蒙古政权，从此西藏正式成为中央直接管辖的一个地方行政区域。此后，历代中央政府也对西藏地区实行有效管辖。凉州会谈这一历史事件是西藏地方与祖国关系发展史上具有里程碑意义的重大事件。蒙藏民族共同为缔造祖国和平统一、发展民族团结关系作出了重大贡献。

(有删改)

资料来源：多图再现 阔端与萨班凉州会谈，https://www.tibet3.com/news/tbgzh/2019-06-28/120659.html.

中华民族大融合主要是文化上的融合。中国各民族在历史上虽不乏冲突，但最终都在不同阶段融入中华民族共同体。在先秦，商族起于东夷，周人起于戎狄，由夷狄而入华夏，由四周而主中原。在秦汉，秦人出于西戎而一统六国，完成了从西到东的华夏整合，汉朝融合西域而完成了由南往北的国家融合。在隋唐，经过魏晋南北朝以来的胡汉

① 潘岳. 中华文明塑造中国道路[N]. 环球时报，2019-11-01(1).

② 潘岳：传播中华文明 促进中西互鉴[EB/OL]. [2021-10-17]. http://www.chinaqw.com/qwxs/2021/09-27/309202.shtml.

交融，王朝统治者一改以往“贵中华、贱夷狄”的民族歧视，代之以“爱之如一”的平等态度，中华文明由此将草原文明、中亚绿洲文明和中原农耕文明三大体系融为一体。在宋辽金时期，越是少数民族政权，越是强调中华民族共同体。辽提出“契汉一家”“虽境分二国，而义若一家”，女真大金国提出“中州一体”“皆是国人，不宜有分别”。在元朝，忽必烈主张“帝中国者，当行中国事”，从《易经》的乾元之义中定立国号“大元”，以中华文明的继承人自居，将蒙古汗国转变为大元王朝，抛弃了氏族制度和部落联盟传统，进入中华民族的历史序列。元朝的行省制度与明朝的改土归流都在制度上加强了中华民族共同体的内涵。在清朝，中华民族共同体多元一体格局趋于完善。中原一统始于秦，塞外一统始于元，二者最终在清朝合流。清朝恢复汉文科举、尊奉程朱理学、继承明朝法律，将自己确认为中华道统的合法继承人。值得深思的是，中国少数民族军事征服的结果，不是被征服者的文化毁灭与中断，而是征服者的文化皈依和进步，出现了征服者反被征服的独特文化现象。更为重要的是，少数民族不只是中华文明的接受者，也是中华文明的创造者。例如，中央集权制度中最重要的行省制是元朝创造的，多民族疆域和宗教管理经验则是清朝的贡献，藏传佛教经藏族创造性发展为中国佛教的重要部分。①

【拓展阅读 3-3】

承德避暑山庄及外八庙

避暑山庄是清王朝的夏季行宫。外八庙是承德避暑山庄东北部八座藏传佛教寺庙的总称，修建于公元 1713 年至 1780 年。1994 年 12 月，避暑山庄及周围寺庙被列入世界文化遗产名录。清朝初年，中国藏传佛教在中国蒙、藏地区(包括青海、新疆)势力强大，教徒信仰虔诚。清政权为加强对北疆的统治，巩固国家统一，对边疆各少数民族实行“怀柔”政策。一个重要内容就是对蒙藏民族采取“因其教不易其俗”“以习俗为治”的方针，反映了清朝统治者以顺应少数民族习俗、尊重蒙藏上层人物宗教信仰的策略来实现密切地方和中央政权的关系，巩固国家统一为目的的战略思想。

(有删改)

资料来源：孙继新. 历史文化的宝库 民族团结的丰碑——承德避暑山庄及其周围寺庙略记，https://www.56-china.com.cn/show-case-5125.html.

中华文明的发展史便是一部中华各民族的融合史，每次民族大融合都是中华文明的大发展，这与世界其他文明帝国的兴衰存续形成鲜明对比。几千年来，各大文明帝国因强而兴，因弱而亡，一旦衰之，各民族再也未能重新聚合。过去与现代的希腊、罗马、英联邦、苏联皆是如此。正因为大一统民族之道，中华文明不是西方意义上的现代民族国家，更不是西方意义上的帝国霸权，而是“多元一体”的中华民族共同体。②当今世界，民族冲突与文明冲突日益凸显，中华文明的民族融合之道彰显出强大优势，那就是中华民族共同

① 潘岳. 中华共同体与人类命运共同体，2018 年 12 月. 中国外文出版发行事业局. [EB/OL]. [2021-09-28]. http://pmtkcde.org.cn/2020-12/07/content_76987290.html.

② 潘岳. 中华文明塑造中国道路[N]. 环球时报，2019-11-01(1).

体以中华文化认同为基础，以中华民族大家庭为根本特征，以民族复兴为历史使命。

三、和合共生的天下观

中华文明具有和合共生的根性。“中华民族有着5000多年源远流长的文明，孕育了灿烂的中华文化，创造了心系天下、造福人民的‘天下观’。在中华文化中，‘兼容并包’‘遐迩一体’的气魄格局，‘亲仁善邻’‘协和万邦’的尚和传统，‘和而不同’‘美美与共’的‘和合’理念，‘大道之行、天下为公’的大同理想，‘民胞物与’‘四海之内皆兄弟’的友善观念，都是‘天下观’的具体表达。中华文化的‘天下观’具有开放、包容、亲仁、尚和、利他的独特精神品格，这种文化品格早已深深地融入中国人的精神血脉，内化为立己达人、兼济天下的理性自觉，外化为天下为公、命运与共的实践行动。”①

纵观中国文明发展史，在中国历史上有皇帝制度，有“帝国”存在，如秦汉帝国、大唐帝国、大清帝国，但唯独没有“帝国”传统。正如习近平在德国科尔伯基金会的演讲中所说：“中国历史上曾经长期是世界上最强大的国家之一，但没有留下殖民和侵略他国的记录。”②在中国历史上有朝贡体系，这种朝贡体系是中国与周边国家睦邻友好的一种“礼尚往来”的体系，当时的中国对来朝贡的国家给予与付出更多，中国从未觊觎过周边国家的经济命脉和各种资源。“自古以来，中华民族就积极开展对外交往通商，而不是对外侵略扩张；执着于保家卫国的爱国主义，而不是开疆拓土的殖民主义。2100多年前，中国人就开通了丝绸之路，推动东西方平等开展文明交流，留下了互利合作的足迹，沿路各国人民均受益匪浅。600多年前，中国的郑和率领当时世界上最强大的船队7次远航太平洋和西印度洋，到访了30多个国家和地区，没有占领一寸土地，播撒了和平友谊的种子，留下的是同沿途人民友好交往和文明传播的佳话。”③这种体系与西方的殖民体系截然不同。对此，明代著名传教士利玛窦曾经发出这样的感慨：“虽然他们有装备精良的陆军与海军，很容易征服邻近的国家，但他们的皇上和人民却从未想过要发动侵略战争。我仔细地研究了中国长达四千多年的历史，我不得不承认，我从未见到有这类征服的记载，也没听说过他们扩张国界。”④从西方文明发展来看，有马其顿帝国、波斯帝国、罗马帝国、奥斯曼帝国、大英帝国等，但这些“帝国”都带有殖民主义的痕迹，好穷兵黩武与对外扩张征服。西方文明就像恺撒所说，“我来了，我看见了，我征服了”；中华文明却是“我来了，我交朋友了，我回家了”。

中华文明一直坚持不往而教，从不主张强加于人的文化输出，反对文化霸权。西方文明的核心精神是基督教，每个信徒都可以与上帝建立直接联系，这决定了西方文明可以摆脱地域限制而到处传教，无论身处何地，只要心中有上帝，哪里都是传教的热

① 杨龙奉．深刻把握中国共产党坚持胸怀天下的三重逻辑[N]．重庆日报，2022-01-06.

② 习近平．习近平在德国科尔伯基金会的演讲[N]．人民日报，2014-03-30(2).

③ 习近平．习近平在中国国际友好大会暨中国人民对外友好协会成立60周年纪念活动上的讲话[N]．人民日报，2014-05-16(2).

④ 潘岳．中华共同体与人类命运共同体[J]．中央社会主义学院学报，2019(4)：5-8.

土。与“信仰上帝”的基督教文明相比，中华文明的传统则是“重视家庭”。上帝可以无处不在，但是家乡只有一个。正因为家庭观念是中华文明的轴心，所以中华文明始终立足本土，形成了以家庭为中心的“同心圆结构”，这与西方用十字军、炮舰传播《圣经》，用战争向阿富汗、伊拉克输出民主的方式截然相反。中华文明崇尚推己及人，从不强迫他人。中华文明命运共同体精神，始终强调“己所不欲、勿施于人”的理念，强调“将心比心”“推己及人”的同理心；反对“以眼还眼，以牙还牙”的狭隘观念，反对“先下手为强、后下手遭殃”的先发制人手段，反对非此即彼、唯我独尊的排他性心态。这些历经千百年的宝贵思想，很多已被世界公认为普遍伦理。①

“胸怀天下”，自古就渗透在中华文明的古老智慧中，正如古语所讲“大道之行，天下为公”“己欲立而立人，己欲达而达人”。中国人眼中的世界是天下一家的世界，是全体人类和合共生的世界。因此，中国共产党强调“坚持胸怀天下”是中华传统文明在当今时代的创新与发展，构成了强大的生命力与延绵不绝的竞争力，这为消除当今世界和平赤字、发展赤字、治理赤字提供了一种理性而务实的思路与方案。我们应秉持“人类命运共同体”的理念，发扬光大中华文化“协和万邦，和衷共济，四海一家”的高超智慧，坚持世界眼光，秉持天下胸怀，以超越国别的全人类视野，将中国的成功经验与其他国家共同分享，为推动世界进步和增进人类福祉贡献中国方案和中国力量。

【拓展阅读 3-4】

远人不服，则修文德以来之

2014 年 10 月 15 日，习近平总书记主持召开文艺工作座谈会并发表重要讲话。他说，古往今来，中华民族之所以在世界有地位、有影响，不是靠穷兵黩武，不是靠对外扩张，而是靠中华文化的强大感召力和吸引力。我们的先人早就认识到“远人不服，则修文德以来之”的道理。“远人不服，则修文德以来之”出自《论语·季氏第十六》，意思是说，远方的人不归服，就要修文德、重教化，吸引他们过来。核心意思是主张安定团结，以仁德服人。千年来，这种理念代代相传，形成了中华民族崇尚和平的优良传统。历史上，中华文明始终秉持“文治高于武功”，力图“泽被四海”“惠及万民”。

资料来源：http://news.cnr.cn/native/gd/20190619/t20190619_524655649.shtml.

第二节 贵和尚中

“贵和”，即“万物并育而不相害，道并行而不悖”。但这种和谐不是排除矛盾、消除差异的和谐，而是蕴含着沉浮、升降、动静等对立面相互作用、相互消长、相互渗透、转化过程的和谐。正是这种整体的、动态的和谐推动着事物的变化发展。“尚中”，即不

① 潘岳. 中华共同体与人类命运共同体[J]. 中央社会主义学院学报，2019(4)：5-8.

偏不倚，不走极端，尚中乃是实现“和”的理想的根本途径。“贵和尚中”思想，体现了中华文化十分重视宇宙自然的和谐、人与自然的和谐，特别是人与人之间的和谐。这种思想表现了中华民族爱好和平的文明基因，在民族关系上促进了中华民族的大融合与多元一统；在文明上主张不同文明之间平等对话，交流互鉴；在外交上表现为“协和万邦”的政治理想，即以道德修养和教化为本。

一、以和为贵，和而不同

西周末年的史伯最早阐释了“和”的内涵。史伯在为郑桓公分析天下大势时指出：“和实生物，同则不继。”他举例说，金木水火土相配合，就能生成万事万物；五种滋味相调和，就能满足人的口味；六种音律相协调，就能使人赏心悦目。这就是“和实生物”。如果只有一种声音，就谈不上有动听的音乐；如果只有一种颜色，就构不成五彩缤纷的世界；如果只有一种味道，就谈不上鲜美可口的佳肴。这就是“同则不继”。用现在的语言来表述，“和”就是承认任何事物都有矛盾有差别，是在承认有矛盾有差别的基础上的统一，是多样性的统一；“同”就是否认事物有矛盾有差别，是否认有矛盾有差别的绝对同一。①中华文化“和”的思想所蕴含的人际和谐观、天人和谐观和仁政和谐观，为和谐社会的建设与发展提供了精神理念和价值导向。

（一）注重人我和谐的人际和谐观

人际和谐观包括人与人、人与社会两个层面的和谐。“和”不仅成了个人待人处事的基本策略，也成了稳定社会的基本原则。为了实现“人和”的价值目标，儒家提出“君子喻于义，小人喻于利”（《论语·里仁》），主张重义轻利；提出“见贤思齐焉，见不贤而内自省也”（《论语·里仁》），主张内心自省；提出“与朋友交，言而有信”（《论语·学而》），主张守信义；提出“爱人者，人恒爱之；敬人者，人恒敬之”（《孟子·离娄下》），主张平等友爱。只有这样才能构建融洽和谐的人际关系，有利于实现社会和谐。这与以财产关系为基础，以追求欲望、利益标准为优先，认为“物竞天择，适者生存”的西方社会泾渭分明。

（二）注重生态平衡的天人和谐观

《易传·文言传》提出了著名的“与天地合其德”和“先天而天弗违，后天而奉天时”的精湛的天人合一思想。所谓与天地合其德，是指人与自然界要相互适应、相互协调。所谓“先天”，即为天之前导，在自然变化未发生之前加以引导；所谓“后天”，即遵循自然的变化规律，从天而动。②《庄子·内篇·齐物论》中提出，“天地与我并生，而万物与我为一”，喻指人与自然是生命共同体，应和谐相处。《庄子·外篇·天道》中主张“与天和者，谓之天乐”，认为真正的快乐是与自然相融合、与天地相感应的乐。《孟子·梁

① 王杰. 以和为贵，和而不同——谈谈中国文化的和谐观[J]. 中国领导科学，2019(3)：104-107.

② 张岱年，方克立. 中国文化概论(修订版)[M]. 北京：北京师范大学出版社，2004.

惠王上》中主张“不违农时，谷不可胜食也；数罟不入洿池，鱼鳖不可胜食也；斧斤以时入山林，材木不可胜用也”，强调只要不违背农时、耽误百姓耕种，粮食就吃不完；不用细密的网在池塘里捕捞，鱼鳖就吃不完；按照时令采伐林木，木材就用不完。荀子进一步提出“天人相分”的卓越命题，这里的天是“自然之天”。老子提出“人法地，地法天，天法道，道法自然”（《老子·第二十五章》），强调人要以尊重自然规律为最高准则，以崇尚自然、效法天地为人生的基本归宿。“天人合一”思想的核心是视人与自然为一个生命共同体和道德共同体，以实现人与自然的和谐为最高理想。在中国古代，都江堰可以说是人类与大自然和谐发展的杰出典范。蜀郡守李冰与其子于约公元前256年至公元前251年修建的都江堰，是中国最古老的水利工程，被誉为世界奇观。都江堰灌溉良田1130万余亩，2000多年来，一直都是“天府”富庶之源，至今仍发挥着无可替代的重要作用。①在当今时代，我们要更加重视人与自然的和谐相处。我们要树立正确的生态保护意识，善待大自然，减少对资源无限制的掠夺和对环境的破坏，为当今时代人类加快构筑尊崇自然、绿色发展的生态体系，共同建设美丽地球家园，使“生产、生活、生态、生机”相得益彰，为构建人与自然的生命共同体贡献中国力量。

（三）注重以邻为善的仁政和谐观

《尚书·虞书·尧典》提出了“协和万邦”的政治理念；《周易·乾·象》提出了“万国咸宁”的思想；《周礼·天官·大宰》提出了“以和邦国，以统百官，以谐万民”的思想。这些政治理念成为春秋战国以后处理国与国关系的基本准则。孔子认为，“四海之内皆兄弟”（《论语·颜渊》），同时主张以文德感化外邦，以德服人，反对轻率地对他国诉诸武力扩张。墨子主张“兼爱”“非攻”，认为社会上出现的一切矛盾冲突，都是由于不懂得兼相爱、交相利的结果，反对那些以攻伐为目的的不义战争。孟子更是在提倡王道仁政的基础上反对霸道，反对不义之战，在《孟子·梁惠王上》中提出了“仁者无敌”的思想。由此可见，主张邦族、国家之间的和平共处，反对用武力征伐他国，一直是中华文化中处理邦国之间关系的准则。①在当今时代，这一处世之道的表现便是构建人类命运共同体的理念与实践。这一理念源于中华文化中“以和为贵”的文化精髓、“胸怀天下”的真情理念，更是建立在对当今人类发展的深度思考上。面对新冠肺炎疫情，中国始终同各国紧紧站在一起，休戚与共、并肩战斗，携手合作、共克时艰，为全球抗疫贡献了中国智慧，提供了中国方案。

【拓展阅读3-5】

中国文化遗产标志——“四鸟绕日”

2005年8月17日，国家文物局正式公布采用四川成都金沙遗址“四鸟绕日”金饰图案为中国文化遗产标志(见图3-1)。“四鸟绕日”金饰2001年出土于四川省成都金沙

① 王杰. 以和为贵，和而不同——谈谈中国文化的和谐观[J]. 中国领导科学，2019(3)：104-107.

遗址，画面是四只神鸟围绕着太阳飞行，被命名为“太阳神鸟”。“四鸟绕日”图案构图严谨、线条流畅、极富美感，是古代人民“天人合一”的哲学思想、丰富的想象力、非凡的艺术创造力和精湛的工艺水平的完美结合，所表达的追求光明、团结奋进、和谐包容的精神寓意，彰显了中国政府和人民保护中华文化遗产的强烈责任心和神圣使命感。

图 3-1 中国文化遗产标志

资料来源：关于启用中国文化遗产标志的公告，http://www.ncha.gov.cn/art/2005/8/16/art_722_110641.html.

二、中庸之道，以中致和

何为中庸？中和是中庸之道的主要内涵。中和出自《礼记・中庸》：“喜怒哀乐之未发，谓之中，发而皆中节，谓之和；中也者，天下之大本也；和也者，天下之达道也。致中和，天地位焉，万物育焉。”由此可见，中和本指中正平和，引申为符合中庸之道的道德修身境界的一种原则。中国人持中守正的道德准则，与中华文明发源地所处的中原地区的中心位置，以及中国古代强烈的“中”的意识和崇拜紧密相关。

中庸的具体表现很多。如人格上，倡导冲和的气象，“君子惠而不费，劳而不怨，欲而不贪，泰而不骄，威而不猛”（《论语・尧曰》）。认识上，强调“毋意，毋必，毋固，毋我”（《论语・子罕》），要兼听兼明，不可固执己见。情感上，“发乎情，止乎礼”（《诗经・关雎》），一切以礼为依归。言行上，“从心所欲，不逾矩”（《论语・为政》），恰到好处。教育上，因材施教，“中人以上，可以语上也；中人以下，不可以语上也”（《论语・雍也》）。行政上，“允执其中”（《论语・尧曰》），不偏不倚。刑罚上，“刑罚不中，则民无所措手足”（《论语・子路》），刑罚相当。

中庸之道，是实现和谐的根本途径，也是事物长久发展之道。细察中庸的内涵，可以用以下这句话来概括：它要求人们摒弃“过”与“不及”两个极端，以不偏不倚、中正客观的整体立场观点来看待与处理问题，以达到从容中道与社会和谐的目的。[①]中庸的智慧在于事事恰到好处，把握好一个恰当的度。《周易・乾》中就有“亢龙有悔，盈不可久也”的说法，意指任何事物过于鼎盛是不可持久的，老子说，“天长地久。天地之所

① 陆卫明，李红. 中国文化精神与现代社会[M]. 北京：中国社会科学出版社，2015.

以能长且久者，以其不自生也，故能长生”（《老子·第七章》）。张岱年也对此做了精辟概括，“由于全民族在贵和尚中观念上认同，使得中国人十分注重和谐局面的实现和保持，这对于社会的稳定和发展是必不可少的……做事不走极端，着力维护集体利益，求大同存小异，保持人际关系和谐，是中国人普遍的行为准则。这对于民族精神的凝聚和扩展，对于统一的多民族政权的维护，无疑有着积极作用”。①

【拓展阅读 3-6】

周公测景台

周公测景台遗址在河南登封市告成镇。周公测景台是中国最早专用土圭、木表观测日影的天文观测仪器。最早装置圭表的观测台是西周初年周公营建洛邑选址时，周公曾在此建台观测日影而得名。表(直立的柱子)高八尺(267 厘米)，圭是与表相连的座子。太阳照射表的影子落在圭上，夏至之日正午投影最短，仅有一尺五寸(50 厘米)，冬至日的日影则最长。利用土圭、木表观测日影，就能够比较准确地测定二至二分(冬至、夏至、春分、秋分)，测定出太阳年的长度，这为历法的制定提供了可靠的依据。在周初分封诸侯国时，周公还根据各地夏至时的日影长度来确定“诸侯受封土地的疆界”。

资料来源：骆文伟. 中国传统文化概论[M]. 北京：清华大学出版社，2019.

第三节　以民为本

习近平在亚洲文明对话大会开幕式上发表主旨演讲中强调“惠民利民、安民富民是中华文明鲜明的价值导向”，这是对中华文化的民本思想的高度凝练和概括。民本思想主要指中国历代的明君、贤臣为维护和巩固其统治而提出的一种统治观，主要表现为民惟邦本，本固邦宁；得民之道，用民之法；忧民恤民，民胞物与……其核心思想表现就是“惠民利民、安民富民”。这些思想对中国历代统治者、知识分子阶层及普通百姓，莫不产生持久而广泛的影响，并成为中国政治实践的重要指导思想及判断政治好坏的重要标准。

一、民惟邦本，本固邦宁

中国历史上，夏朝首次明确地提出了“民惟邦本，本固邦宁”的概念，始见于《尚书·夏书·五子之歌》，②“皇祖有训，民可近，不可下。民惟邦本，本固邦宁”，意思

① 张岱年，方克立. 中国文化概论(修订版)[M]. 北京：北京师范大学出版社，2004.

② 夏朝时期，禹的孙子太康即位，他荒淫无度，百姓为之悲哀，他到洛水南面去打猎，穷国君主羿趁机篡夺了夏国的政权，太康的母亲和五个弟弟被赶到洛河边，太康的弟弟追述大禹的告诫而作《五子之歌》，表达怨恨与哀悔。

为祖先早就传下训诫，人民是用来亲近的，不能轻视与低看；人民才是国家的根基，根基牢固，国家才能安定。《尚书·盘庚》中载，“重我民”“罔不惟民之承”“施实德于民”“视民利用迁”“天视自我民视，天听自我民听”。殷周之际，民本意识形成思潮对中国政治文化史有重大影响。《尚书·蔡仲之命》中载，“皇天无亲，惟德是辅；民心无常，惟惠之怀”“天命靡常”。周公强调只有施行德政，才能长期获得人民的拥护。他总结商亡的教训，提出了“以德配天”和“敬德保民”，正式实施“德治”。

孔子提出“仁”和“以政为德”，其核心是爱民。[①]荀子曾形象地说“君者，舟也；庶人者，水也。水则载舟，水则覆舟”(《荀子·王制》)，并认为“庶人安政，然后君子安位”(《荀子·王制》)。孟子提出“民为贵，社稷次之，君为轻”(《孟子·尽心章句下》)的“民贵君轻”说，并以此构建了以“仁政”为核心，以性善论为基础和特色的完整学说。孟子主张的仁政内容极其丰富，包括抽象的原则与具体的政策，如“视民如伤”(《孟子·离娄下》)，“与民同乐”(《孟子·梁惠王下》)，“制民之产”(《孟子·梁惠王上》)，“省刑罚，薄税敛，深耕易耨”(《孟子·梁惠王上》)，“关市讥而不征”(《孟子·染惠王下》)，等等。孟子的民本思想与国家利益、国家命运紧密联系在一起，他呼吁关心、关注民众的利益和疾苦。唐太宗李世民则从隋亡的教训中总结出“为君之道，必须先存百姓”(《贞观政要·论君道》)的道理。白居易说，“邦之兴，由得人也；邦之亡，由失人也”(《策林·辨兴亡之由》)。

中国传统民本思想提倡“民惟邦本”，中国共产党坚持“人民至上”的立场，从“民惟邦本”到“人民至上”，这是中国共产党对中华传统文化精髓的继承和弘扬的结果。“人民至上”，就是要发展为了人民，“让人民群众有更多、更直接、更实在的获得感、幸福感、安全感”；就是要依靠人民，“只要我们深深扎根人民、紧紧依靠人民，就可以获得无穷的力量，风雨无阻，奋勇向前”；就是发展成果由人民共享，“朝着实现全体人民共同富裕不断迈进”。

【拓展阅读 3–7】

人民情怀：“我将无我，不负人民”

2019 年 3 月 22 日下午，意大利众议院，习近平主席同众议长菲科举行会见。菲科问道：“您当选中国国家主席的时候，是一种什么样的心情？”习近平主席沉静而充满力量地说：“这么大一个国家，责任非常重、工作非常艰巨。我将无我，不负人民。我愿意做到一个‘无我’的状态，为中国的发展奉献自己。”

资料来源：人民情怀：我将无我，不负人民，http://www.qstheory.cn/laigao/ycjx/2021-07/10/c_1127642056.htm.

① 李道湘，于铭松. 中华文化与民族凝聚力[M]. 北京：中央编译出版社，2007.

二、得民之道，用民之法

以民为本，首先要爱民，行“仁政”。所谓德治，就是要以德化民，用孝悌、忠恕、仁义、诚信、礼让、智勇、廉耻、中和等德行教育人民，提高民众的道德素质和道德自律，使民众能自觉遵守各种道德和法律的规范。孔子说：“政者，正也。子帅以正，孰敢不正？”(《论语·颜渊》)“其身正，不令而行；其身不正，虽令不行。”(《论语·子路》)由此看来，他要求为政者 “正”。所谓“正”，有三方面含义：一是正身，就是要修身，这是从内圣到外王最起码的立足点。二是廉政。廉政是仁政最起码的内容，要求为政者欲而不贪，见利思义，廉政为民。三是勤政，主张为政者勤于政务，体察民情，关心民众疾苦。[①]孟子云“老吾老，以及人之老；幼吾幼，以及人之幼”(《孟子·梁惠王上》)，主张统治者要“与民同心”，要把“人之常情”推而广之，普惠民众，做到“圣人无常心，以百姓心为心”(《老子·第四十九章》)。此外，晏婴在《晏子春秋·内篇问下》中提到“德莫高于爱民，行莫贱于害民”，意思是说最高尚的意愿，莫过于爱民；最低贱的行为，莫过于戕害百姓。

以民为本，其次要得民心、顺民意。一个政权的兴衰存亡全在于是否得民心：得民心，人民拥护你，政权就稳固；失民心，人民离心离德，政权就不稳固，迟早要灭亡。管仲提出，“政之所兴，在顺民心。政之所废，在逆民心”(《管子·牧民》)。孟子说，“失其民者，失其心也……得其民，斯得天下矣”(《孟子·离娄上》)，并主张提醒统治者“乐民之乐者，民亦乐其乐；忧民之忧者，民亦忧其忧。乐以天下，忧以天下，然而不王者，未之有也”《孟子·梁惠王下》。中国古代政治有“王道”与“霸道”之分。霸道者，武力征伐，权势倾轧，以“威”使人“畏”；王道者，顺乎民心，使民有道，以“道”使人“服”。要行王道，就要知道百姓喜欢什么，顺民意，“乐以天下”；知道百姓忧虑什么，并且和他们有一样的忧虑，再努力创造条件，让他们消除这些忧虑，“忧以天下”。西汉的政治家贾谊强调“民者，诸侯之本也”，而且具体指出“国以民为安危，君以民为威侮”(《新书·大政上》)，并告诫君王“戒之哉！戒之哉！与民为敌者，民必胜之”(《新书·大政上》)。

中国共产党成立100多年来，始终坚持人民至上，不忘初心，牢记使命：在新民主主义革命时期，把推翻压在中国人民头上的帝国主义、封建主义、官僚资本主义三座大山作为奋斗目标；在社会主义革命和建设时期，把实现人民当家作主、改变一穷二白的国家面貌、让百姓过上幸福生活作为奋斗目标；在改革开放和社会主义现代化建设新时期，把使人民摆脱贫困、尽快富裕起来作为奋斗目标；中国共产党的十八大以来，中国特色社会主义进入新时代，以习近平同志为核心的党中央坚持人民至上，坚持以人民为中心的发展思想，把满足人民对美好生活的向往作为奋斗目标。

---

① 李道湘，于铭松. 中华文化与民族凝聚力[M]. 北京：中央编译出版社，2007.

【拓展阅读 3–8】

初心印记 | 脱贫攻坚精神："人民至上"执政理念下的中国奇迹

船重千钧，掌舵一人，人民领袖率先垂范。从 2012 年到 2020 年，脱贫攻坚取得全面胜利，习近平总书记亲自挂帅出征带领"五级书记一起抓"扶贫，先后 7 次主持召开中央扶贫工作座谈会，50 多次调研扶贫工作，走遍 14 个集中连片特困地区，并提出一系列新思想新观点，形成了中国特色反贫困理论。

闻令而动、竭力而行，不负人民、一切为民。自2013 年向贫困村选派第一书记和驻村工作队以来，截至 2020 年底，中国累计选派 25.5 万个驻村工作队、300 多万名第一书记和驻村干部，每年保持近 100 万人在岗开展驻村帮扶，同近 200 万名乡镇干部和数百万村干部一道奋战在扶贫一线。在脱贫攻坚过程中，有 1800 多名同志为此献出了宝贵的生命。

近 1 亿人脱贫的规模奇迹。8 年攻坚，实现了现行标准下 9899 万农村贫困人口全部脱贫，28 个人口较少民族全部整族脱贫，832 个贫困县全部摘帽，12.8 万个贫困村全部出列，区域性整体贫困得到解决。2020 年在突遭新冠肺炎疫情的情况下，中国还是提前 10 年实现了《联合国 2030 年可持续发展议程》提出的减贫目标。

资料来源：孙林. 初心印记丨脱贫攻坚精神："人民至上"执政理念下的中国奇迹，http://news.cctv.com/2021/08/06/ARTIKhijbx75agg4BuCq0i81210806.shtml.

三、忧民恤民，民胞物与

北宋张载主张"民胞物与"（《西铭》）；司马光认为，民是"国之堂基"（《五规・惜时》）；理学家程颢、程颐宣称"君道以人心悦服为本"（《河南程氏粹言》卷二《君臣篇》）；宋代政治家范仲淹的"居庙堂之高则忧其民，处江湖之远则忧其君"，意思是作为仁人志士，不论是在朝还是在野，都要时刻把人民和国家的利益放在心上。朱熹认为，"天下之务，莫大于恤民"（《宋史・朱熹传》）。明亡后，顾炎武、黄宗羲、王夫之等痛定思痛，认为明朝灭亡的根本原因是君主的私天下，呼吁要以公天下之心重新制定政治社会体制。顾炎武说，"古之圣人，以公心待天下之人"（《日知录・郡县论一》）。黄宗羲说，"古者以天下为主，君为客，凡君之所毕世而经营者，为天下也"（《明夷待访录・原君》）。意思是古代以天下百姓为主人，以君主为客人，君主一生努力从事的事情，就是为天下人谋福利。其主张君和臣共同的职责是为"天下万民"（《明夷待访录・原臣》），"天下之治乱，不在一姓之兴亡，而在万民之忧乐"（《明夷待访录・原臣》）。

古有忧民恤民，民胞物与的民本思想，而今纵观百年党史，从"得民心者得天下"到"人民群众创造历史"，从"不患寡而患不均"到"全心全意为人民服务"，从"听政于民”到“群众路线”，从“始终把人民放在心中最高位置”的高度自觉到“我将无我，不负人民”的使命担当，无不充分彰显了中国共产党人民至上的立场，始终坚持“以人民为目的”，维护人民群众的根本利益，不断增进人民福祉，使人民群众拥有更多的获得感，保障人民共享发展成果。总的来说，中国道路从5000多年文明传统中走来，当下中国的诸多政治实践是对历史文明自然、连续地继承与创新。中国的社会主义发展了历史上的民本主义，我们不仅深刻地理解人民、相信人民，还最大限度地提升了人民的主体性地位，诸如“民主集中制”“群众路线”等原则都是其具体表现。

第四节　刚健有为

刚健有为最早是根据《易传》中的天道精神提出来的，宇宙的根本特质是“生生不息”，人应该以天地宇宙为精神渊源和效法对象，培养自己坚强刚毅、自强不息的主体精神。随着社会的发展，刚健有为思想逐步深入民众，对中国人安身立命、为人处世产生了广泛而深远的影响。刚健有为精神是“中华民族精神的核心内容”，①是中华文化的主流精神。

一、发奋进取、自强不息的人生态度

孟子说：“舜发于畎亩之中，傅说举于版筑之间，胶鬲举于鱼盐之中，管夷吾举于士，孙叔敖举于海，百里奚举于市。”又说：“故天将降大任于是人也，必先苦其心志，劳其筋骨，饿其体肤，空乏其身，行拂乱其所为，所以动心忍性，曾益其所不能。”②这些人正是因为能够身处困境而自强不息，最终成就了一番功业。司马迁在《史记·太史公自序》中记载道：“盖文王拘而演《周易》；仲尼厄而作《春秋》；屈原放逐，乃赋《离骚》；左丘失明，厥有《国语》；孙子膑脚，《兵法》修列；不韦迁蜀，世传《吕览》；韩非囚秦，《说难》《孤愤》；《诗》三百篇，大底圣贤发愤之所为作也。”③这段有名的记载反映了中国知识分子越是遭受挫折，越是奋发抗争、不断进取的精神状态和坚忍不拔的意志，也体现了中国古代知识分子的优良品格：不怕挫折打击，不怨天尤人，在身处人生逆境时，更要激发向上的斗志，磨炼刚毅的品格。④

苏轼说：“古之立大事者，不唯有超世之才，亦必有坚忍不拔之志。”⑤朱熹说：“学者自强不息，则积少成多；中道而止，则前功尽弃。其止其往，皆在我而不在人也。”⑥人

---

① 张岱年. 传统文化之我见[J]. 人民论坛，1998(6)：50.

② 焦循. 孟子正义(下)[M]. 沈文倬点校. 北京：中华书局，1987.

③ 司马迁. 史记·第十册·太史公自序[M]. 北京：中华书局，1959.

④ 李宗桂. 中国优秀传统文化的现代价值[M]. 北京：人民出版社，2019.

⑤ 苏轼. 苏东坡全集·卷十·晁错论[M]. 北京：中国书店，1986.

⑥ 朱熹. 四书章句集注·论语集注[M]. 北京：中华书局，1983.

的一生，不论是求知修身还是迁善改过，都不能懈怠，也不能自暴自弃。[①]人的一生犹如逆水行舟，不进则退，因此在面对人生道路上的各种艰难困苦时，要始终保持积极向上的乐观心态，要以锲而不舍、百折不挠的精神克服人生道路上的各种艰难险阻。[②]正如王勃在《滕王阁序》中所言："老当益壮，宁移白首之心？穷且益坚，不坠青云之志。"

【拓展阅读 3–9】

映雪读书

晋代孙康因为家贫没钱买灯油，晚上不能看书，他觉得白白地浪费光阴，非常可惜。一天，外面下起了很大的雪，孙康半夜梦醒，见一丝亮光从窗缝里钻进来，原来是大雪映出来的，他立即起身对着亮光看起书来。他经过刻苦努力终于成为饱学之士。这启示我们：无论环境有多么恶劣，我们都要坚持积极向上、发奋进取、自强不息的人生态度。

资料来源：三字经《孙康映雪》的故事，https://wenku.baidu.com/view/77d1b907954bcf84b9d528ea81c758f5f61f29ea.html.

二、担当道义、不屈不挠的社会责任

孔子十分重视"刚"的品德，他说："刚毅木讷，近仁。"(《论语·子路》)刚毅指坚定性。孔子高度肯定临大节而不夺的品质，是刚毅的表现，所谓"三军可夺帅也，匹夫不可夺志也"(《论语·子罕》)，便是其生动写照。孔子认为，刚毅和有为是不可分割的。有志有德之人，既要刚毅，又要有历史责任感和时代使命感。"不知命，无以为君子也。"(《论语·尧曰》)孔子的弟子曾参提倡知识分子要"弘毅"，他说："士不可以不弘毅，任重而道远。仁以为己任，不亦重乎？死而后已，不亦远乎？"(《论语·泰伯》)即强调知识分子要有担当道义、不屈不挠的奋斗精神。孔子提倡并努力实践为崇高理想而不懈奋斗，鄙视饱食终日无所用心的人生态度，他"发愤忘食，乐以忘忧，不知老之将至"。(《论语·述而》)他还说，吃饭不要求饱足，居住不要求舒适，对工作勤劳敏捷，说话小心谨慎，到有道的人那里去匡正自己的失误，这才是好学的君子。儒家经典《中庸》中提倡博学、审问、慎思、明辨、笃行的治学之道，主张刻苦学习，不甘人后，"人一能之，己百之；人十能之，己千之"。[③]孔子认为，为了实行仁德，宁可牺牲自己的生命，也决不苟且偷生。他说："志士仁人，无求生以害仁，有杀身以成仁。"(《论语·卫灵公》)他在自己的治国平天下方略不为统治者接受的时候，并不改变初衷，曲学阿世，而是坚持"道不行，乘桴浮于海"(《论语·公冶长》)的原则。他始终坚持"天下有道则见，无道则隐"(《论语·泰伯》)的人生准则，决不与黑暗统治同流合污，因而赢得

---

① 李宗桂. 中国优秀传统文化的现代价值[M]. 北京：人民出版社，2019.
② 李宗桂. 中国优秀传统文化的现代价值[M]. 北京：人民出版社，2019.
③ 张岱年，方克立. 中国文化概论(修订版)[M]. 北京：北京师范大学出版社，2004.

了人们的尊重。[①]

三、革故鼎新、主动创造的精神追求

几千年前，中华民族的先民秉持“周虽旧邦，其命维新”的精神，开启了缔造中华文明的伟大实践。《礼记·大学》称赞“苟日新，日日新，又日新”。《易传·象传下·革》肯定“天地革，而四时成，汤武革命，顺乎天而应乎人。革之时，大矣哉”。自古以来，中国大地上发生了无数变法变革图强运动，留下了“治世不一道，便国不法古”等豪迈宣言。自古以来，中华民族就以“天下大同”“协和万邦”的宽广胸怀自信而又大度地开展同域外民族交往和文化交流，曾经谱写了万里驼铃万里波的浩浩丝路长歌，也曾创造了万国衣冠会长安的盛唐气象，“开发和建设了中国辽阔秀丽的大好河山，开拓了波涛万顷的辽阔海疆，开垦了物产丰富的广袤良田，治理了桀骜不驯的千百条大江大河，战胜了数之不清的自然灾害，建设了星罗棋布的城镇乡村，发展了门类齐全的产业，创造了多姿多彩的生活”。[②]

纵观百年党史，在革命、建设、改革的各个历史时期，一代又一代中国共产党人顽强拼搏、不懈奋斗，形成了井冈山精神、长征精神、遵义会议精神、延安精神、红岩精神、抗美援朝精神、红旗渠精神、“两弹一星”精神、特区精神、抗洪精神、抗震救灾精神、抗疫精神、脱贫攻坚精神等伟大精神，这些无不体现着中华民族革故鼎新、主动创造的精神追求。正是这种“天行健，君子以自强不息；地势坤，君子以厚德载物”(《周易》)的变革和开放精神，使中华文明成为人类历史上唯一一个绵延5000多年而未曾中断的灿烂文明。以数千年大历史观之，变革和开放总体上是中国的历史常态。看今朝，中华民族正以改革开放的姿态继续走向未来。

【拓展阅读 3-10】

红旗渠精神

红旗渠精神是在修建红旗渠的过程中形成的。红旗渠动工于 1960 年，勤劳勇敢的 30 万林州人民苦战 10 个春秋，仅仅靠着一锤、一铲、两只手，在太行山悬崖峭壁上修成了这全长 1500 千米的红旗渠。红旗渠精神以主动创造为立足点，以艰苦创业、无私奉献为核心，以团结协作的集体主义精神为导向。今天的红旗渠已不是单纯的一项水利工程，它已成为民族精神的一个象征。

(有删改)

资料来源：丁艳，王胜昔，崔志坚，等. 精神长河 映照初心——红旗渠精神述评[N]. 光明日报，2021-11-12(5).

---

① 张岱年，方克立. 中国文化概论(修订版)[M]. 北京：北京师范大学出版社，2004.

② 本书编写组. 思想道德与法治(2021 年版)[M]. 北京：高等教育出版社，2021.

四、舍生取义、御侮图强的家国情怀

刚健有为的精神，不仅在中华民族兴旺发达时起到巨大的积极作用，而且在中华民族危难之际，如外族入侵、政权更替之时，也总是成为激励人们进行反侵略反压迫斗争的强大精神力量。无数仁人志士为此鞠躬尽瘁，不息奋争。诸如“剑外忽传收蓟北，初闻涕泪满衣裳。却看妻子愁何在，漫卷诗书喜欲狂”(杜甫《闻官军收河南河北》)的激动；“出师未捷身先死，长使英雄泪满襟”(杜甫《蜀相》)，“遗民忍死望恢复，几处今宵垂泪痕”(陆游《关山月》)的感慨；“王师北定中原日，家祭无忘告乃翁”(陆游《示儿》)，“会挽雕弓如满月，西北望，射天狼”(苏轼《江城子·密州出猎》)的雄心等，都是以高度的自尊自信而表现出来的不屈不挠、御侮图强的家国情怀。历史上许多民族英雄，如岳飞、文天祥等，都是不降其志、不辱其身，必要时可以慷慨捐躯、舍生取义的楷模。文天祥的著名诗句“人生自古谁无死？留取丹心照汗青”，集中体现了人生在世，要为崇高理想竭心尽力奋斗的正义追求，读来荡气回肠，至今仍然是激励人们为国家民族建功立业的重要精神力量。[①]

鸦片战争以后，中国逐步沦为半殖民地半封建社会，国家蒙辱、人民蒙难、文明蒙尘，中华民族遭受了前所未有的劫难。林则徐虎门销烟，拉开了近代中华民族抵抗外侮、民族自强的序幕，此后洋务运动、维新变法、辛亥革命接踵而至，开启了中国人自强不息、追求救国救民真理的历史进程。中国共产党历经磨难与挑战、不断走向胜利与辉煌的精神力量就在于对刚健有为的民族精神的继承与创新：新民主主义革命时期为实现中华民族伟大复兴创造了根本社会条件，造就了中华民族敢于斗争、百折不挠的革命精神；社会主义革命和建设时期为实现中华民族伟大复兴奠定了根本政治前提和制度基础，造就了中华民族自力更生、发愤图强的坚韧品质；改革开放和社会主义现代化建设新时期则为实现中华民族伟大复兴提供了充满新活力的体制保证和快速发展的物质条件，造就了中华民族求真务实、自强不息的精神品格；中国共产党的十八大以来，中国特色社会主义进入新时代，中国共产党带领全国人民推动党和国家事业取得历史性成就、发生历史性变革，创造了新时代中国特色社会主义的伟大成就，造就了中华民族自信自强、守正创新的博大情怀。

第五节　厚德载物

“厚德载物”一词源自《易经》。《易经·坤卦·象》曰“地势坤，君子以厚德载物”，意为大地的胸怀宽广，以敦厚之德哺育和容纳世间万物。继而《易经·坤卦·彖》高度赞扬了“厚德载物”内含的“柔顺”品性，曰“坤厚载物，德合无疆。含弘光大，品物咸亨”，意为大地以其博大深厚之态养育万物，承载的美德无边，万物身处其中各得其所，

① 张岱年，方克立. 中国文化概论(修订版)[M]. 北京：北京师范大学出版社，2004.

得以茁壮成长。[①]厚德载物思想塑造了中国人博大、宽厚、务实的精神风貌，它是中华民族的生命睿智、人生境界和精神气象。

一、柔顺宽厚，胸怀天下

首先是柔顺宽厚。《道德经》中有“上德若谷”一词，“上德”即“厚德”，德行高尚的人胸怀如同山谷般宽广；同时，《道德经》第八章“上善若水”之中所表达出的水滋养万物的德行，即柔顺宽厚的美德。仁爱之心始于个体内心对母体“载物”厚德的自然亲近和认同。《易经·坤卦·彖》云 “至哉坤元！万物资生”，强调宇宙间一切物种都依托大地生长，它的功德广阔无穷，由此可见：大地之德宽厚仁爱，无私而载。仁爱是“厚德载物”思想中所提倡的道德行为准则，亦是儒家思想体系的核心，即仁者爱人的理想目标和为仁之方的行动实践。《吕氏春秋·不二》说“孔子贵仁”，即孔子将“仁”上升为道德自律的最高境界，故有“仁者爱人”的阐发，继而有“己欲立而立人，己欲达而达人”的为仁之方。“厚德载物”思想中仁爱的道德准则蕴含“亲亲”“仁民”“爱物”[②]的层层推广，即“仁爱”是“大地之德”由自我及他者，由“爱亲”及“泛爱众”，由爱人及爱万物，由“小我”及“大我”的宽博情怀，并以“显诸仁，藏诸用”的形式实现内外兼修。[③]孟子提出的“四心”是将“仁爱”思想内化后的人性表达，包括“恻隐之心，仁之端也；羞恶之心，义之端也；辞让之心，礼之端也；是非之心，智之端也。人之有是四端也，犹其有四体也”(《孟子·公孙丑上》)。孟子认为，要从始于自发无意识的“四心”修养扩充为有意识的道德情感和思想规范，即为仁、义、礼、智之“四德”。孟子的思想极大地拓展了“厚德载物”思想中“仁爱之德”的宽厚。

其次是胸怀天下。《易经·说卦》有言“立人之道，曰仁与义”，人道即“仁义”，《易传·系辞上》曰“安土敦乎仁，故能爱”，意为安于所处的环境，敦行仁道，才能泛爱天下。《论语》所说的“泛爱众，而亲仁”“四海之内皆兄弟”，《礼记·礼运》所说的“以天下为一家，以中国为一人”“大道之行也，天下为公”的理想社会，也鲜明地包含着公平、平等和博爱的观念。唐代韩愈从先秦“仁爱”思想出发，主张“博爱之谓仁”，并对其进行合理引申，提出对万物、境外少数民族“一视而同仁”。张载在《西铭》中说：“乾称父，坤称母；予兹藐焉，乃混然中处。故天地之塞，吾其体；天地之帅，吾其性。民，吾同胞；物，吾与也。”意思是说，天是我的父亲，地是我的母亲，人都是天地所生，禀受天地之气而成性，其在宇宙间是很藐小的，和万物一样生存于天地之间。天下的人都是我的同胞兄弟，天地间的人和物都是我的同伴朋友，所以，我们对待他人均应像对待兄弟，对万物也应像对人一样去关爱。

柔顺宽厚与胸怀天下的理念提倡谦虚、宽厚的人格品质，追求普遍和谐的社会理想。

---

① 孙熙国，尉浩．论《易传》对中华民族精神的塑造[J]．理论学刊，2004(5)：92-96.

② 《孟子·尽心上》有言“君子之于物也，爱之而弗人；于民也，仁之而弗亲。亲亲而仁民，仁民而爱物”，即为仁行的三环节——“亲亲”“仁民”“爱物”。

③ 韩巧霞，徐国亮.“厚德载物”的历史原脉与现代意蕴[J]．南通大学学报(社会科学版)，2016(11)：21-26.

这种理念成为中国人化解社会人际矛盾、实现民族团结融合与社会稳定发展的思想基础。例如，在国际关系上，中国一向不主张向外扩张；在国际交往中，中国爱和平、反暴力；在家庭社会伦理上，严于律己、宽以待人是中国人重要的致和之道。

二、开放包容，历久弥新

“泰山不让土壤，故能成其大；河海不择细流，故能就其深。”(《谏逐客书》)中华文明共同体具有无与伦比的开放与包容。在西方文化面前，中国人从不自卑，中国不仅有着令全世界羡慕的历史悠久、未曾中断的中华优秀传统文化，同时，中华民族正以其极大的创造性发展着这个文化，使其更加灿烂辉煌。①中华优秀传统文化所倡导的“大道之行，天下为公”的理念，衬托出超越民族、泽被天下的志向；“穷则独善其身，达则兼济天下”的抱负，抒发着积极提携、愿意分享的气概；而“和衷共济”和“和而不同”的态度，展示着相互理解、求同存异、包容互补的务实态度。中华文明的发展壮大从来不是靠战争与征服，而是靠思想文化的会通交融。从思想文化融合的历史事实来看，“佛教最初在印度产生，但由于受到印度教的制约，佛教在印度没有发展的空间，最终传到了中国，在中国，与儒家、道家逐步结合在一起，形成了以儒家为主干，以佛教、道教为两翼，三教互补，各得其所，大道并行不悖的宗教文化格局”；②明末清初，西方基督教、伊斯兰教传入，并与中华文明相融，最后成为中国化宗教。在外来宗教与中华文化的冲突、融合及发展过程中，中国从未发生过一次宗教战争，形成了全世界最和睦的政教关系。一直到“近代以来，中国遭受西方重大冲击和挑战，我们没有坐以待毙，而是积极探索各种道路，最终选择了马克思主义，将其与独特的中国国情和文化传统牢牢结合，开启了马克思主义中国化的伟大进程，直接推动了中华文明从古代向现代的转型”。③

【拓展阅读 3-11】

张彭春为《世界人权宣言》贡献中国智慧

1946 年 12 月，联合国委托联合国人权委员会主席、美国总统夫人艾琳娜•罗斯福(Elean. r R. sevelt，1884—1962)组织起草《世界人权宣言》。当时人权委员会成员包括 18 位代表，他们拥有不同的文化理念、意识形态、历史和宗教观念，也分别代表了 18 个国家和政府各自的利益。宣言的起草始终伴随着巨大的内部分歧，甚至一度濒临失败。担任人权委员会副主席的是中国人张彭春(1892—1957)博士。他提出，一个以保护和尊重全人类基本人权和自由为宗旨的宣言，所反映的观念不应过于狭窄。在该文件的起草过程中，张彭春贡献了来自中国的智慧，避免了西方话语对于“人权”概念形成彻底的

① 张西平. 向世界说明中华文化的现代价值[N]. 北京日报，2017-11-06.

② 张维为. 文明型国家[M]. 上海：上海人民出版社，2017.

③ 潘岳. 中华文明要为建构人类共同价值提供重要支撑[J]. 山东省社会主义学院学报，2017(1)：4-8.

垄断，宣言的起草成功地避免了神学和哲学的争论，引入了儒学“良心”“天下大同”“己所不欲，勿施于人”等观念，催生出自由、平等、博爱的人权价值，坚持文本的开放性，让不同文化、宗教传统都能以各自的方式和角度解读宣言。1948 年 12 月，联合国大会通过了《世界人权宣言》。这是人类历史上首份由国际社会成员共同完成的、旨在保护全世界人民权利和自由的文献。

(有删改)

资料来源：https://www.sohu.com/a/280724781_187268?_f=index_chan13news_159.

与此形成鲜明对比的历史事实是西方文明发展的关键节点往往由宗教战争来推动。文艺复兴的起因源于长达 200 年的十字军东征，欧洲人在阿拉伯发现了在欧洲消失已久却被阿拉伯人保存下来的古希腊文化，加之从该地带回的阿拉伯数字、航海罗盘和火药等，才使西方有了文艺复兴运动。西方的民族国家体系也源于宗教战争。中世纪后期，神圣罗马帝国日趋没落，内部诸侯林立，纷争不断，宗教改革之后又发展出天主教和新教的尖锐对立，爆发了长达 30 年的“宗教战争”，这场混战以哈布斯堡王朝战败并签订《威斯特伐利亚和约》而宣告结束。《威斯特伐利亚和约》奠定了西方现代民族国家原则，时至今日仍是西方政治体制的主要基石。

历史表明，中华文明强盛时，对外来文明不是拒绝，而是尊重、吸纳、包容，求同存异，和谐相处，和平而不好战。所以，面对文明的差异，中华文明历来主张文明对话，而不是一味依靠暴力解决。“文明冲突论”不适用于中华文明的过去，也不适用于中华文明和平发展的未来。宋元时期的贸易大港泉州的历史就是很有说服力的例证。在海上丝绸之路的起点城市泉州，出土的大量须弥式石墓“混合了印度、波斯、希腊、大夏、安息、罗马和中国的不同文化因素”，[①]创造了世界多元文化在泉州并存的奇观。时至今日，原本属于佛道宗教的缕缕香火从泉州晋江的草庵摩尼教寺传出；每年农历三月初三，当地穆斯林会来到真武庙，把关帝爷作为穆罕默德在中国的化身进行奉祀；伊斯兰教的清净寺内留存的明清古石碑用道家的八卦之说解析寺内礼拜堂“奉天坛”的布局与结构。此外，中国的陆上丝绸之路的重要城市敦煌，融汇了当时的中华、印度、波斯和希腊四大文明。

海纳百川，有容乃大。唯有开放包容，才能超越分歧，才能不断扩大共同利益，才能有效应对各种挑战。人类命运共同体理念是中华文化“开放包容”“和而不同”思想在当代的继承与发展，其在文明上描绘了开放包容的世界，主张以文明交流超越文明隔阂，以文明互鉴超越文明冲突、以文明共存超越文明优越，强调把中华文明与各国文明的发展统一起来，促进“和而不同、兼收并蓄”的文明交流格局的形成，为增强世界文明多样性注入强大能量，共同创造一个开放包容、丰富多彩的全球文明体系。这种全新的全球整体文明观超越了狭隘的文明中心主义，对消解文明冲突、促进文明交流具有重要引领作用。

---

① 吴文良. 泉州宗教石刻[M]. 北京：科学出版社，2005.

思考题

1. 中华文化具有开放、包容、和平的文明根性，为何在国际舆论上，一些国家往往针对中国进行大肆抹黑，如“中国威胁论”等，你认为应该如何让其更好地了解中华文化开放、包容、和平的文明根性呢？

2. 你是如何理解“贵和尚中”的核心内容与其精神价值的呢？

3. 请举例说明，“以民为本”在当今时代的传承与创新体现在哪儿？

4. 在当今时代，你准备怎样以实际行动学习践行“刚健有为”精神，提升自身综合素养？

5. 中华文明历来崇尚天人合一、道法自然，追求人与自然和谐共生。“天人合一”思想对当今构建人与自然生命共同体有怎样的启示？

参考文献

[1] 张岱年，方克立. 中国文化概论(修订版)[M]. 北京：师范大学出版社，2004.

[2] 李宗桂. 中国优秀传统文化的现代价值[M]. 北京：人民出版社，2019.

[3] 李道湘，于铭松. 中华文化与民族凝聚力[M]. 北京：中央编译出版社，2007.

[4] 顾作义，钟永宁. 守望中国价值：中国传统文化理念二十六讲[M]. 广州：广东人民出版社，2019.

[5] 潘岳. 中华文明塑造中国道路[N]. 环球时报，2019-11-01(1).

[6] 张西平. 向世界说明中华文化的现代价值[N]. 北京日报，2017-11-06.

[7] 潘岳. 中华文明要为建构人类共同价值提供重要支撑[J]. 山东省社会主义学院学报，2017(1)：4-8.

[8] 王杰. 以和为贵，和而不同——谈谈中国文化的和谐观[J]. 中国领导科学，2019(3)：104-107.

道不离器：中华文化的主要表现形式

中华文化的主要表现形式是中华文化的哲学思想和基本精神的深刻体现。中华文化的主要表现形式彰显了特定的价值内涵和情感内涵，是中华民族延续至今的重要纽带，也是中华民族区别于其他民族、中华文化区别于其他文化的显著特征。语言文字、史学典籍、宗教信仰、文学作品、艺术瑰宝、科学技术等是中华文化的主要表现形式。了解中华文化主要表现形式的基本内容和伟大成就，有助于了解中华文化的伟大价值，对于增强中华文化认同、坚定文化自信意义重大。

第一节　语言文字

语言文字作为民族文化的基础要素和鲜明标志，是人类文化的重要载体。我国有56个民族，约30种文字，是一个多民族、多语言和多文字的国家。我国除汉族使用汉语外，许多民族都不同程度地转用或兼用汉语，如回族、满族、畲族等。2000年10月31日颁布的《中华人民共和国国家通用语言文字法》确定普通话为国家通用语言。

汉字是记录汉语的文字，是汉民族共同使用的文字，有些民族也已经完全使用汉字。[①]截至2020年底，全球有180多个国家和地区开展中文教育，70多个国家将中文纳入其国民教育体系。以下主要介绍汉语汉字的历史与特点及其文化功能。

① 教育部. 中国语言文字概况(2021年版)[EB/OL]. (2021-08-27) [2021-11-15]. http://m.moe.gov.cn/jyb_sjzl/wenzi/202108/t20210827_554992.html.

一、汉语汉字的历史与特点

（一）汉语的历史与特点

汉语，又称汉文、中文、华文、中国语、中国话，是中华人民共和国通用语言，也是国际通用语言之一。汉语作为传承中华文明的重要载体，有着悠久的历史，是世界上非常古老的语言之一，是至今通用时间最长的语言。汉语的使用人数占世界总人口的20%，是世界上使用人数最多的语言。

汉语的历史演变是中华民族发展历程中的重要部分，其语言的各种要素——词汇、语音、语法——在不同历史时期有不同程度的变化。[①]由于每个学者的研究侧重点不同、看法不同，因此，学界尚未对汉语的历史演变形成一致的历史时期的划分标准。较有代表性的观点是把汉语的历史发展阶段划分为上古汉语、中古汉语、近代汉语和现代汉语。

现代汉语有标准语(普通话)和方言之分。普通话是汉语的标准语，以北京语音为标准音、以北方话为基础方言、以典范的现代白话文著作为语法规范。汉语方言通常分为官话方言、晋方言、淮方言、吴方言、湘方言、赣方言、客家方言、粤方言、闽方言九大方言。

汉语作为世界上现存的以象形文字为基础的语言，文字高度统一和规范，语法简洁，音韵和美，词汇的衍生与兼容性很强，语言形式十分简洁，但语言逻辑十分严密。[②]与世界上的其他语言相比，汉语在语音、词汇和语法上具有一些独特的特点。[③]

汉语的语音特点如下：第一，汉语音节性强。汉语的音节是基本的表意单位，每个音节可以分析成“声母、韵母、声调”三个部分，没有复辅音，元音占优势，音节结构整齐，音节之间界限分明。第二，汉语有声调。汉语音节声调的音高变化具有区别字词意义的作用。例如，普通话中“搭”和“达”，“严实”和“掩饰”，虽然声母和韵母相同，但声调不同，表示的意义也就不同。汉语的声调富于高低、升降的变化，使汉语形成了音乐性强的特殊风格。

汉语的词汇特点如下：第一，合成词占优势。现代汉语在构造形式上以合成词为主，如重叠构词“妈妈、偏偏”等，派生构词“种子、老鼠、石头、第一”等，复合构词“聪明、车辆、打造、扩大”等。第二，双音节词占优势。汉语在发展过程中，逐渐从以单音节词为主向以双音节词为主转化。例如，“日—太阳”“目—眼睛”等。

汉语的语法特点如下：第一，没有形态标志和形态变化。汉语没有用词的不同形式来表示不同的语法意义。汉语可用“了、过、着”等表示时态的助词和“呢、了、吗”等语气助词来表现不同的语法意义。第二，同一种语法关系可以包含较大的语义容量和复杂的语义关系而没有任何形式标志。比如，吃馒头(动作—受事)和吃小碗(动作—工具)，

① 张岱年，方克立．中国文化概论(修订版)[M]．北京：北京师范大学出版社，2004.

② 黄高才．中国文化概论[M]．2版．北京：北京大学出版社，2016.

③ (美)罗杰瑞．汉语概说[M]．张惠英，译．北京：语文出版社，1995.

同样是“动宾结构”，语义关系就很不一样。第三，句子构造规则与词组则基本一致。在汉语中，由词构成词组，再由词组加上句调构成句子，其句子构造规则与词组则基本一致。第四，汉语语序固定。如果汉语语序变动，则结构关系和意义也随之发生改变。汉语的基本语序是：主语在谓语之前，宾语在动词之后，修饰语在中心语之前，补语在动词或形容词之后。第五，汉语有量词和语气词。与英语不同，汉语的数词和名词中间一定要加量词，不能直接用“数词＋名词”表示事物的数量。例如，不能说“三手机、七鹿”，而要说“三部手机、七只鹿”。汉语中还有语气词，如“啊、吗、吧、呢”等，通常放在句末表示不同的语气。第六，在一定条件下，汉语句法成分可以省略。在汉语中，只要语境允许或不引起误解，很多成分都可以省略。

（二）汉字的历史与特点

中国不仅是一个多语种的国家，还是一个多文种的国家，汉字是中华民族的通用文字。[①]汉字，又称中国字，是汉语的记录符号，属于表意文字的词素音节文字。汉字是世界上迄今为止持续使用时间最久的文字，也是上古时期各大文字体系中唯一传承至今的文字。中国历代皆以汉字为主要的官方文字。现代汉字从甲骨文、金文、大篆、小篆到隶书、草书、楷书、行书等演变而来。

从历史的演变角度划分，汉字可以分成两大阶段：自甲骨文到秦代小篆，通称古文字；自秦汉隶书以后，通称今文字。汉字的历史变化主要表现在书写和构造两个方面。目前已知最早的汉字是殷商甲骨文，此后经历了金文、篆书、隶书、草书、楷书等阶段。

甲骨文是现代汉字的鼻祖，是中国已知最早的成体系的文字。甲骨文已经具备了象形、指事、会意、形声等结构方式，一般是用刀刻在龟甲兽骨上，具备较为明显的原始图画文字的痕迹和象形意味。

汉字具有以下特点：第一，汉字易于辨认。拼音文字是线形文字，汉字是方块文字，让人一目了然。汉字比拼音文字有更高的阅读效率。第二，汉字具有关联性，意思易懂。例如，“娶”是一个形声字兼会意字，上面的“取”字既是声旁，又有“取得”的含义。第三，汉字能形象直观地表达含义。汉字是象形文字，具有明显的直观性和表意性，其显著的特点是字形和字义的联系密切，这使汉字成为世界上单位字符信息量最大的文字，极大地提高了汉字的阅读速度。第四，汉字蕴含的信息量大。汉字作为一个复杂的文字符号系统，具有很高的信息熵，是当今世界上信息量最大的文字符号系统。

二、汉语汉字的文化功能

汉语汉字是中国文化的重要文化事象，是中国文化的有机组成部分。汉语汉字的文化功能有广义和狭义之分。从广义的角度来说，汉语汉字语言交际的基本功能以及相关

---

① 张岱年，方克立. 中国文化概论(修订版) [M]. 北京：北京师范大学出版社，2004.

一切功能都可以视为其文化功能。从狭义的角度来说，则更侧重研究汉语汉字语言交际以外的文化功能。人们在运用汉语汉字的实践过程中发现汉语汉字具有突出的民族特色，在众多领域具有特殊价值。

（一）汉语汉字是推动中华民族多元一体历史进程的重要基石

习近平指出，“文化是一个国家、一个民族的灵魂”，而汉语汉字则是千百年来传承与承载中华文化和历史记忆的重要载体，为中华优秀传统文化的传承、发展、创新和传播做出了重要贡献。汉语是中华民族的文化基石，其悠久历史代表着中华文化的源远流长。汉字是中华民族共有共享的宝贵财富，对于增强中华文化认同、坚定文化自信意义重大，见证并推动了中华民族多元一体的历史进程。一以贯之的汉字系统为中华文化代代传承、生生不息创造了稳定性条件。中华民族形成和发展的历史，也是民族交往、语言交流、文化交融的历史，在此过程中，汉字起到了桥梁和纽带的作用。①

（二）汉语汉字是中华文化的重要组成部分

汉语的诞生意味着中华文化的诞生。汉语汉字体现了中华民族的生活方式、思维习惯以及人生观，包含中华民族的历史和文化背景及中华民族创造的宝贵文化财富。世界上早期的文字主要有三种，均为象形文字，分别为苏美尔和巴比伦人的楔形文字、埃及人的图画文字以及中国的汉字。如今，这三种象形文字只有汉字还在使用，其余两种文字早已被拼音文字取代。汉字在形态上不断发展，形成了自己的字形构造理论。②汉语既能一词多义，也能在与世界各国语言文字的交流中不断吸收其他国家的词汇丰富自身，始终保持独特的魅力和特征。

（三）汉语汉字蕴含着民族思想和文化信息

汉语汉字的内涵丰富多元，凝结了中华民族的思想和历史，是中华文明的载体。汉字铭刻着中华民族久远的文化记忆，涵养着中华民族的文化认同。作为汉语的书写系统，汉字有力地维系着汉语的发展方向，使汉语在方言多样性与文化共同性上达到了平衡统一。汉语汉字承载的文化信息主要是指汉语的语音、词汇、语法以及汉字形体所承载的民族思想和文化信息。汉字将形象、声音和词义三者融为一体，这在世界各类文字中具有独一无二的魅力。汉字中横竖勾勒的奇妙组合，往往代表着深刻的情感和含义，如“女在室则安”“人言为信”，“笑”字一看就令人欢快，“哭”字一看就像在流泪，等等。总之，汉字不仅是表达概念的符号，其本身也包含感情。

---

① 刘翠霞. 汉字是铸牢中华民族共同体意识的文化纽带[N]. 光明日报，2020-09-25(11).

② 骆文伟. 充分发挥书法教学中的德育功能[J]. 绍兴文理学院学报(教育教学版)，2001(12):24-26.

第二节　史学典籍

我国历朝历代都极其重视史学。梁启超在《中国历史研究法》中说："中国于各种学问中，惟史学为最发达；史学在世界各国中，惟中国为最发达。"中国史学典籍涵盖了中国文化的方方面面，是记录与传播传统文化的重要载体，是一座珍贵的蕴含着历代文化的知识宝库。

自从华夏大地上有先人的存在起，中华民族的历史就产生了。远古时代的祖先已开始传播英雄人物的功绩，并注意积累和保存以往的经验。在文字出现之前，古代先民对历史的记录和传播主要靠口口相传和结绳记事等方式，这是史学的源头和开端。文字出现后，历史的记录和传播成为可能，古代史官成为最早的史学家。中国史学的发展经历了远古至秦汉的奠基阶段、两汉时期的确立阶段、魏晋南北朝时期的大发展阶段、隋唐时期的繁荣阶段、五代宋元时期的鼎盛阶段以及明清时期的嬗变阶段。

一、史学典籍的巨大成就

在史学发展过程中，中国史学不断涌现出反映时代精神的优秀作品，产生了大量的史学典籍。例如，春秋战国时的史著主要有两类：一类是以记事为主的编年体史书，如《春秋》《左传》等；另一类是以记言为主的纪传体史书，如《国语》《战国策》等。孔子编撰的《春秋》一书不仅开启了私人修史的历史，还创立了编年体史学体裁。西汉武帝时，史学家司马迁写成我国历史上第一部纪传体通史——《史记》，在中国史学上具有里程碑意义。《史记》集先秦史学之大成，将本纪、表、书、世家、列传五种体例汇于一书，突破了编年体的框架，创立了以记人为线索的纪传体这一中国正史著作的全新体例。[①]东汉时，班固沿用《史记》的风格，编修了我国历史上第一部纪传体断代史《汉书》(《前汉书》)。《史记》与《汉书》，一个作为通史的鼻祖，一个作为断代史的先驱，对后世产生了巨大的影响。唐代著名史学家刘知几所著《史通》，是我国历史上第一部系统性的史学理论专著，为史学的发展开辟了一条新的途径。唐朝杜佑的《通典》是我国历史上第一部专门论述历代典章制度沿革变迁的通史著作，标志着一种新的史体——政书体或称典志体的创立。明清史学是我国史学的嬗变时期，这一时期私人修史之风蓬勃发展。

中国古代史学的内容丰富、表现形式多样，全面连贯地反映了中国历史的进程。中国古代史书体裁多样，品种齐全，取得了巨大成就，主要表现在以下几个方面。

---

① 黄高才. 中国文化概论[M]. 2 版. 北京：北京大学出版社，2016.

（一）编年体

按照年月日的时间顺序记载历史事迹称为编年体。孔子编订的《春秋》是我国现存最早的一部编年史。东汉末年，荀悦撰成的《汉记》是关于西汉一朝的编年体断代史。到了宋代，司马光撰《资治通鉴》，既保持了编年体以时间为序的特点，又吸取了纪传体本身为首尾的写史方法，代表了中国古代编年体史书的最高成就。清末陈鹤编的《明纪》，属于明代编年史。从《春秋》《左传》《资治通鉴》到《明纪》，形成了自春秋至明末近2400年的贯通古今的庞大史书体系。编年体的优点是便于查考历史事件发生的具体时间，易于了解历史事件的联系；缺点是不能集中叙述每一历史事件的全过程，难以记载不是按年编排的事迹。

（二）纪传体

“纪”是指皇帝的传记，按年编写；“传”指将相和名人的传记。按这种体裁写的史书称为纪传体史书。纪传体创始于司马迁的《史记》。《史记》创立的这种体例，以纪传为主，表书为辅，组成了一个有机的整体。

东汉班固著《汉书》，分为纪、表、志、传四部分，专记西汉一朝历史，是我国第一部断代史。《史记》《汉书》以后，历代史学家效法纪传体撰著了大量史书，形成了一个贯通古今、连续不断的庞大的纪传体史籍体系。

《格萨尔王》是神话故事，也是一部藏族英雄史诗。它的存在让“中国不存在伟大史诗”的说法不攻自破。格萨尔王在藏族的传说里是神子推巴噶瓦的化身，一生戎马，扬善惩恶，弘扬佛法，传播文化，是藏族人民引以为自豪的旷世英雄。《格萨尔王》是在藏族的神话、传说、民间故事、民歌和谚语的丰厚基础上产生和发展起来的。《格萨尔王》还流传到国外，有英文版、德文版和俄文版。

纪传体的优点是以人物为中心，便于考见各类人物的活动情况和通观历史发展的复杂局面；缺点是记事分散于本纪、列传、书(志)等篇中，不能完整叙述每一历史事件的过程。

（三）政书体

史学界一般把以事为中心记述典章制度的史书称为政书。政书中，综述历史典章制度的叫作典制通史，记述一代典章制度的叫作典制断代史。唐代杜佑的《通典》从传说中的黄帝开始，到唐玄宗天宝末年止，将历代的各种典制集于一书，分类编述，把历代典制分为食货、选举、职官、礼、乐、兵、刑、州郡、边防，计九门。其体例之完善，开启了我国典制通史的先例。典制断代史主要有“会要”和“会典”两类。“会要”是分立门类记载典制的史书，多为私人撰写，如唐代苏冕的《唐会要》，清代杨晨的《三国会要》等。“会典”也是记载一代典章制度的史书，多为官修，如《大唐六典》《大明会典》《大清会典》等。

（四）纪事本末体

纪事本末体是以历史事件为中心，有本有末、完整叙事的史书体裁，由南宋袁枢创立。他撰写的《通鉴纪事本末》将《资治通鉴》按照时间顺序整理，将每一历史事件独立成篇，每篇按时间顺序完整地叙述历史事件的全过程。这种写作方式对后来的史书写作产生巨大影响。自袁枢首创纪事本末体起，后世史家纷纷效仿，著述不断。《通鉴纪事本末》之上有《绎史》(从远古至秦末)、《左传纪事本末》(春秋时期)；之下有《续通鉴纪事本末》(北宋至元末)、《宋史纪事本末》《明史纪事本末》《清史纪事本末》。由此，纪事本末体史书形成了贯通古今的独立体系。

（五）史评

史评按其内容分为史事评论和史书评论。

史事评论是指对历史事件进行评论。《史记》在每篇末尾都附有一段评论性的文章，称“太史公曰”，是作者对历史人物、历史事件的观点和评论。之后，史论专著不断涌现，其中最负盛名的是王夫之的《读通鉴论》。

史书评论是指对史学著作进行评论。例如，司马迁的《太史公自序》是其开端，《汉书·司马迁传》是其发展。南朝刘勰《文心雕龙》中的《史传》专门评述史学著作。唐代刘知几所著《史通》论及史书编撰、史学家修养、史学源流、历史观、治史宗旨、修史制度、史学体裁与体例等内容，囊括了历史学的全部理论问题，是我国历史上第一部史学评论专著。中国古代另一部史学评论名著是清章学城的《文史通义》，在史学理论方面有颇多创见。

二、史学典籍的优良传统

习近平在致信祝贺中国社会科学院中国历史研究院成立时强调：“重视历史、研究历史、借鉴历史是中华民族 5000 多年文明史的一个优良传统。”新时代对中国历史和文化的系统研究，有助于深刻把握人类发展的历史规律，唯有懂得反省反思、不断包容、和谐共生、互鉴互融的文明才是真正可持续发展的文明。[①]中国古代史学产生于中国传统文化的土壤，不仅从中国文化中汲取了丰富的营养，而且反过来大大丰富了中国文化的内涵。[②]

（一）融汇历史通古今

司马迁《史记·太史公序》中明确提出“究天人之际，通古今之变，成一家之言”的著史宗旨。中国史学家力求融汇古今，重视通史著述。中国自西周共和元年(前 841)出现编年史开始，持续不断，延绵 5000 年。中国古代史书的数量可观，自成体系，相互

① 潘岳. 中华文明与古希腊文明之比较[N]. 中国艺术报，2020-06-10.

② 黄高才. 中国文化概论[M]. 2 版. 北京：北京大学出版社，2016.

印证。中国古代史学家的这一传统有效地促进了中国史学典籍的繁荣。

（二）治事救世利天下

中国人历来重视研究并借鉴历史经验，中国古代史学家以“经世致用”为宗旨，提出治史应以治事、救世为要务，回答并解决社会重大问题，以史为镜，警诫人、教育人、鼓舞人，发挥史学积极的社会功能。唐太宗说：“以铜为镜，可以正衣冠；以古为镜，可以知兴替；以人为镜，可以明得失。”明清时期，顾炎武、黄宗熙、王夫之等著名史学家高举“经世致用”的大旗，针对宋明理学脱离实际，空谈心性的弊端撰写了一批重要的史学著作。他们在研究史学过程中，既注重总结历史经验，也涉及对历史动向和未来趋势的思考。

（三）求真求实不隐恶

记录史实是历史学家必须具备的素质。中国史学家以治史求真为准则，据实直书，不隐恶、不溢美。坦诚直书并不容易，有时甚至付出生命的代价。例如，在中国历史上，广泛流传着齐太师以身殉职的悲壮故事。《左传》中记载：齐国权臣崔杼杀了齐庄公，立景公。齐太师不畏权贵，在史书上直书道“崔杼弑其君”，结果惨遭杀害。齐太师的两个弟弟继续这样写，也被杀害。齐太师的第三个弟弟依旧这样写，崔杼一看没办法，只好作罢。齐太师树立了光辉的榜样，为后来的史学家所继承。司马迁也是求实直书的典型。在《史记》中，他既写了当朝天子汉武帝的雄才大略，又忠实地记载了汉武帝的种种不善之事，如汉武帝迷信方术的愚昧、生活上的奢靡等。

（四）才学兼备德为先

史学是一门综合性的学问，对史学家自身素质方面提出了较高要求。《隋志》提出，史学家在学识上要“博闻强识”，见识上要“疏通知远”。唐代刘知几认为，史学家必须兼有史才(作品表达能力)、史学(历史知识渊博)、史识(明是非观成败)三种能力。章学诚在《文史通义》提出“史学家四长说”，认为一位好的史学家，必须全面具备才、学、识、德四个方面的基本素养，缺一不可。其中，德、识尤为重要。中国古代的史学家不仅从理论上解决了史学家自身修养的问题，而且付诸实践。由此，出现了众多的史学名家和大量的优秀史学典籍，使中国史学无论在数量上还是在质量上都走在世界史学的前列。

第三节　宗教信仰

宗教作为一种社会意识形态，其本质是一种精神寄托，是社会发展到一定历史阶段的产物，并且会对文化发展产生一定的影响和作用。相较于认为中国拥有自有的传统宗教，不如说中华民族在传统生活中存在自身固有的信仰，而不必强冠以宗教之名。其他宗教和文化进入中国，都会逐渐淡化非此即彼的排他性，因为多元和包容是中华文明的核心价值之一。①

【拓展阅读 4–1】

2021 年 12 月 3—4 日，全国宗教工作会议在北京召开。习近平出席会议并发表重要讲话，强调要深入推进我国宗教中国化，引导和支持我国宗教以社会主义核心价值观为引领，增进宗教界人士和信教群众对伟大祖国、中华民族、中华文化、中国共产党、中国特色社会主义的认同；要在宗教界开展爱国主义、集体主义、社会主义教育，有针对性地加强党史、新中国史、改革开放史、社会主义发展史教育，引导宗教界人士和信教群众培育和践行社会主义核心价值观，弘扬中华文化。

资料来源：http://www.news.cn/politics/2021-12/04/c_1128131454.htm.

杨庆堃在《中国社会中的宗教》中，从结构—功能的视角出发，把中国宗教分为两种形态：一种是“制度性宗教”，另一种是“弥漫性宗教”。制度性宗教，指“有独立于世俗组织之外的独立的神学体系、仪式和组织”，具有“一种独立的社会制度的属性”。在中国，制度性宗教主要有佛教、道教。弥漫性宗教的神学、仪式和组织则与世俗组织制度交织在一起，“成为世俗制度的观念、仪式和结构的一部分”，依附于、渗透于各种世俗组织之中。但是，制度性宗教和弥漫性宗教并不是相互割裂的，而是“相互依赖、互为表里”，“在功能角色上相互作用、影响”。②

一、制度性宗教

（一）佛教

佛教作为世界三大宗教之一，起源于印度，于西汉末年传入中国，东晋南北朝时期广泛传播，隋唐时期得到了空前的发展。佛教传入中国以后，在中国化的过程中，表现出强大的生命力，并对我国有着深远的影响。中国古典四大名著之一《西游记》中的西天取经就是以佛教为背景，这里的“西天”指的就是古印度。《西游记》体现出唐朝时期人们对于佛学的向往。

佛教在中国的传播与中国化。大体上，佛教在 1 世纪已经传入中国，而且在一两百年间就传播到了相当广的地区，这一事实改变了以后整个中国思想史的进程。③隋唐时期，佛教达到了鼎盛阶段。隋唐王朝重视佛教在缓和社会矛盾、维护社会稳定方面的积极作用，对佛教给予大力支持，形成了我国佛教史上一些有影响的教派。例如，隋朝时形成的天台宗，以及唐朝时形成的唯识宗、华严宗、禅宗、密宗、净土宗、律宗等。

---

① 潘岳. 中华文明塑造中国道路[N]. 环球时报，2019-11-01(1).

② 杨庆堃. 中国社会中的宗教[M]. 成都：四川人民出版社，2016.

③ 葛兆光. 中国思想史 • 第一卷：七世纪前中国的知识、思想与信仰世界[M]. 上海：复旦大学出版社，1998.

佛教是第一种进入中国的具有较典型宗教特征的信仰，在发展过程中对中原文化的吸收与融合促进了佛教中国化。元朝末年，中原的佛教已经成为与古印度佛教不分伯仲的独立体系，而不再是其“分支之一”。

2014 年 3 月 27 日，习近平在巴黎联合国教科文组织总部发表演讲时指出：“佛教产生于古代印度，但传入中国后，经过长期演化，佛教同中国儒家文化和道家文化融合发展，最终形成了具有中国特色的佛教文化，给中国人的宗教信仰、哲学观念、文学艺术、礼仪习俗等留下了深刻影响。”佛教在古代中国的传播过程，也是佛教中国化的过程，主要体现为以下三点。

一是佛教文化融入中华文化。佛教的传入，给中华传统文化带来了冲击，同时为中华传统文化注入新的活力。佛教中国化的过程，也是佛教与中华传统文化交流互鉴的过程。中国佛教在中华传统文化的土壤中，形成了区别于印度佛教的思想和特点。二是佛教中国化形成了中国特色的教制。在中国不同的文化土壤中，形成了佛教的各种宗派。中国化佛学体系的出现标志着佛教中国化的历程基本完成。三是佛教中国化过程是佛教与中华传统文化双向影响的过程。佛教通过“善恶报应”实现了与中华传统文化的和解，佛教的作用更是从对于个人的作用转向了对于社会、国家的作用，具有了规范社会行为和思想的作用。

（二）道教

道教不同于佛教、基督教和伊斯兰教，是土生土长的宗教，源于中国本土，起源于中国古代先秦王朝的道家，以老子为主要尊崇对象，奉老子为教祖和最高天神，以老子的《道德经》为主要经典，以“道”为基本信条，以众多神仙系统为崇奉内容的多神教。

道教大致形成于东汉。一般以东汉末年“五斗米道”创教人张道陵为中国道教的创立者，称其为“张天师”。《太平经》是流传至今的最早的道教经典。魏晋南北朝时期，道教逐渐被统治阶级所接受，进入了成熟阶段，从民间宗教转变为与佛教并列的中国正统宗教之一。唐宋时期以后，道教进入兴盛期。辽金元时期，道教进一步发展，形成了不同的道教宗派。明代初期，道教仍有一定程度的发展。到了清代，皇室尊崇藏传佛教，对道教采取严厉限制的政策，道教日益衰落，活动主要限制在民间。①

道教是在中华传统文化中形成与发展的，与儒家、佛教等相互融合与借鉴，最终成为中华传统文化的三大主流文化之一。道教信仰主要来源于道家思想和古代神话。同时，道教在其发展过程中，吸收了儒家思想和佛教的相关文化精神，构成了独具特色的道教文化，进而对中华传统文化产生了深远影响。

道家思想是道教重要的思想来源。道家的创始人是老子。老子总结了道家思想的精华，形成了道家完整的系统理论。道教还融合了中国古代鬼神崇拜的观念，沿袭了春秋

---

① 宗教局. 中国道教历史及其主要派别[EB/OL]. [2021-10-15]. http://www.gov.cn/guoqing/2005-06/23/content_2582718.htm.

战国以来的神仙、巫术之说。此外，儒家思想对道教也有重要影响。儒家思想中的伦理纲常是道教伦理学说的主要内容，它用儒家思想不断充实道教教义。佛教对道教的组织仪式等方面也产生了影响。

道教在近两千年的发展中，深深扎根于中国社会，对中华文化产生了全面而深刻的影响。道家的人道主义思想在中国历史和传统文化中具有不可忽视的意义。[①]道教长期以来被广泛应用于民族文化心理、风俗习惯、科学技术(如火药的发明和中医药理论的形成都与道教有关)及社会政治经济生活领域。

道教文化是中华传统文化的重要组成部分，对中国社会的影响巨大而深远。道教的核心思想就是“自我、平常、和谐和循环”，也就是万物循环、太极长转。道家以“道”为核心，提出自然、无为和自由等思想，对中国哲学、文学、科技、艺术、音乐、养生、宗教等影响深远。道家提倡的人生态度、生活方式及生态美学精神都对当今的世界具有重大启发。我们应该更深刻地发掘包括道教文化在内的宗教文化的内涵，吸收和利用其中积极、健康的方面，使之成为推动社会进步的动力。

二、弥漫性宗教

(一) 宗法性传统宗教

中国宗法性传统宗教，也称为中国传统原生性宗教，以祖先(宗族)为核心，以祭天、祭祖、祭社为轴心，形成了一套完备的社稷祭祀制度。它从原始社会就开始了，于夏、商、周三代形成，并确立了宗法性的根本属性。它本身没有统一名称，但是它的遗迹(如社稷庙、太庙、日坛、月坛、天坛、地坛等)却遍布华夏大地。[②]

在中国宗法性传统宗教漫长的发展过程中，儒家思想与宗法制的结合，逐渐成为中国宗法性宗教的主流思想且影响巨大。宗法性传统宗教在封建社会并不是仅仅以先秦儒家思想为唯一的表现形式，魏晋玄学、宋明理学在一定程度上都是它的一种表现形式，其最本质内容仍是儒家思想。农民群体的思想、观念和信仰在宗族观念的影响下，将宗法性传统宗教的内容不自觉地传承下来，并通过内化的信仰逐渐影响了社会文化的发展。宗法性传统宗教不能混淆于一般的世俗迷信，它不仅是人们心里的信仰，还有严格的制度、定期和不定期的经常性活动，更具备了系统的理论和完善的礼仪体系。在《尚书》《周易》《史记》等众多典籍中，均有对早期宗法性传统宗教祭祀活动和祭祀理论的记载。

从积极的方面来说，宗法性传统宗教维系了中华民族强烈的民族感情和国家民族的团结稳定，增强了凝聚力，人、家、国之间有了责任感，有了归向之心，人们有了礼义廉耻的道德风尚和社会伦理。从消极的方面来说，宗法性传统宗教使得封建帝制绵延数千年而难以打破，成为禁锢思想的巨大保守力量。因此，对宗法性传统宗教的作用也

---

① 李建中. 中国文化概论[M]. 武汉：武汉大学出版社，2005.

② 王耕. 中国宗法性传统宗教的历史源流和现世影响[J]. 保定学院学报，2008，21(3)：9-11.

应一分为二地看待，在看到它在封建社会中深刻的负面作用的同时，也要注意到它的积极作用，而这种作用也并非局限于封建社会。[①]

（二）儒学的宗教性

儒学的宗教性问题是近现代中国儒学研究中的一个热点问题。17 世纪以来，至少有三次规模较大的讨论。第一次是 17—18 世纪的所谓“中国礼仪之争”，第二次是从 20 世纪末叶起到 21 世纪上半叶，第三次是 21 世纪下半叶。1958 年元旦由唐君毅、牟宗三、徐复观、张君劢四先生联合发表了《为中国文化敬告世纪人士宣言——我们对中国学术研究及中国文化与世界文化前途之共同认识》，标志着当代新儒家对儒学的宗教性问题已初步形成了“共识”和“一整套”看法。此后，儒学的宗教性便成了儒学研究中一个相当重大的热门话题。但是，关于儒学宗教性问题的争论并没有因此而结束。[②]

关于儒学的宗教性问题，讨论者往往从某一特定宗教立场或宗教仪式的角度来观照儒学的宗教性问题，因此引起争论的同时，也存在一些弊端。

第一，一些学者坚持认为儒学是学，不是“教”，对儒学之为“儒教”甚至对儒学之具有宗教性表示怀疑。梁漱溟先生最早直面儒学的宗教性问题，但他坚定地认为儒学不是宗教，“子不语怪、力、乱、神”，说明孔子是反对宗教的。与梁漱溟观点类似的还有章太炎，他非常激烈地反对康有为将儒学奉为宗教的做法。[③]

第二，肯定儒学的宗教性。1958 年，《为中国文化敬告世界人士宣言——我们对中国学术研究及中国文化与世界文化前途之共同认识》对中国文化的宗教性多有论述，学者们论证了这样几个观点：一是中国虽无流传几千年的完整的宗教形式，但其宗教性已经融入中国文化及日常伦理道德；二是中国的“天人合一”思想是一种和西方上帝崇拜具有同样超越性的文化思想，这种超越性也更确证了其宗教性；三是中国儒者“杀身成仁，舍生取义”的气节无疑表现了一种殉道精神，这种对仁义价值的忘我追求不亚于任何一种西方式的殉教者，也是中华文明流传几千年而不湮灭的宗教性的支撑。杜维明在一定意义上认同儒学的宗教性：“在比较文明的格局之中，强调儒家人文精神的宗教性，无非是要阐明儒家的人生哲学虽然入世，但却有向往天道的维度。”[④]儒学的宗教性既体现在对天道性命的思考中，也体现在对敬天祭祖的人神关系的关注中。儒学虽具宗教性，但其立足点则是人本，从宗教信仰中的神人关系来看，其与基督教的神本信仰属于两种不同的类型。[⑤]可见，儒学的宗教性问题的相关研究和争论还会继续下去。

---

① 王耕. 中国宗法性传统宗教的历史源流和现世影响[J]. 保定学院学报，2008，21(3)：9-11.

② 段德智. 从存有的层次性看儒学的宗教性[J]. 哲学动态，1999(7)：29-31.

③ 仕超，郭辉. 试论儒学的宗教性与人文性[J]. 淮北师范大学学报(哲学社会科学版)，2014(6)：46-50.

④ 杜维明. 儒家人文精神的宗教含义——中文版代序[M]//郭齐勇，郑文龙. 杜维明文集：(第三卷). 武汉：武汉出版社，2002.

⑤ 洪修平. 殷周人文转向与儒学的宗教性[J]. 中国社会科学，2014(9)：36-54.

【拓展阅读 4–2】

“世界宗教博物馆”——泉州

古代传入泉州的中原宗教文化和古代“海上丝绸之路”传入泉州的西方宗教文化，促成泉州成为世界多种宗教信仰并存的“世界宗教博物馆”。历史上，佛教、道教、伊斯兰教、基督教、景教(古天主教)、印度教(婆罗门教)、摩尼教(明教)、日本教、犹太教和拜物教等中外多种宗教汇聚于泉州，其至今留存大量珍贵的宗教遗迹遗物。对于其成因，从深层次来考察，除了兼收并蓄的精神和胸怀，泉州相对开放的政策、泉州人的“重商”情结以及泛神崇拜等因素皆不容忽视。

资料来源：http://theory.people.com.cn/n/2014/0129/c40531-24260048.html.

第四节　文学巨著

中国文学巨著在中华文化中占有重要地位。中国文学经历了漫长的发展过程，其起源几乎与中华文明的起源同步，显示出独特的民族性、传承性和时代性。中国文学成为中华文化典籍中最丰富、最有影响、最有生命力的成果，体现了中华文化的基本精神和历史潮流。

一、中国文学的辉煌成就

中国文学植根于中华文化的肥沃土壤中，彰显着中华文化的特质和精要所在。[①]中国文学各种文体齐备，涵盖诗歌、散文、小说、词、戏曲等。中国文学在各个不同的历史阶段均有璀璨成就，且各具时代特色，主要体现如下。

（一）先秦的诗歌和散文

先秦文学包含从原始社会和夏、商、周朝开始，直至秦朝统一各国以前的时期。中国文学从远古时期的歌谣和神话开始。先秦文学是我国文学光辉的起点，以诗歌、散文等为主要文体，包括《诗经》《楚辞》以及春秋战国时期的一些传统民歌和部分原始社会歌谣。其中，《诗经》是中国现实主义诗歌的源头，《楚辞》是中国浪漫主义诗歌的源头。

（二）两汉的赋

汉代文学以汉赋、散文和乐府民歌为代表。其中，赋是我国古代的一种有韵文体，介于诗和散文之间，类似于散文诗。最早出现于诸子散文中，叫作“短赋”。以屈原为代

---

① 檀江林. 中国文化概论[M]. 合肥：合肥工业大学出版社，2009.

表的“骚体”是诗向赋的过渡，叫“骚赋”。汉代正式确立了赋的体例，称为“辞赋”。魏晋以后，日益向骈对方向发展，叫作“骈赋”。唐代又由骈体转入律体，叫作“律赋”。宋代以散文形式写赋，称为“文赋”。著名的赋有曹植的《洛神赋》、杜牧的《阿房宫赋》、欧阳修的《秋声赋》、苏轼的《赤壁赋》等。

（三）唐诗

唐诗有多种形式，古体诗主要分五言和七言两种，近体诗则分为绝句和律诗两种。绝句和律诗又各有五言和七言的区别。因此，唐诗的基本形式有六种，即五言古体诗、七言古体诗、五言绝句、七言绝句、五言律诗、七言律诗。古体诗的风格是前代流传下来的，所以又叫作古风。近体诗有严整的格律，所以又称为格律诗。

（四）宋词

宋词是一种相对于古体诗的新体诗歌，是宋代盛行的一种中国文学体裁，代表着宋代文学的最高成就。词形成于唐代，在宋代达到顶峰，句子有长有短，便于歌唱。因为是和乐的歌词，故又称曲子词、乐府、乐章、长短句、诗余、琴趣等。宋词是中国古代文学中的一颗璀璨明珠，以绚丽多彩的神韵，与唐诗、元曲斗艳，历来与唐诗并称“双绝”，代表着一个朝代的文学之盛。

（五）元曲

元曲，包括杂剧和散曲，有时专指杂剧。杂剧，是宋代以滑稽搞笑为特点的一种表演形式，元代发展成戏曲形式。每本以四折为主，在开头或折间另加楔子，每折用同宫调同韵的北曲套曲和宾白组成。散曲盛行于元、明、清三代，是没有宾白的曲子形式。内容以抒情为主，有小令和套数两种。

（六）明清小说

中国小说在明清时期进入了成熟和繁盛阶段。从明代开始，小说作为一种文学形式充分展示了其社会功能和文学价值。清代则是中国古典小说盛极而衰并向近现代小说转变的时期。《三国演义》《水浒传》《西游记》《红楼梦》都在这一时期产生，被称为中国文学史上的四座丰碑。明清小说不仅打破了正统诗歌在文学史上的垄断，取得了与唐诗、宋词、元曲并驾齐驱的地位，成为宝贵的世界文化遗产。

二、中国文学的文化价值

中国文学历史悠久，经历了 3000 多年的发展历程，深刻而形象地体现着中华文化的丰富内涵。

（一）中国文学是中华文化的重要组成部分

在中华民族璀璨的文化长河中，文学一直是一个极其重要的组成部分。即使在文学尚未取得独立地位的上古时期，文学也已经在先民的文化活动中占有重要地位。例如，早在商代甲骨卜辞中就已经出现了“今日雨。其自西来雨？其自东来雨？其自北来雨？其自南来雨？”这样富有诗意的词句。魏晋时期，曹丕提出文章是“经国之大业，不朽之盛事”。到了唐代等文学发达的时代，题材之宽广、流派之纷繁、作家人数之多等，乃世界文化史上所罕见。

中国古代文学广泛而深刻地反映了中国传统文化，是现代人了解中国传统文化最直接、最有效的载体，也是世界其他文化背景的人了解中国传统文化的桥梁。中国文学是数千年民族文化的渊薮，中华民族的生存与繁衍，中华民族的生活习俗、思维方式、情感状态以及审美风尚，无不鲜活而又丰富地体现于古代文学之中。①

（二）中国文学体现中华文化的基本精神

中国文学生动具象地体现了中华文化的基本精神和中华民族的文化心理特征，是人们生活的反映，是历史的积淀，是人们的高级精神生活。在古代典籍中，文学作品所占的比重首屈一指，其审美功能和认识功能历久弥新。中国文学是最容易为现代人理解、接受的一种传统文化形态。不论是先秦诗歌、散文、唐诗、宋词、元曲还是明清小说，都有名言警句流传至今，其中的故事和人物家喻户晓，深受人们喜爱。中国文学在各个朝代均有璀璨成果，并且各具时代特色，因此中国文学杰出作品持久地散发着其独特的魅力。

（三）中国文学具有悠久的发展历史

中国文学在文字诞生之前就已经产生，即使从有文字记载的历史来看，中国文学也有 3000 多年的历史了。在这一发展历程中，中国文学不仅延绵不断，保持了很强的稳定性和连续性，还高峰迭起、人才辈出，堪称人类文化史上的奇观。例如，在诗歌的发展历程中，作为中国古代诗歌的开端，《诗经》收集了西周初年至春秋中叶(前 11 世纪—前 6 世纪)的诗歌，内容反映了劳动与爱情、战争与徭役、压迫与反抗、风俗与婚姻、祭祖与宴会等社会生活的方方面面。到公元前 4 世纪，在中国南方兴起了另一类诗歌——楚辞。到了唐代，五言、七言诗的格律已经成熟。这种格律以汉字四声来谐调诗歌的韵律，形成中国诗歌在形式上的显著特点。中国诗歌的主要功能是抒情，在艺术上则以情景交融的意境为追求目标。

（四）中国文学彰显独特的人文色彩

中国文学记载着厚重的中华历史与文化，不仅孕育滋养了我们的民族精神，其鲜明

---

① 檀江林. 中国文化概论[M]. 合肥：合肥工业大学出版社，2009.

的人文色彩还体现出独特的文化特征。中国古代文学的文化特征包括以下两方面[①]：其一，在体裁上，中国古代文学偏于抒情，而叙事文学兴起较晚，占比较小。其二，在创作方法上，中国古代文学不重写实而重写意。追求含蓄的艺术表现手法是中国古代文学的基本美学特色。中国古代文学所表现出来的总体特点一直到近代"五四运动"后才发生明显的变化。中国文学不仅在中华文化中具有重要的地位，而且在世界文学中也占有重要地位。中国古代文学无疑是世界各国了解和学习中华文化的最佳窗口，为世界文化的建设与融合作出了巨大的贡献。[②]

第五节　艺术瑰宝

中国艺术文化是中华文化的重要组成部分，具有独特的民族风格和民族精神。中国的传统艺术门类很多，品种齐全，雅俗共存，动静兼具，并以其同一的艺术精神构成一个巨大的艺术文化体系。在长期的历史发展和演变中，中国艺术文化形成了自己独特的传统，成为世界文化宝库中最珍贵的遗产。[③]

一、璀璨辉煌的中国艺术

中国艺术源远流长。处于华夏文化核心的原始彩陶艺术是中国艺术史首先要提及的。除此之外，还有书法艺术、雕塑艺术、绘画艺术和建筑艺术等。

（一）彩陶艺术

彩陶是原始的早期艺术，先民们画出了鱼蛙禽兽、日月天地……从彩陶的纹饰中能窥见远古人类对自然的认识和对生活的追求与祈盼。陶器的出现标志着人类社会进入一个新的历史阶段，而彩陶的出现则是先民给实用器物注入了原始的艺术性。此外，青铜纹饰艺术也是体现先民美学观念的重要载体，对中国绘画、书法、陶瓷等艺术产生了深远的影响。人面鱼纹彩陶盆便是其中的代表作。

【拓展阅读 4–3】

人面鱼纹彩陶盆

人面鱼纹彩陶盆(见图 4-1)，是新石器时代仰韶文化遗物，高 16.5 厘米、口径 39.8 厘米，1955 年在陕西省西安市半坡出土。人面呈圆形，额的左半部涂成黑色，右半部为黑色半弧形，可能是当时的文面习俗。眼睛细而平直，鼻梁挺直，神态安详，嘴旁分置

① 周扬，刘再复. 中国文学[M]. 北京：中国大百科全书出版社，1986.
② 檀江林. 中国文化概论[M]. 合肥：合肥工业大学出版社，2009.
③ 骆文伟. 中国传统文化概论[M]. 北京：清华大学出版社，2019.

两个变形鱼纹，鱼头与人嘴外廓重合，加上两耳旁相对的两条小鱼，构成形象奇特的人鱼合体，表现出丰富的想象力。人面鱼纹彩陶盆是公认的彩陶艺术精品。

图 4-1　人面鱼纹彩陶盆

资料来源：http://www.chnmuseum.cn/zp/zpml/kgdjp/202008/t20200824_247218.shtml.

（二）书法艺术

书法是一门古老的中国艺术，从甲骨文、金文演变为大篆、小篆、隶书至定型于东汉、魏、晋的草书、楷书、行书诸体，一直反映出不同时代的精神风貌和价值取向。中国书法艺术的理想境界是整体和谐，与中华文化相融合，与中华民族精神成一体。

汉字从甲骨文(见图 4-2)开始就呈现书法艺术。书法艺术真正形成于汉魏时期。到东汉，隶书成为官定标准字体，文字史上叫作“隶变”。隶变后通行的隶书，即为“汉隶”。汉代的竹简、碑石、印章大多采用汉隶。

图 4-2　甲骨文

魏晋南北朝时期是书法艺术承上启下、完成书体演变的阶段，其特点是篆、隶、楷、行、草诸体俱臻完善。王羲之的书法艺术成就非凡，被尊为“书圣”，代表作为《兰亭集序》。隋唐时期是书法艺术的成熟阶段。书法被列为“书学”，纳入学校的学习科目。唐代大书法家有李邕、张旭、颜真卿、柳公权、僧怀素等。颜真卿把点、竖、撇、捺写得肥壮，世称“颜体”，代表作品有《多宝佛塔感应碑》《东方朔画赞碑》《颜勤礼碑》等。柳公权则把横竖画都写得均匀硬瘦，把点画写得如刀切一般，独创“柳体”，其代表作品有《玄秘塔碑》《苻璘碑》《神策将军碑》等。

宋代是书法艺术的转变期。宋代书法艺术不甚景气，一时帖学盛行。明代书法崇尚古雅，倡导骨力与研美兼善。其间，影响力较大的书法家主要有祝允明、文徵明、董其昌、邢侗、米万钟，富有创新的书法家则有张瑞图、徐渭等人，“董(其昌)、米(万钟)、邢(侗)、张(瑞图)”被称为晚明四大家。清代是书法艺术继往开来的时期。清代书法艺术总体倾向是继承与革新，分为帖学与碑学两大发展时期。帖学逐渐由盛转衰，碑学则日渐兴盛。清代代表性的书法家如郑燮(又号板桥)、金农、邓石如、伊秉绶、包世臣、何绍基、吴昌硕、康有为等。

（三）雕塑艺术

雕塑艺术凝聚着人们对生活的理解与期望，已经深入人们文化生活的各个方面。中国古代的雕塑分为人像雕塑和动物雕塑。考古发掘已经证明，中国的雕塑艺术可追溯至原始氏族社会。河南省裴李岗文化遗址中已发现陶塑人像，仰韶文化遗址中出土的陶塑人像更多，其中 1964 年在甘肃省礼县高寺头出土的圆雕少女头像(见图 4-3)是仰韶文化陶塑人像的杰出代表作。

图 4-3　圆雕少女头像

陕西省西安市临潼区的秦始皇陵兵马俑是迄今为止在世界文化史上空前巨大的彩色陶塑群体，已出土形同真人大小的人俑、车马俑 8000 多件，被誉为“二十世纪考古史上的伟大发现之一”(见图 4-4、图 4-5)。如此巨大的彩陶兵马俑，展现了中国古代雕塑在艺术上的高度成熟。

图 4-4 秦俑群像

图 4-5 秦始皇陵铜车马

汉代雕塑是对秦代雕塑的继承和发展，一方面，运用寓言手法营造浪漫主义的艺术效果。此类代表作是陕西省兴平市霍去病墓前的马踏匈奴石雕(见图 4-6)。另一方面，采用现实主义来表现以人为主要关系的现实生活。此类代表作是先后在陕西省咸阳市、江苏省徐州市、河南省洛阳市等地发现的汉代兵马俑和杂技人俑，特别是徐州楚王墓汉代兵马俑(见图 4-7)，已出土 2500 余件，是继秦兵马俑之后的第二大兵马俑军阵。

图 4-6 马踏匈奴石雕

图 4-7 徐州楚王墓汉代兵马俑

魏晋南北朝时期，中国的雕塑艺术深受佛教影响，出现了大量以佛教内容为题材的雕塑，如云冈石窟·昙曜五窟(见图 4-8)、敦煌石窟(见图 4-9)、龙门石窟和麦积山石窟等代表这个时期的造像水平。

图 4-8　云冈石窟昙曜五窟(部分)

图 4-9　敦煌石窟(部分)

隋唐时期是中国古代雕塑的鼎盛期，其成就首先表现在石窟雕塑上，代表作是龙门石窟奉先寺石刻造像(见图 4-10)。唐代的雕塑作品塑造了完全民族化的造型风格。唐代帝王陵墓前的石雕作品，如唐太宗“昭陵六骏”(见图 4-11)和武则天母亲杨氏顺陵前的走狮、天禄等，都是代表性作品。

图 4-10　龙门石窟奉先寺石刻造像(局部)

图 4-11　昭陵六骏

宋代雕塑艺术凸显了世俗题材和写实风格的发展，在刻画人物性格、表现人物心理方面达到很高的水平。重庆市大足石刻(见图 4-12)，在宋代佛教造像作品中大量展示社会生活场景。

图 4-12　重庆市大足石刻

元代雕塑比较粗犷，明代雕塑过于烦琐，清代雕塑不免庸俗，这和一个时代的精神面貌有关。

总之，中国雕塑艺术不仅具有时代个性，而且具有整体的民族共性。

(四) 绘画艺术

中国绘画艺术历史悠久，源远流长，创造了丰富多彩的形式手法，具有鲜明的民族风格，形成了独具中国特色的绘画语言体系，是我国国粹之一。中国绘画的艺术成就和民族风格在东方以至世界艺术中都具有重要的地位与影响。

中国画起源于原始人类对自然万物的审美活动。在距今六七千年的新石器时代，先民已经在陶器上用红、黑、白等颜料绘出鱼、鹿等及各种装饰花纹，表现了他们浓烈的审美意识。

商周时代，祭祀盛行，殿堂庙宇中布满尧、舜、禹等人的画像和天地、山川、神灵的图像。先秦时代，绘画已经是成熟而又独立的艺术门类。1949 年 2 月和 1973 年 5 月，先后在湖南省长沙市陈家大山楚墓中出土的两幅帛画——《人物龙凤图》和《人物御龙图》采用线描，简洁有力，形象生动，显示了中国传统绘画的基础。秦代绘画直承先秦，但保留下来的作品极少。1976 年以来，在陕西省咸阳市秦宫遗址中发现了部分宫廷壁画，画面上人物远小近大，形似传神，人物车马和亭台楼阁用线条勾勒，已体现出一定的绘画艺术水平。汉代，绘画艺术有了长足发展。以人物为主的绘画多以壁画的形式出现。迄今最早的汉代墓室壁画是 1976 年在洛阳市发现的卜千秋墓室(墓主、伏羲、太阳图)壁画(见图 4-13)。

魏晋南北朝时期，由于佛教流行，宗教画取得支配地位。同时由于社会动乱，崇尚清谈，文人士大夫们普遍趋向避世，力图在自然山水中求得心理平衡和心境和谐，于是山水画艺术形成和发展起来，并出现了关于山水画的理论。东晋顾恺之是人物画大师，以画绝、才绝、痴绝被称为“三绝”，对后世绘画艺术影响重大。他的代表作品是《女史箴图》和《洛神赋图》(见图 4-14)。另一位大画家是张僧繇则创造了一种只用彩色而不用墨骨的“没骨法”。

图 4-13　卜千秋墓室(墓主、伏羲、太阳图)

图 4-14　顾恺之《洛神赋图》

隋唐时期，无论是画的种类还是画的技法都显示了绘画艺术的高度发展。唐代绘画艺术空前繁荣，涌现出许多绘画大师。阎立本父子兄弟三人(父阎毗、兄阎立德)为唐初著名画家，其中以阎立本成就最高。其画迹流传到现在的有《历代帝王图》《步辇图》(见图 4-15)等。唐代中期最杰出的画家是吴道子，被尊为“画圣”。现在有宋人摹画的《送子天王图》(见图 4-16)比较接近原作。此外，比较杰出的唐代画家还有画马的曹霸、韩干，画牛的韩滉，等等。

图 4-15　阎立本《步辇图》

图 4-16　吴道子《送子天王图》(局部)

五代时期是花鸟画的成熟阶段。这时的山水画都以真山真水为范本，着力表现大自然的秀丽和壮美，同时在画中寄托作者的思想感情。

宋代绘画艺术进入一种新的境界。一方面，朝廷在宫内设立了翰林图画院，以科举考试吸纳画家，形成“院体画”，其特点是严密精细，注重法度，作品多供帝王观赏，题材多为山水、花鸟。另一方面，反映社会生活的风俗画大量出现，如举世闻名的《清明上河图》。在花鸟画方面，宋代还兴起了以梅、竹、兰、菊为题材的“四君子画”。这些画借物抒情，表现了文人的节操和雅趣，该时期代表画家有文同、苏轼、郑思肖、杨无咎等。

元代绘画更注意表达艺术家的情绪意兴。山水花鸟注重水墨写意，“四君子画”大为流行。画家往往画面题诗，以诗文点睛画意。倪瓒、黄公望、王蒙、吴镇被称为“元代四大家”。《富春山居图》为黄公望所绘。

（五）建筑艺术

中国传统建筑是一个独立形成的建筑体系。悠久的历史、雄伟的工程、精湛的艺术、独特的风格，大都可以从遗存的古建筑实物中反映出来。这些建筑实物主要有宫殿、坛庙、陵墓、园林、民居、府第、文庙学宫、佛寺、石窟寺、塔、宫观、清真寺、城垣、桥梁、堤坝、古观象台、楼台亭阁、华表、牌坊、门阙等，它们都有各自的建筑特点和发展历史。以下重点介绍宫殿、园林、传统民居三种建筑类型。[①]

1. 宫殿

宫殿，又称为宫廷建筑，是帝王的起居之所。宫殿一般建在都城，既是帝王居住和施政的专用场所，也是全国的政治中心。中国古代宫殿的历史悠久，一般采取中轴对称的布局方式，建筑物被分为前朝后寝，前朝就是帝王处理政务、举行大典的场所，后寝就是皇帝与后妃们居住和生活的场所。每当有一个新的王朝建立，为了巩固自身统治，突出皇权威严，帝王往往会花费大量人力、财力、物力建造宫殿，以满足其施政和生活的需求。根据顾炎武的《历史宅京记》记载，有名可查的宫殿达 1200 余座，这些宫廷建筑规模巨大、金碧辉煌、造型精美，是中国古代技术含量和艺术价值最高的建筑，是传统建筑的精华。

【拓展阅读 4–4】

西藏布达拉宫

在中国现存的宫殿中，极具民族特色的代表性宫殿要属西藏布达拉宫(见图 4-17)。布达拉宫坐落在拉萨市区西北的红山上，是一座集宫殿、城堡和寺院于一体的宏伟建筑，并收藏、保存着极为丰富的历史文物。布达拉宫始建于 7 世纪，是藏王松赞干布为远嫁西藏的唐朝文成公主而建。宫堡现占地 41 万平方米，建筑面积 13 万平方米，宫体主楼有 13 层，高 115 米，全部为石木结构，5 座宫顶覆盖镏金铜瓦，金光灿烂，气势雄伟。布达拉宫是藏族古建筑艺术的精华，被誉为高原圣殿、世界屋脊上的明珠。

图 4-17　布达拉宫整体建筑

资料来源：降边嘉措，魏建东. 布达拉宫：世界屋脊上的明珠.

---

① 骆文伟. 中国传统文化概论[M]. 北京：清华大学出版社，2019.

2. 园林

中国园林一般由园林建筑物、山水、植物、鸟兽鱼虫、道路、园墙等要素构成，被誉为世界艺术奇观。按照占有者的身份分类，中国古代园林可以分为皇家园林和私家园林。皇家园林专供帝王休息享乐，规模较大，园林中真山真水较多，建筑富丽堂皇，显现出帝王的权威和气派。被誉为“万园之园”的圆明园，园内亭台楼阁等建筑面积约16万平方米，建筑工期超过一个半世纪，其建筑融汇了中外、南北等不同风格，是中国园林艺术的珍宝。现存的皇家园林代表有北京颐和园(见图4-18)、承德避暑山庄等。私家园林一般为王宫贵族、富商的休闲园林。私家园林规模较小，常与住宅相连，园内的景色处理较为顺应自然，常用假山假水，布局灵活，变化错落有致。现存的著名私家园林有北京恭王府、苏州拙政园、上海豫园等。

图4-18 北京颐和园

3. 传统居民

传统民居，是中国古代建筑中数量最多的建筑类型，也是所有建筑物中出现最早、使用最多的建筑类型。由于中国疆域辽阔，自然环境差异大，以及民族之间风俗习惯差异等多种原因，民居在形式、结构、装饰艺术、色调等方面具有不同特征和特色。中国传统民居主要有以下几种。

(1) 四合院。四合院的格局为一个院子在四面建有房屋，从四面将庭院围在中间，结构大多采用木构架，北方多为抬梁式结构，南方常用穿斗式结构，也有用两种结构混合式和“硬山搁檩”结构的。晋中一带，如杞县的“乔家大院”“渠家大院”、太谷县的“曹家大院”、平遥县的“日升昌大院”、灵石县的“王家大院”和榆次区的“常家大院”等，是由许多大小四合院组成的大型院落，规模宏大、建筑精美、风格独特，蕴含着深厚的文化意蕴，在中国传统建筑中显现出夺目的光彩。北京现存的一些清代王府建筑，如“恭王府”“孚王府”，大都采用四合院的形式，其房屋布局有一定的规制，是研究北京大型四合院(见图4-19)的实物。

(2) 蒙古包。蒙古包主要是蒙古族牧民居住的一种民居(见图4-20)，其形状似拱包。蒙古包呈圆形尖顶，结构是以木条编扎为骨架，外面包以羊毛毡，所以又被称为毡包。在包的顶部装有圆形的天窗，用于通风和采光。有些半牧半农地区的农牧民所建造的半固定式住宅，外面也用毡包裹，其较之墙壁更为方便。蒙古包虽然外观看起来小，但是包内的实际使用面积却很大，室内空气流通，冬暖夏凉，不怕风吹雨打，最重要的是便于拆卸搬迁，特别适合草原牧民的需要。新疆的哈萨克族牧民及甘肃、青海等地区的牧民常采用这种居住形式。

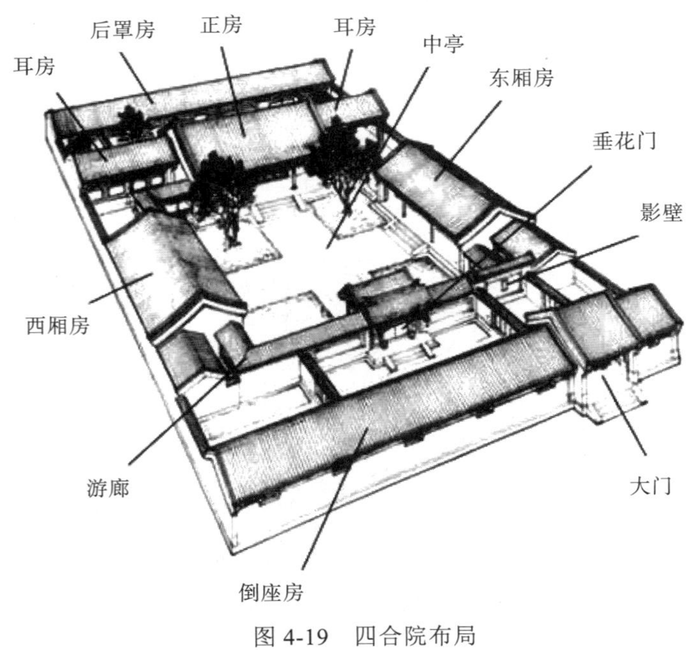

图 4-19　四合院布局

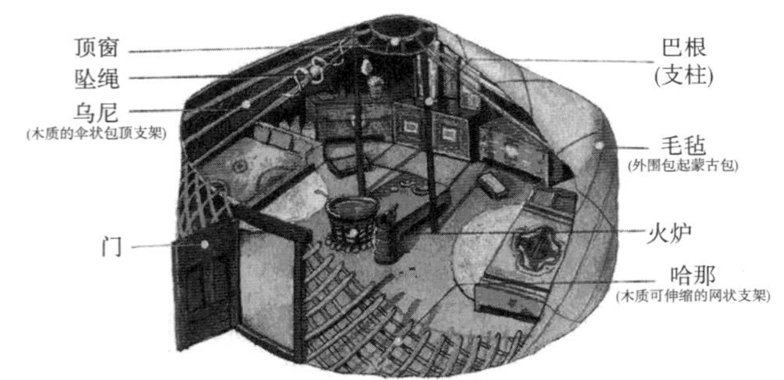

图 4-20　蒙古包结构

(3) 窑洞。窑洞是西北、华北等黄土地带常见的民居住宅形式(见图 4-21)。中国的陕甘宁地区，黄土层非常厚，有利于当地人民凿洞而居。窑洞挖掘的形式主要有两种：一种是沿土崖挖掘，单层或多层成排。另一种是在黄土平地上向下挖出大坑，然后在大坑的四壁挖掘窑洞，犹如一个地下村落。窑洞式住宅保留了早期穴居的形式。其优点是施工工艺简单，节约建筑材料，保温效果好，冬暖夏凉，所以一直沿用至今。

(4) 土楼。土楼，是指以生土作为主要建筑材料，不同程度地使用石材，柱梁等架构全部采用木料的两层以上房屋，主要分布在福建、广东等地。福建南靖田螺坑土楼群如图 4-22 所示。土楼是世界上独一无二的大型民居形式，被称为中国传统民居的瑰宝，被列入《世界遗产名录》。

图 4-21　窑洞

图 4-22　福建南靖田螺坑土楼群

(5)碉房。碉房是用乱石垒砌或者土筑而成的民居，在西藏、青海、甘肃及四川等地的藏族大多采用这种形式的住宅(见图 4-23)。碉房的墙体一般下面厚上面薄，外形下面大上面小，多为方形平面。其内部以密梁构成楼层和屋顶，高二、三层不等，多为三层。底层为牲畜房及草料房，二层为卧室、厨房、储藏室等，三层则为经堂、晒台、厕所等。碉房保温性强，外观朴实。

(6) 土坯房。在新疆吐鲁番、喀什、和田等地区，有许多土坯外墙、木架、密肋结构的房屋(见图 4-24)。土坯房前廊列拱，开朗明快。因气候干燥炎热，一般不开窗，而用天窗采光。在拱廊、墙面、壁龛、火炉、天花等处的砖木部分，常有精美的雕刻、绘画装饰。

图 4-23　四川壤塘日斯满巴碉房

图 4-24　新疆吐鲁番的土坯房

(7) 干栏式住宅和井干式住宅。干栏式住宅是一种非常古老的民居建筑模式，在我国广西、云南、贵州、海南等地均有分布。井干式住宅是一种不用立柱和大梁的中国民居结构，这种住宅用木材层层叠构为四壁，形如井状，所以称作井干式住宅，仅见于云南和东北一些森林地区。它的形式比较简单，仅一间或两开间，偶有二层者。

二、中国艺术的整体风貌

中国艺术的遗产极其丰富，除了书法、雕塑、绘画和建筑艺术，中国艺术还包括音乐、剪纸、戏曲、传统美食、传统服饰等，都渗透着我国深厚的文化底蕴。中国艺术发展史实际上就是兼容并蓄、和谐统一的发展史。[①]数千年来，中华民族用心血的结晶创造了中国艺术，形成了融合互通的精神、注重神韵的技法等卓尔不群的民族风格特征。

（一）中国艺术与传统哲学思想

以建筑艺术为例。建筑是人类文明的象征，是人类文化的重要组成部分。建筑不仅反映了各个时期包括建筑本身的一切科技、文化、艺术成就以及社会的政治经济力量，还具有鲜明的民族和地域特色，是民族文化的重要组成部分。

中国古代建筑的发展受到儒家思想的制约。中国古代建筑充分体现了以“礼”为国家文化精神核心，强调自然与人的和谐统一，更表达了人们对美好愿望的期许。在中国传统的设计思想中，对文字、建筑、车服、礼器等的制作都采用一种通用式设计。中国古代建筑这种通用设计的目的就在于尽量适用于任何用途或使用方式。这一点与儒家提倡的“过犹不及”“发而皆中节”等哲学思想不无关系。[②]

此外，老子的“天人合一”观点影响了建筑的聚落选址、总体布局、室内外环境设计布置，乃至取材及营造技术等各个方面。中国古代建筑体系坚持有节制的人本主义建造原则，即是以人体尺度为原则，建筑高度和空间控制在适合人居住的尺度范围内，具有初级的人体尺度思想，即使是皇宫、寺庙等建筑也常用小尺度的“院”不断有规律地衍生来产生雄伟建筑群。此外，建筑造型和高度还会考虑周边环境，通过跟自然的借用，即“托体同山阿”，使建筑与自然和谐统一，这也是“天人合一”思想的最好体现。[③]

（二）中国艺术蕴含社会功能

中国古代艺术很重视艺术的目的性和社会功能。从孔子开始，儒家学者就非常重视《诗经》的思想教育作用。历代儒家都特别推崇《诗经》，认为“正得失，动天地，感鬼神，莫近于诗。先王以是经夫妇，成孝敬，厚人伦，美教化，移风俗”（《毛诗·关雎序》）。由于汉代以来的封建统治者以儒学作为自己的统治思想，因此特别强调艺术“厚人伦，美教化，移风俗”的社会作用，要求乐要移情，诗要言志，戏曲表演要教人为善。孔子说：“不学诗，无以言。”意思是指不学《诗经》，在社会交往中就不会说话。西方艺术不讲明确的社会功能，人们对艺术的要求主要是娱乐、刺激或得到一种艺术享受，可见中西方艺术的目的性和社会功能有所差异。

（三）中国艺术注重神韵

中国传统艺术注重表现事物的意趣和人的内在感情，要求在艺术创作中突出神似。古代的艺术家和艺术评论家都非常重视“神似”问题。“神似”就是要求艺术创作表现对象的典型特征，揭示它们的内在精神。艺术家所要表现的不应当是与外界完全相同的客

---

① 檀江林. 中国文化概论[M]. 合肥：合肥工业大学出版社，2009.

② 李长春，尹晖. 中国古代建筑设计与传统文化思想[J]. 郑州轻工业学院学报(社会科学版)，2006，7(3)：57-60.

③ 唐辉. 传统文化对我国古代建筑的影响分析研究[J]. 江西建材，2014(8)：25.

观事物，而应当是这些事物的神采和气韵，是艺术家自己的意趣和感情。中国画特别注重写意，京剧艺术中的脸谱、表演中的哭笑也都是一种写意，都是追求神似。注重神韵、大笔写意是中国艺术的本质特点。

(四) 中国艺术具有融合性和相通性

中国传统艺术的诸门类不是各自为域、互不相关的，而是彼此相通、融合为一的。汉唐以后流行书画，二者结合被称为“书画同源”。中国历史上的画家，往往又同是书法家。又如，戏曲艺术也是一门综合性的艺术，和雕塑艺术之间也有某种融合。钱穆先生在比较中西文化时指出，中国文化讲“合”，西方文化讲“分”。在中国文化中，诗画一家、书画同源、文史哲自古难分，而西方文化是诗画无关、乐舞独立、文史哲各自为一门学科，甚至歌剧、话剧也各自分野。可以说，中国艺术具有融合性和相通性。

第六节　科学技术

中国科学技术自萌发开始，就不断发展与进步。在封建社会，中国的科学技术成就最高。科学是指人们关于自然现象和规律的知识体系，包括数学、物理、化学、天文、地理、生物、农业、医学等学科。技术通常被理解为关于工具、材料产品及其用于实现实际目的的方式的知识，分为纺织、建筑、机械、冶金、车船、兵器、陶瓷、造纸、印刷等。中华文化为中国科技的发展提供了丰富的养分，促使中国古代形成了天文学、数学、医学、农学四大传统科学体系和以“四大发明”为标志的技术成就。

一、中国科学技术的伟大成就

中国古代科学技术发端于奴隶社会，在封建社会开始蓬勃发展，直至近代西方科学技术传入后才逐渐衰落，并开始与近代科技相结合。纵观古代科技发展史，中国古代科技一直居于世界前列，不仅有享誉世界的四大发明，而且在天文学、数学、中医、农学、地理、化学、建筑、冶金、纺织、机械、造船、航海、陶瓷等方面的创造数不胜数，所取得的成就几乎涉及科技领域的各个分支。英国科学史家李约瑟指出：“中国在公元 3 到 13 世纪之间保持一个西方所望尘莫及的科学知识水平。”[①]

(一) 天文学

中国是世界上天文学起步最早的国家。中国古代天文学最早是从天象观测开始的。据甲骨文记载，殷商时代已经有了关于日食、月食的甲骨文记录，并且出现了原始历法——阴阳历。春秋战国时期，建立了二十八宿体系(见图 4-25)。二十八宿体系的建立

---

① (英)李约瑟. 中国科学技术史(第一卷)：导论[M]. 北京：科学出版社，1990.

为天文观测提供了一个较为准确的量度标志。公元前 613 年，鲁国天文学家留下了世界上关于哈雷彗星最早的准确记载。战国时期，魏人石申绘制了人类历史上第一张星象表。对中国历法有重要意义的二十四节气也在战国时期发展完备。汉代出现了三统历，这是我国现存的第一部完整的历法。在历法编制上，祖冲之把岁差应用于其中，其编制的大明历取一周年长度为 365.24281481 天，与近代科学测定的数值相差仅 50 余秒，同时改旧历中每 19 年 7 闰为每 391 年 144 闰。汉代，我国还发明了测量天体球面坐标和演示天象的仪器——浑天仪(见图 4-26)。唐朝著名天文学家僧一行是世界上用科学方法实测地球子午线长度的创始人。他制定了能比较准确地反映太阳运行规律的《大衍历》，标志着中国历法体系已发展成熟。宋元时代，天文学发展到了顶峰，涌现出许多著名的学者，郭守敬是其中的杰出代表。他编制的恒星表中恒星数量多达 2500 颗。他在前人的基础上，运用先进的数学成果，在公元 1280 年完成了授时历，以 365.2425 日为一岁。明清之际，随着西方科技的传播，中国古代天文学开始没落，开始和近代天文学知识相结合。

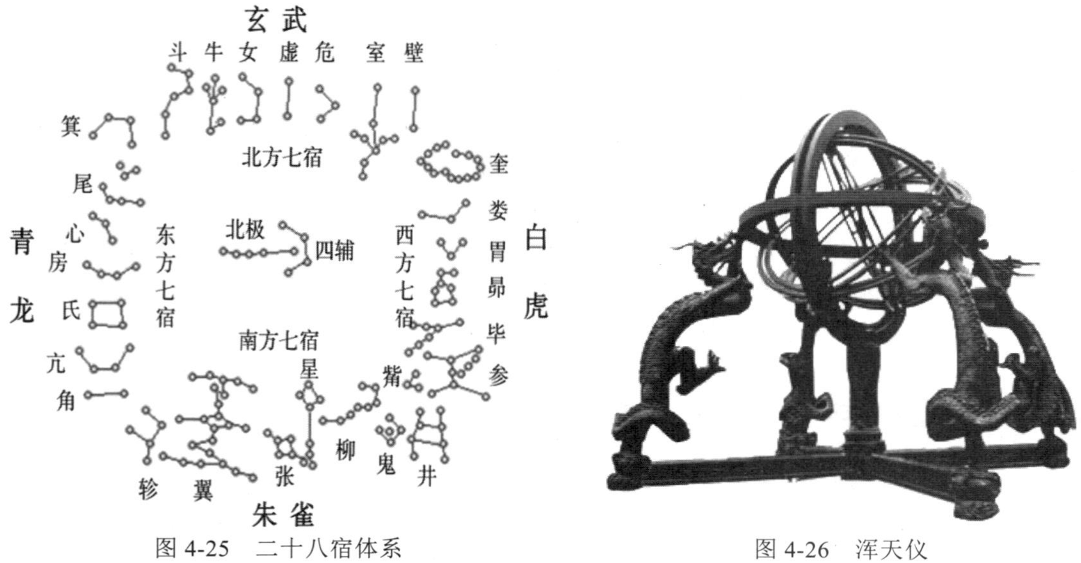

图 4-25 二十八宿体系

图 4-26 浑天仪

近代中国闭关锁国，与近现代科技失之交臂，这一颗颗璀璨的明珠渐渐被世人所淡忘。1949 年，中国科学院重新整合了国内的天文观测力量，带动了中国天文学的快速发展。[①]经过 20 多年的努力，“中国天眼”(见图 4-27)，即 FAST(500 米口径球面射电望远镜，由中国科学院国家天文台主持研制，于 2016 年 9 月竣工落成。FAST 不仅是世界上规模最大的单口射电望远镜，而且它接受来自宇宙的电波的能力也是最出色的，且在未来 20～30 年内仍会处于世界一流设备的地位。它的落成启用，对我国在科学前沿实现重大原创突破、加快创新驱动发展具有重要意义。

① 丁佳. 回眸亿年 遥指千河[N]. 中国科学报，2019-05-28.

图 4-27　“中国天眼”

（二）数学

数学在中国的起源可以追溯到原始社会的新石器时代的结绳记事。在商代甲骨文和周代钟鼎文里，已见“一、二、三、四、五、六、七、八、九、十、百、千、万”这十三个记数，在《尚书》中也屡见亿、兆等数，这是最先进、最科学的记数法。李约瑟说：“如果没有这种十进位制，就几乎不可能出现我们现在这个统一化的世界了。”[①]十进制算法是中国人对世界文明的一大贡献。

殷商时期有了四则运算，春秋战国时期整数乘法口诀“九九歌”已形成。三国时期，刘徽运用割圆术求圆周长度，求得圆周率 π=3927/1250(见图 4-28)。南北朝祖冲之在世界上第一次将圆周率的数值计算到小数点以后第 7 位数字，即将圆周率进一步精确到 3.1415926 至 3.1415927 范围内，这项成果领先世界其他国家近 1000 年。宋元时期，一批数学家创立了高次方程组的求解法、一次同余式解法等，推动中国古代数学达到繁荣的顶点。这些成果在当时都处于领先地位。

在计算工具方面，算盘(见图 4-29)起源于中国的一种手动计算的辅助工具。在数学研究著作方面，公元前 1 世纪的《周髀算经》是中国最早的一部算学天文著作，书中介绍并证明了勾股定理。约公元 1 世纪中叶的《九章算术》总结了春秋至汉代以来的数学

图 4-28　圆周率

图 4-29　算盘

① (英)李约瑟．中国科学技术史(第三卷)：数学[M]．北京：科学出版社，1978.

成就。南北朝祖冲之和祖暅之父子的《缀术》在唐朝被用作学校课本，后被传到了日本、朝鲜等，也被当作教材。此外，《孙子算经》《张丘建算经》《五经算术》《五曹算经》《缉古算术》《数书九章》《测圆海镜》等也是数学教科书，被用于古代数学教学等。中国数学通过丝绸之路传播到印度、阿拉伯地区，后来经阿拉伯人传入西方。其在汉字文化圈内，则一直影响着日本、朝鲜、越南等亚洲国家的数学发展。[①]

（三）中医药学

中医药学是中国古代科学各个分支中唯一没有被现代科学整合，仍屹立在世界现代科学之林的传统学科。中医药学在世界医学史上独树一帜，是中华传统文化中最珍贵的遗产。广义的中医，包括了中国所有的民族医学和宗教医学，主要有汉族传统医学、维吾尔族传统医学、藏族传统医学、蒙古族传统医学等，尤以汉医影响最大。近代“西医”传入中国后，以汉医为主的中国传统医学又称为“中医”，以区别于“西医”。在防治新冠肺炎疫情中，中医发挥了重要作用，为防控疫情提供了重要思路。

春秋战国时期，名医扁鹊总结出“望、闻、问、切”四诊法，被中医沿用至今。战国时期问世、西汉时期编订的医学著作《黄帝内经》奠定了中医学的理论基础，被称为“医之始祖”。

东汉时期的《神农本草经》(见图 4-30)是我国现存最早的医药学专著，收录了 365 种药物。张仲景的《伤寒杂病论》中总结出了汗、吐、下、和、温、清、补、消八法，其医学思想和治疗方法为中医临床的辨证施治奠定了基础，后人称他为“医圣”。东汉末年，华佗在进行外科手术时开始使用麻醉药物麻沸散。他提倡体育运动，首创了模仿 5 种动物动作的保健体操——五禽戏(见图 4-31)。

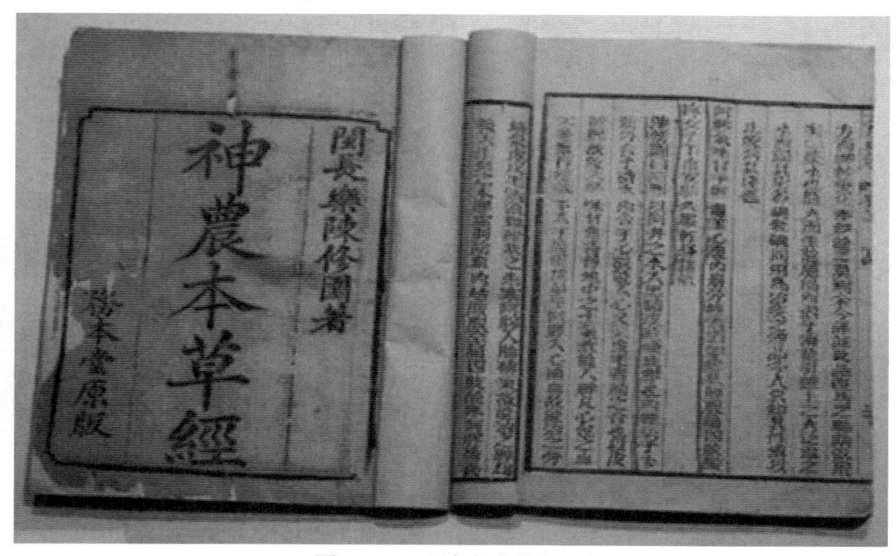

图 4-30　《神农本草经》

① 李建中. 中国文化概论[M]. 武汉：武汉大学出版社，2005.

图 4-31　五禽戏

魏晋南北朝时期，王叔和的《脉经》是中国现存最早的脉学专著。皇甫谧的《针灸甲乙经》是中国现存最早的针灸学专著。葛洪的《肘后救卒方》是一部急救手册，保存了许多民间偏方，实用性很强。

隋唐时期的《新修本草》(又名《唐本草》)，是中国也是世界上第一部由国家颁行的药典，详细记载了中药的选择、炮制、熬制、服用等内容。孙思邈的《千金方》是一部临床实用百科全书，此书载方 5300 个，在我国医药学史上有重要地位。孙思邈被后人称为“药王”。

宋元时期，药物学著作不断出现。北宋唐慎微所著的《经史证类备急本草》收录药物 1700 多种。明代的李时珍撰写了药物学巨著《本草纲目》(见图 4-32)，书中详细记载了药物的名称、性能、用途、制作过程，为本草学集大成之作。从 1647 年开始，《本草纲目》就被陆续翻译成拉丁文、英文、日文、德文、俄文等多种文字传播到世界各国，达尔文称之为“古代中国百科全书”。①

中医还有一套世界上独一无二的针疗体系。针灸(见图 4-33)就是针法和灸法，即在患者身体某个穴位用针刺治疗或者是利用艾绒熏灼的热刺激来治疗某种疾病的方法。隋唐时孙思邈曾绘制大型针灸挂图，明确地标出了人体十二经脉的位置；北宋王惟一修编了《铜人腧穴针灸图经》，并制成了模仿人体的针灸铜人供学习、练习针灸使用等。针灸疗法具有疏通经络、调和阴阳、扶正祛邪、补虚泻实等功效，两千多年来被中国人广泛运用。公元 6 世纪，针灸传到了朝鲜、日本等国，如今已经传到世界各国。

图 4-32　《本草纲目》和李时珍

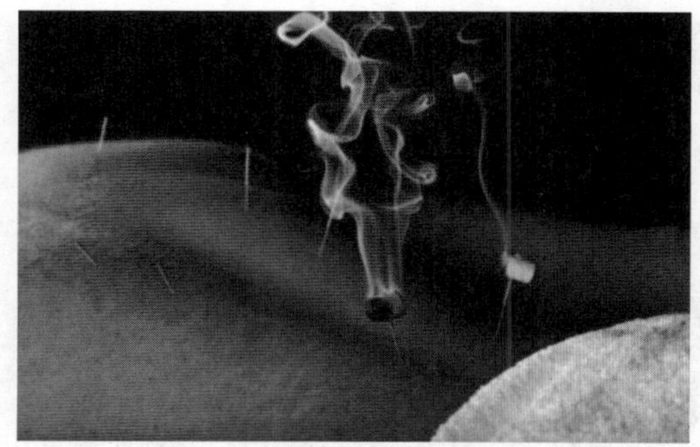

图 4-33　针灸

① 张岱年，方克立. 中国文化概论(修订版)[M]. 北京：北京师范大学出版社，2004.

（四）农学

中华民族的文明史上有发达的农业和丰富的农学典籍。中国古代农业在种植技术及相关发明创造方面，不仅领先于当时的世界农业水平，还对东亚和西欧农业的发展产生了深远影响。中国独创的二十四节气不仅流传至今，还推广到朝鲜、日本、越南等国家。

中国古代农业发展历史悠久。新石器时代是古代农业起源阶段。新石器时代栽培的粮食作物品种包括稻、粟、麦、黍等。新石器时代的主要农具是石铲、石斧、石磨盘等磨制石器。夏、商、周时期是原始农业向传统农业的转变阶段。这一时期，中国发明了金属冶炼技术，青铜农具开始应用于农业生产，蚕桑生产已遍及黄河中、下游地区。战国时期到南北朝时期是传统农业的发展与成熟阶段。以铁犁牛耕为标志的传统农业到来，铁制农具在黄河中下游普及。犁、耙、转磨、翻车等农具都出现于这个时期。隋唐宋元时期是传统农学的继续发展阶段。这一时期形成了水田耕作体系，标志着完全不同于北方旱地的南方水田精耕细作农业体系已经成熟。明清时期是传统农业发展的巅峰阶段。这一时期，人们改造荒山滩涂和开发边疆地区，并引进和扩种高产的新作物提高产量等。

与农业发展紧密相关的还有农业机具制造和水利工程的修建。在古代农业机具制造技术方面，原始社会时出现了耒和锄。春秋时期发明了灌溉提水工具辘轳，战国时期出现了牛耕和铁制的犁。东汉时期出现了灌溉机具龙骨水车。下川黄河水车(见图 4-34)是兰州唯一保存完好的一轮水车，是康熙五十年(1711)由西固人刘功仿制民传所建。宋元时期农具的制造居于世界的领先地位。

中国古代有很多水利工程，其规模的宏大、收益的显著在世界上是首屈一指的。公元前 597 年前后修建的芍陂水利工程是我国最早的一座大型筑堤蓄水灌溉工程，建于公元前 3 世纪的都江堰水利工程(见图 4-35)更是闻名世界。秦汉以后，各地因地制宜，修建了多种多样的水利工程，对农业的发展起到了促进作用。随着农业的发展，农学著作也日益丰富，其中以《齐民要术》和《农政全书》尤为著名。

图 4-34　黄河兰州下川水车

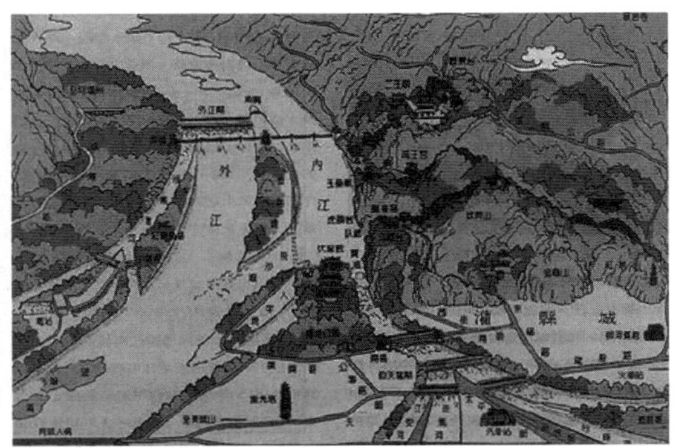

图 4-35　都江堰水利枢纽工程平面图

（五）技术成就

在陶瓷制作方面，中国素有“瓷器之国”之称。新石器时代已出现了彩陶、黑陶。唐代唐三彩(见图 4-36)是世界闻名的多色釉陶器。明清时期，景德镇成为全国制瓷中心。

在纺织方面，纺织在中国出现较早，原始社会已出现了纺织机具。中国纺织业以丝织和棉织最负盛名。古代中国被西方称为“丝绸国”。

在冶炼技术方面，中国古代冶炼技术始于殷商时期，这一时期青铜铸造技术精湛，后母戊鼎(见图 4-37)是其代表作品。春秋战国时期已经掌握了生铁冶铸技术，此后又出现了炼钢技术。魏晋南北朝时期的灌钢技术是当时最先进的炼钢技术。

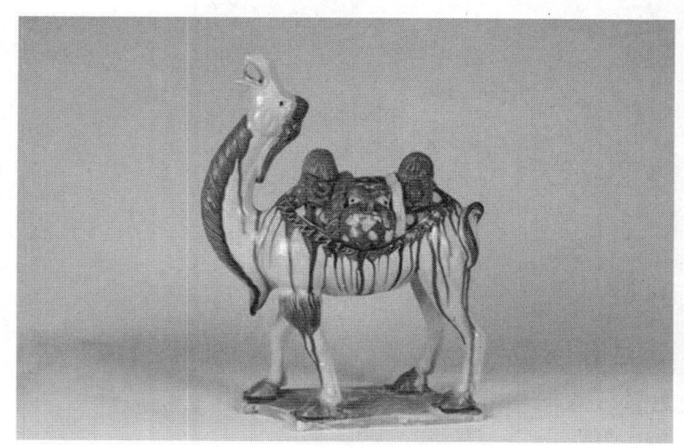
图 4-36　唐三彩

图 4-37　后母戊鼎

在造桥技术方面，中国是一个有着悠久造桥历史的国家，几百年甚至上千年前中国就是拥有世界一流造桥技术的国家，甚至被美誉为“桥的国度”。比如，河北的赵州桥、福建的洛阳桥、广东的广济桥、北京的卢沟桥等。在造桥技术方面中国是当之无愧的“引领者”，世界范围内难度最大、创纪录的桥梁，很多都是由中国建造的。例如，港珠澳大桥(见图 4-38)因其超大的建筑规模、空前的施工难度和顶尖的建造技术而闻名世界。青藏铁路清水河特大桥(见图 4-39)，位于海拔 4600 米的青藏高原可可西里“无人区”，全长 11.7 千米，是世界上最长的高原冻土铁路桥。

图 4-38　港珠澳大桥

图 4-39　青藏铁路清水河特大桥

在造船方面，秦汉时期出现了各种类型的船只，造船技术已很高。宋元时期造船业走向了繁荣，当时无论是在造船技术上还是在船只数量上，中国都居于世界前列。明代郑和曾 7 次下西洋，最远到达了非洲东海岸，所乘船只规模之大、质量之高是其他国家无法相比的。

蛟龙号载人潜水器(见图 4-40)是我国第一艘深海载人潜水器。它由我国自行设计、自主集成研制，是目前世界上下潜最深的作业型载人潜水器。下潜至 7000 米，说明蛟龙号载人潜水器集成技术的成熟，标志着我国深海潜水器成为海洋科学考察的前沿与制高点之一。蛟龙号载人潜水器的成功研发标志着中国科学技术领域的又一创新和突破。

图 4-40　蛟龙号载人潜水器

在大型客机技术方面，中国 C919(见图 4-41)打破了欧美航空巨头垄断。C919 的“C”是“China”的首字母，第一个“9”的寓意是经久不衰、持久耐用，“19”代表的是中国首型大型客机最大载客量为 190 座，合起来就是中国的一款持久耐用的 190 座民用客机。以 C 为开头也寓意着要与空客(Airbus)和波音(Boeing)竞争。C919 能使中国民航不再依赖于从欧美进口波音和空客的中层干线客机，打破了欧美航空巨头垄断，为国家节省了大量外汇。

图 4-41　国产 C919 大型客机

二、中国四大发明及其世界影响

“四大发明”是中国古代科技的伟大技术成就。意大利数学家杰罗姆·卡丹在 1550 年第一个指出，中国的指南针、印刷术和火药是对世界产生巨大影响的三大发明，是“整个古代没有能与之相匹敌的发明”。英国汉学家艾约瑟最先提出在上述三大发明中加入造纸术。四大发明主要从战争、学术、航行等方面对世界文明的发展产生了深远影响。

（一）火药

中国人对火药的研究始于古代道家的炼丹术。早期，人们把硝石、硫黄和木炭当作治病的药物，取名为“火药”(着火的药)。秦汉以后，炼丹家从偶然的爆炸现象中找到火药的配方。三国时期，人们用纸包住火药，发明了娱乐用的“爆仗”。唐朝末年，火药开始应用到军事上，人们把火药包点火以后，用抛石机抛射出去烧伤敌人，这是最原始的火炮。北宋时期，出现了火药武器(见图 4-42、图 4-43)。火药用于军事上，是武器发展史上的一次革命，揭开了古代兵器史的新篇章。公元 1225 年至公元 1248 年，中国的火药制造技术经由印度传入阿拉伯国家，此后又传入欧洲，英法等国到 14 世纪中期才逐渐掌握了火药的制造技术。2007 年，火药被美国宇航局评选为史上十佳武器之一。

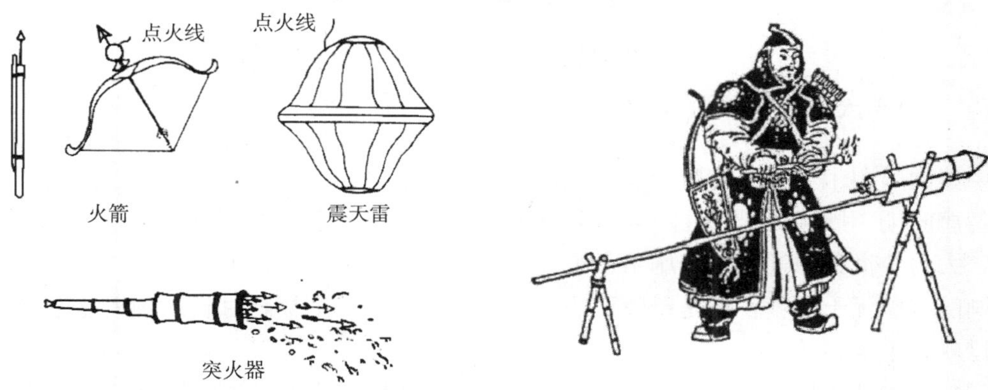

图 4-42　中国古代的火药武器

图 4-43　宋朝的火箭

（二）造纸术

我国是第一个发明造纸术的国家。早在西汉初年之前，中国人就已经开始使用造纸术。最早出土的西汉古纸是 1933 年在新疆发现的，年代不晚于公元前 49 年。[①]西汉之际已经出现了麻纤维纸，其在西安灞桥、甘肃居延等地考古挖掘中被陆续发现。东汉时蔡伦总结了前人的造纸经验，并在此基础上改造造纸技术，首先采用树皮造纸(见图 4-44)，据《后汉书·蔡伦传》记载：“伦乃造意，用树肤、麻头及敝布、鱼网以为纸”。汉和帝元兴元年(105)，蔡伦制成了质地坚韧、造价便宜的纸张献给汉和帝，汉和帝通令天下采用，从此，造纸术和纸张开始广为流传，并在后人的研究下不断改进。我国的纸和造纸方法，大概在公元 7 世纪传入越南、朝鲜等国，于公元 610 年传入日本，公元 751 年传入阿拉伯，此后逐渐传到世界各地。造纸术对世界科学和文化的传播具有重大的推进

① 黄高才. 中国文化概论[M]. 2 版. 北京：北京大学出版社，2016.

作用，为人类文明的交流、发展和进步起到了重要作用。

图 4-44　汉代造纸工艺流程

（三）印刷术

中国的印刷术经历了雕版印刷和活字印刷两个阶段。

隋唐时期，雕版印刷(见图 4-45)采用在优质、细密的木材上刻板，再以墨汁拓印到纸上。大约 7 世纪中期雕版印刷术已被使用，到 8 世纪中晚期，雕版印刷已经普及。雕版印刷的方法优于手抄，但是雕版印刷也存在着不足，如刻板耗时长、刻板途中如果出现差错就要重新刻等。

活字印刷(见图 4-46)是在北宋庆历年间由平民毕昇发明的。活字印刷的方法省时、省料，把印刷术推进到了一个新的阶段。元代王桢在泥活字的基础上制成木活字，并发明了“转轮排字架”，采用“以字就人”的方法，提高了效率，减轻了劳动强度。此后又陆续出现了锡活字、铜活字、铅活字等金属活字。印刷术大约于公元 8 世纪传入朝鲜，后又传入日本等地，经丝绸之路传入伊朗、阿拉伯国家和欧洲。

图 4-45　雕版印刷

图 4-46　活字印刷

印刷术的西传，正值西方文艺复兴时期，为欧洲文艺复兴和资本主义的产生创造了重要的物质条件，有力地推动了欧洲走向近代化的进程。

（四）指南针

指南针作为一种指向仪器，对促进世界航海事业以及海上贸易的发展起到了重要作用，促进了各国的文化、经济往来。

中国人很早就发现了磁石和磁石的指极性。战国时期，人们利用天然磁石制作了司南。经过长期实践，人们通过摩擦钢针等方法掌握了人工磁化，出现了指南针。北宋科学家沈括在《梦溪笔谈》中记载了四种不同的装置指南针的方法，即水浮法、缕悬法、指爪法和碗唇法。明嘉靖年间，旱罗盘(见图 4-47)开始取代水罗盘，克服了水罗盘游荡不定的缺陷，更适用于航海。中国的指南针大约于公元 12 世纪传入阿拉伯国家和欧洲。指南针传到欧洲以后，对欧洲航海事业的发展起到了很大的作用。[①]

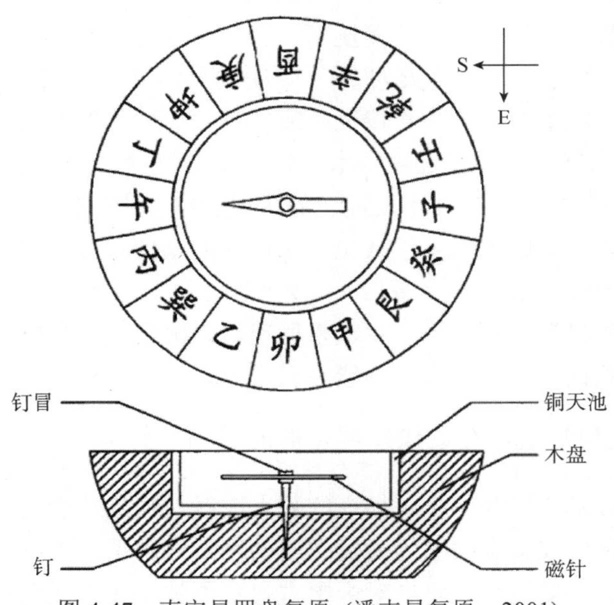

图 4-47　南宋旱罗盘复原 (潘吉星复原，2001)

中国的四大发明对世界文明做出了杰出贡献，正如马克思所指出的：“火药、指南针、印刷术——这是预告资产阶级社会到来的三大发明。火药把骑士阶层炸得粉碎，指南针打开了世界市场并建立了殖民地，而印刷术则变成新教的工具，总的来说变成科学复兴的手段，变成对精神发展创造必要前提的最强大的杠杆。”[②]英国哲学家培根指出，印刷术、火药和指南针“这三种发明已经在世界范围内把事物的全部面貌和情况都改变了：第一种是在学术方面，第二种是在战事方面，第三种是在航行方面，并由此又引起难以数计的变化来，以至任何帝国、任何教派、任何星辰对人类事务的力量和影响都仿

① 李建中. 中国文化概论[M]. 武汉：武汉大学出版社，2005.

② 马克思，恩格斯. 马克思恩格斯全集：第 8 卷 [M]. 北京：人民出版社，2009.

佛无过于这些机械性的发明”。[①]

综上所述，四大发明对人类社会发展的突出贡献，对世界文明发展的影响，是中华民族的骄傲。

三、中国古代科学技术的特点与评析

中国古代科学技术的发展与中国传统哲学思想、中国人的生活方式等因素密切相关。中国古代科学技术具有了实用性等特点。中国科学技术在近代发展过程中，受社会制度固化、文化的封闭性、思维的重经验轻理性等因素的影响而导致发展迟滞。

（一）中国古代科学技术的特点

第一，中国古代科学技术注重实际，直接为发展生产服务，间接为强化大一统的君权服务。古代中国人对科学技术实用价值的重视程度远远超过了对理论的重视程度。这个特点从天文学、数学、物理学、工程技术、农学、医药学等学科上均有体现。

第二，中国古代科学技术在“天人合一”“阴阳”“五行”等哲学理论的基础上产生，多是在生产和生活实践中对经验的直接记载或者是对各种客观现象的描述。

第三，中国古代科学技术出现重技术而轻科学的倾向。“一代一代将经验如火炬般传递下去，构成了中国古代科学技术发展史的主要脉络。墨学中的‘三表法’、韩非的‘参验’等，虽然直接表明中国古代哲学认识方法论中的直理取向，但间接地代表着和引领中国古代科学技术的行指宿归。”[②]

第四，中国古代科学技术的研究注重整体观。中国古代科学技术擅长综合，重视从整体上把握事物，重视事物的结构、功能和联系等。

（二）中国古代科学技术在近代发展迟滞的原因

中国古代科学技术曾经获得光辉灿烂的骄人成就，封建社会科学文化的最高成就是由中国创造的，中国古代科学技术为人类文明的发展做出了巨大贡献。到了明代中期，科学技术的发展开始变得迟缓。学者对中国古代科学技术在近代发展迟滞的原因做过多方面的分析，说法不一。从文化和制度层面来看，主要有以下两方面原因：

其一，文化传统的影响。中国历代统治阶层提倡以儒学为主的传统思想。儒学注重伦理道德，对自然科学研究重视不足。这种文化传统在一定程度上影响了科学技术的发展。有学者指出，中国古代科学技术是“技术”发达而“科学”落后。

其二，封建制度的局限。中国建立起了以宗法、等级制度为形式，以儒学为意识形态的封建社会，长达 2000 余年。专制的封建制度限制了统治阶层需求以外的科学技术发展，对古代科学技术进步的局限作用不可小视。一方面，科技人员未得到统治阶级的重视。另一方面，封建社会是以土地为基础的自然经济，把农业作为国家的根本，以农为

---

① (英)培根. 新工具[M]. 上海：商务印书馆，1984.

② 王立新. 中国传统文化概论[M]. 北京：北京广播学院出版社，1994.

本，重农轻商，未形成科学技术产品的市场机制。此外，中国古代比较高水平的科学技术几乎都由统治者所占有和支配。统治者垄断了一些利润高、关系到国计民生的产业，如汉代实施的盐、铁官营等，严重地扼杀了科技人员的创造精神。封建等级制度还严格地限制了各类科技产品的使用，尤其是豪华消费要按照官阶进行分配。这些因素不利于中国古代科学技术的发展与提高。

思考题

1. 简述对“汉字是中华民族文化的根”的理解。
2. 简述中国古代文学的形式与成就。
3. 简述中国传统艺术的种类与特点。
4. 简述中国古代“四大发明”对世界文明发展的影响。
5. 简述中华文化的主要表现形式。

参考文献

[1] 黄高才. 中国文化概论[M]. 2 版. 北京：北京大学出版社，2016.

[2] 李建中. 中国文化概论[M]. 武汉：武汉大学出版社，2005.

[3] 骆文伟. 中国传统文化概论[M]. 北京：清华大学出版社，2019.

[4] 马克思，恩格斯. 马克思恩格斯全集：第 47 卷 [M]. 北京：人民出版社，1979.

[5] 潘岳. 中华文明与古希腊文明之比较[N]. 中国艺术报，2020-06-10.

[6] 人民网. 习近平在纪念孔子诞辰 2565 周年国际学术研讨会暨国际儒学联合会第五届会员大会开幕会上的讲话[N]. 人民日报，2014-09-24.

[7] 檀江林. 中国文化概论[M]. 合肥：合肥工业大学出版社，2009.

[8] 王立新. 中国传统文化概论[M]. 北京：北京广播学院出版社，1994.

[9] 阴法鲁，许树安. 中国古代文化史[M]. 北京：北京大学出版社，1991.

[10] 张岱年，方克立. 中国文化概论(修订版)[M]. 北京：北京师范大学出版社，2004.

美美与共：中外文化交融与互鉴

人类历史的前进，离不开文化的交流和融合。中华民族的文化在几千年的历史长河中，不断地进行文化输出与文化接受，逐渐获得文化补偿的同时，赢得了空间上的拓宽和时间上的延展。本章通过对中外文化交融与互鉴的梳理，凸显华侨华人的独特贡献；通过中西文化的根性比较，萃取中西文化的共同价值，以期对当今世界文化交流交融互鉴具有启迪作用。

第一节　中国文化与外域文化的交汇

中国文化因其环境的多样化而呈现出丰富的多元状态。中国文化发展至今，不仅在于内部各民族文化的相互融汇、渗透，还在于在与外域世界的接触中，先后受容了中亚游牧文化、波斯文化、印度佛教文化、阿拉伯文化、欧洲文化等。中国文化正是因为拥有文化输出及文化接受的健全机制，才保持着旺盛的生命力；与此同时，外域文化也在与中国文化的广泛接触中汲取营养，滋润着自身的肌体，丰富着自身的文化系统。

一、中外文化第一次大交汇

对于中外文化第一次大交汇的说法，历史上有不同的声音。梁启超认为中外文化第一次大交汇在晋唐间，还有学者认为中外文化第一次大交汇应追溯到汉代。这里我们认为汉代是中国本土文化与外来文化[①]的交汇期。

可以说，汉唐时期输入中国的外来主体文化是南亚次大陆的佛教文化。由于佛教哲

① 汉代的外来文化主要是指西域(中亚和西亚)文化。

学具有繁富且巧妙的思辨，超过了中国传统儒学以及魏晋时期流行的玄学，因此佛学的系统传入，对中国哲学乃至整个中国文化都起了巨大的启迪作用。这种启迪作用主要表现为佛学本土化，即中国人不是采用照搬的态度对待佛教哲学，而是在消化佛教哲学的同时，将中国传统哲学的诸家思想融入佛学中，从而形成中国化的佛学宗派，如崛起于隋唐时期的禅宗、天台宗、华严宗、净土宗，均是中国化的佛学宗派。宋、明时期的新儒学派也糅合进佛学的内容，从而形成了中国封建社会后期的文化正宗——宋明理学。显然，宋明理学是中国传统儒学与外来佛学相摩相融的结果，是文化交流史上创造性转化的一个范例。可见，文化交流不是单向的文化移植，而是文化包容与创新的过程。在这一过程中，中外文化都发生了一定的变迁，从中产生出具备双方文化要素的新的文化组合。宋明理学就是这个新的文化组合。

佛教文化对中国文化的影响不仅仅体现在儒学上，还体现在艺术上。隋唐时期，画匠从佛教绘画的绚丽色彩与宗教题材中汲取养料，大大提高了民族绘画的技巧与表现力。著名画家吴道子主要从事宗教壁画，其绘画中的人物形象显示出典型的民族风格，《送子天王图》(见图 5-1)中的净饭王和摩耶夫人，表现出的是中国民族绘画中常见的贵族阶层的人物形象；阎立本、李思训等画家采用佛画中金银加强色彩效果的手法来进行山水画的创新。魏晋六朝—隋唐时的雕塑壁画，同样受到了佛教文化的影响。中国著名的云冈石窟、敦煌石窟、麦积山石窟等石窟艺术，都有印度石窟艺术的影子。在这些石窟艺术中，你可以看到佛的森严、菩萨的温和、迦叶的含蓄、阿难的潇洒等，无不充满着青春活力、臻至成熟与完善。此外，在其他领域上也体现出中外文化的融合，如唐代药王孙思邈的《千金方》载有印度药方、隋唐乐坛流行的“天竺乐”、寺院的“俗讲”以及宝塔建筑等。总而言之，在中国艺术家的改造下，从形式到内容，将佛教艺术与隋唐文化相摩相融，使之在吸收—创新的道路上不断进展，成为中国文化的有机成分。

图 5-1　吴道子《送子天王图》(局部)

资料来源：https://baike.baidu.com/item/送子天王图/6597469?fr=aladdin.

隋、唐、五代除了佛教的流行和其中国化的过程以外，还有其他宗教的相继传入，如回教[①]、景教[②]、袄教[③]、摩尼教[④]等。这些宗教的传入，同样影响着众多民众。例如，提倡互助、主张明暗相争的摩尼教被下层民众所接受，尽管受到官方的严禁，却是农民起义的斗争工具。此外，中亚和西亚的科技知识也丰富了中国科技宝库。唐时波斯人李眎所著《海药本草》传入中国；隋时地理学家裴矩广泛收集西域境内各国的资料，撰成《西域图纪》。

【拓展阅读 5–1】

草庵摩尼光佛造像

草庵摩尼光佛造像(见图 5-2)位于福建省晋江县(今晋江市)华表山。据志载，草庵始建于南宋绍兴年间，庵为草构，故名“草庵”。庵中现存一方雕琢于 1339 年的摩尼教创始人摩尼的石雕造像。草庵摩尼光佛造像是世界文化遗产“泉州：宋元中国的世界海洋商贸中心”遗产点之一。作为宋元泉州摩尼教传播的重要见证，是世界上唯一保存下来的摩尼教教主石刻造像，显示着世界海洋贸易中心强大的文化包容力。

图 5-2　草庵摩尼佛造像

资料来源：https://www.qzwb.com/gb/content/2021-11/05/content_7114148.htm.

汉唐时期由于大规模的文化输入，中国文化呈现出集千古之智的格局。中国文化在吸收大量外域文化的精华的同时，并未脱离中华民族文化的固有本色，依然保持其本土

① 回教，一般是指伊斯兰教，是世界三大宗教之一。教徒称为穆斯林，产生于阿拉伯半岛，迄今 1400 多年的历史，以西亚、北非、中亚、南亚次大陆和东南亚最为盛行。

② 公元 635 年传入中国，在 1623 年至 1625 年(明天启三年至五年)《大秦景教流行中国碑》出土以后，这一宗教即被称为景教。景教又被称为波斯教或波斯经教。

③ 祆(xiān)教，中译为拜火教，简称火教，与景教之命名为景，同有光明之义。

④ 摩尼教，创始者摩尼(Mani)，波斯人，《九姓回鹘可汗碑》称为明教，据敦煌发现的《摩尼教残经》及宋敏求《长安志》中关于光明寺后改名为大云经寺的记载，其早在北周即已输入中国 (蒋斧说)。

特色，体现了中华文化的稳定性。

二、中外文化第二次大交汇

明朝万历年间，即 16 世纪末，是中国文化与外域文化的第二次大交汇，这次的大交汇一直延续至今。它与第一次中外文化大交汇有着很大的不同。如果说两汉时期的文化交汇主要是对落后于本土文化的西域草原文化的吸收，魏晋唐宋时期的文化交汇则是对于与本土文化不相上下的南亚次大陆文化的相融，那么第二次中外文化交汇则是对超过本土文化水平的欧洲文化的借鉴。明代万历年间，耶稣会士来华，开启了这次大交汇的征程。这些传教士肩负着宗教殖民的使命，通过介绍西洋科学、哲学、艺术等西洋文化，引起士大夫的注意和敬重，以此扩大耶稣会影响，同时带来更为广泛的欧洲文化，客观上促进了中外文化的交流。

明清之际传入中国的西方文化，主要包括欧洲的古典哲学、逻辑学、美术、音乐以及自然科学等，其中自然科学是最为重要的部分。欧式几何及其演绎推论、世界舆图、火器的使用、望远镜的应用等，无论是理论知识还是器物，无不丰富了中国人的思维方式，开阔了中国人的视野。对此，徐光启、李之藻等明代文化界的先进人士，在承认西洋学术的高妙之处的同时，将中国传统文化与西方先进文化加以“会通”，促进晚明时期的数学与天文学进一步发展。

清初，中西科学技术交流主要在宫廷内进行。康熙帝通过南怀仁致信西方耶稣会士：“凡擅长天文学、光学、静力学、动力学等物质科学之耶稣会士，中国无不欢迎。”他还传召传教士进宫讲授几何、测量、代数、天文、物理、乐理、解剖学等知识。但这种上层统治集团乐于吸收外来文化的精神在清中叶逐渐被夜郎自大、故步自封取而代之。乾隆帝在给英国国王的敕书中声称“天朝物产丰盈，无所不有，原不借外夷货物以通有无”，反映出其闭关锁国政策。这背后不仅是政治的原因，还有不易见的经济原因。

17—18 世纪，西方天主教传教士就中国传统礼仪是否违背天主教教义而争议，史称“中西礼仪之争”，随后引发清朝廷“百年禁教”。到了 18 世纪，维系几千年的小农生产的自然经济趋于没落，很难滋生向外发展的欲望与冲动。尽管在此期间葡萄牙、西班牙、荷兰、法兰西、英国先后不远万里前来叩门，但终究无法越过重重“中外之大防”。直至第一次鸦片战争后，西方列强的坚船利炮轰开了中国的大门，中国社会及其文化系统受到极大的冲击，中华民族面临着有史以来未曾有过的严峻挑战。相比于晚明时期相对比较平和的西方文化传入，晚清时期的西方文化则是通过不断加强对中国的侵略扩张活动、签订一系列不平等条约等形式，实现其对中国社会的输入和冲击，以发动战争、强迫中国开放门户或以输入鸦片、掠走白银等“野蛮”形式，造就中国传统的部分变化。这一时期欧洲近代文化与中国文化的交汇显示出它的活跃。

【拓展阅读 5-2】

中国礼仪之争

中国礼仪之争，又称“中西礼仪之争”，是指 17—18 世纪西方天主教传教士就中国传统礼仪是否违背天主教教义的争议。教皇克雷芒十一世当时认为中国儒教及祖先崇拜违反天主教教义，支持多明我会，打压耶稣会，结果引发清政府反制，严厉限制传教士活动。雍正二年(1724)，清政府下令禁止中国人信奉天主教；各省西方传教士不许入内地传教；各地教堂被改为公廨、仓库、书院及庙宇等，只有在北京的传教士没有遭到驱逐。乾隆、嘉庆、道光各朝一直严厉执行禁令。道光二十四年(1844)，《中美望厦条约》中法《黄埔条约》签订后，清政府正式允许传教士在五个通商口岸传教，教禁渐弛。至 1939 年，罗马教廷才撤销禁止中国教徒祭祖的禁令。

资料来源：https://baike.baidu.com/item/中国礼仪之争/2267135?fr=aladdin.

1916 年 2 月，陈独秀发表《吾人最后之觉悟》一文。此文不仅成为新文化运动的纲领，更对国民起到振聋发聩的作用。陈独秀在文中将明末以来吸收欧洲文化的这段历史分成七期：第一期明之中叶，西器的初入；第二期清之初世，火器历法传入；第三期清之中世，地圆说的争论；第四期清之末季，政治根本问题的思考；第五期民国初元，民主共和制与君主立宪制之讨论；第六期民国初期战役期，专制与共和制之争；第七期民国宪法实行时代。尽管陈独秀的这种分法不够确切，但也大体勾勒出中国人采纳西方文化的基本脉络：学习器物—学习制度—学习文化。在他看来，想要改变现有中国的状态，须从生产方式、技术手段、政治制度、思想文化体系等方面进行全面的改造，才能使得中国社会及其文化得到全面变革，走向进步。

陈独秀的七期之说，既梳理出中国近代历史上的“西风东渐”到“西风东鉴”的大致脉络，又体现了中国文化系统从中世纪走向近现代的曲折历程。在鸦片战争以来的各种战败及西方坚船利炮的威逼下，中国开始被迫学习并接纳西方的文化思想，经济器物层面的洋务运动、政治制度层面的戊戌变法和思想文化层面的五四运动渐次展开，逐步深入。

洋务运动期间，中国在坚守传统文化的同时吸纳西方科学技术，试图只通过“师夷之长技以制夷”来弥补经济、军事和科技的短板，而不对政治体制和思想文化进行更新。中日甲午战争以北洋水师的全军覆没而告终，洋务运动的“中体西用”思路难以为继。中日甲午战争之后，“西风东渐”的主导格局悄然发生了变化，从“中体西用”转向“全盘西化”。甲午海战溃败后，人们借鉴西方进化论和民主平等的思想武器，对传统儒家思想、皇权体制和封建纲常伦理进行批评。在政治上，从戊戌变法的君主立宪的政治改良进一步发展到效仿西方资产阶级政治体制的共和国制度；在文化上，大幅引进西方的学术思想，伴随着科举制度的废除，现代高等教育制度建立，西方学科体系形成，等等。在这一过程中，“全盘西化”的思想一度风行。然而，第一次世界大战的爆发让人们看到了西方文明内在的缺陷，“全盘西化”的迷梦被打破。人们开始反思，不再是盲目地照搬，而是对西方文明采取批判和借鉴的合理态度，从“西风东渐”转向“西风东鉴”。“五四”时期，各色各样的“主义”蜂拥而至，它们在展示当时世界的各种主要思潮的同时，也为中华民族提供了一个比较与选择的机会。正如当时的激进青年傅斯年由衷而言：“须提着灯笼，满街找超人；拿着棍子，满街打魔鬼。”他的话表达了那个时代年轻一代的普遍心理，对“主义”的为是为非不能一概而论，而应从政治趋势和实际作用来检验。这一心理更是体现了“西风东鉴”的合理态度是既要吸收西方文明的合理因素，又要反思西方文明的内在弊端。正是在“西风东鉴”的作用下，民国时期中国才产生了一批中西文明交相辉映、互相交融的精品力作。例如，鲁迅、李叔同、徐悲鸿等一代大家的作品中可见一斑，他们在吸收西方文明的同时精研中国传统文化，最终成为致力于中西文化深度结合的大师。李大钊的一段话讲得好：东西文化，“一个是新的，一个是旧的。但这两种精神活动的方向，必须是代谢的，不是固定的；是合体的，不是分立的，才能于进化有益。”①至此，中华文化在“借鉴与吸纳”的态度下，再次展现了中华文明的包容力，中西文化的交融达到了历史的高潮。

三、走向世界的中国文化

中国文化在与外来文化交融与互鉴的过程中，除了不断汲取其精华之外，也向外传递自己的“智慧之光”，在推动世界文明发展史上具有深远的意义。在亚洲地区，主要有日本、朝鲜和东南亚等国曾大规模地容纳中国文化。

日本与中国相邻，一衣带水。公元 600 年，日本首次派出遣隋使抵达中国。繁荣昌盛的隋朝给日本使者留下了深刻的印象，使得圣德太子以儒家思想为指导，效仿中国制度，推行推古改革。尽管最终并没有挽救社会危机，却让日本统治者坚定了移植中国文化的信心。公元 646 年，孝德天皇颁布《改新之诏》，正式改革，史称“大化改新”。当时的日本受中国影响涉及的领域有政治、经济、文字、儒学、佛教文化、民俗、建筑等。汉字的传入与传播对日本文字的发展有着积极的推动作用。日本最大的日文汉字字典《诸桥大汉和辞典》中共记载近 50 000 个汉字。第二次世界大战后，日文汉字进行了简化与合并，现代日文中常见汉字约 2136 个。位于日本西部的京都是日本传统文化的重镇之一，拥有丰富的历史古迹。这座古都的最初设计是模仿中国隋唐时期的长安城和洛阳城，以南北向的朱雀路为轴线，将全城分成东西二京，东京模仿洛阳城，西京仿照长安城，中间为皇宫(见图 5-3)，是一座传统的里坊制都市。可见，中国文化的输入极大地推动了日本文明的进步与发展。

联系意味着交流，有交流就有传播。历史上，朝鲜半岛与中国有着密切的联系，因此中国与朝鲜半岛传统文化的交往同样溯源久远。公元前 5 世纪到公元前 1 世纪中叶，古朝鲜便受到汉字和儒学的影响。古朝鲜不仅接触汉字，还使用汉字。到公元 1 世纪初，《诗经》《春秋》等已传入朝鲜，当时有一些朝鲜人能诵读儒学经书。公元前 1 世纪中叶

① 李大钊. 新的！旧的！[J]. 新青年，1918，第 4 卷第 5 号：446-449.

到公元 7 世纪中叶，朝鲜半岛上的三国(高句丽、百济、新罗)，从不同渠道大规模地吸纳中国文化：高句丽广泛使用汉字并大规模引入儒学，以典章制度为重点；百济主要从海陆传入中国南方文化，吸收六朝的多样性学术思想；新罗则通过高句丽和百济间接地吸收中国文化。在这期间，中国佛教通过个人关系，或通过国家保护等方式传入朝鲜，图 5-4 为珍藏于韩国国立中央博物馆、出土自庆南宜宁的延嘉七年(539)铭金铜如来立像，就是中华文化东渐朝鲜半岛的重要见证。此外，在朝鲜半岛还传入了中国天文历学、医学、艺术等。正是在一轮又一轮地被传入与融合的过程中，朝鲜文化才逐渐形成本土独具的特色。

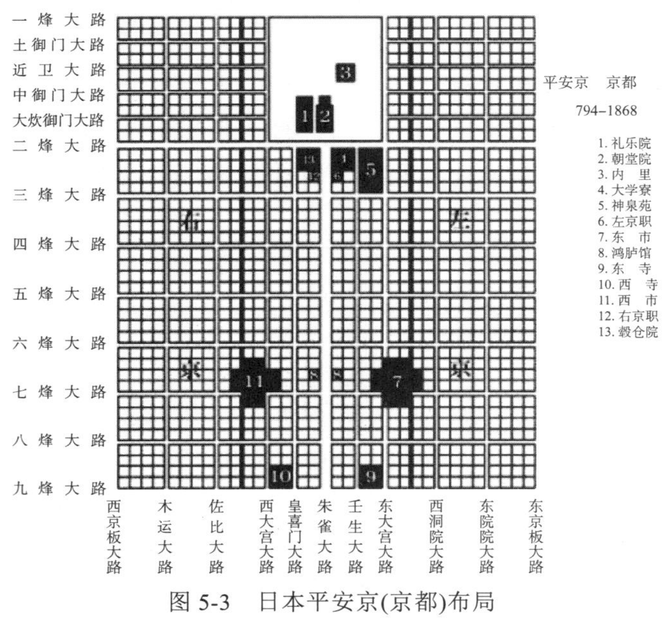

图 5-3 日本平安京(京都)布局

资料来源：https://baike.baidu.com/item/京都/10290262?fr=aladdin.

图 5-4 延嘉七年(539)铭金铜如来立像

资料来源：https://baijiahao.baidu.com/s?id=1677055584912294026&wfr=spider&for=pc.

中国文化不仅仅传入日本和朝鲜，东南亚等国家也在不同程度上受其影响。例如，缅甸人称中国皇帝为“乌底巴”(缅甸语中，“乌”是“蛋”的意思，“巴”是“生”的意思，“乌底巴”的意思是“同为蛋生”，即“同母所生”)，称中国人为“胞波”(意思是“一母所生的同胞”)或“瑞苗”(意思是“亲戚”)。[①]号称“千岛之国”的印度尼西亚，在南朝时期与中国的贸易往来十分频繁，曾数次向中国遣使朝贡，建立贸易关系，在促进相互了解的同时，也使得中国文化远播万里。

中国文化的强大辐射力还影响着世界文明的进程。例如，四大发明引领人类历史进程向前发展；中国炼丹术传入阿拉伯后，推动了阿拉伯炼丹术的发展进程，而现代化学是在受阿拉伯炼丹术影响下的欧洲炼丹术的基础上发展起来的；对于中国神秘而又多彩的艺术，18 世纪欧洲启蒙大师伏尔泰称之为“一切艺术的摇篮”……这些无不彰显中国文化的生命力、吸引力与创造力。

综上，文化交流的相互性决定了文化传播的双向性。中国文化正是通过与外域文化的不断交流与传播，一步一步地走向世界并影响世界的。同时外域文化在不同时期通过各种不同渠道传播到中国，与中国文化交汇与融合，使得中国文化在不断地发展与完善中逐步形成自己独有的特征。

第二节　中西文化比较与共同价值

随着社会的发展与进步，现代化将东西方熔于一炉，但从文化层面而言，彼此之间依然存有不同。众所周知，文化的多样性为文化交汇提供了广阔的空间，使得文化更为多彩；同样，文化的交汇又为人类文化的创造注入了生机与活力，文化因此而更加丰富。中西方文化的比较能让中国更深刻并准确地认识自己与西方，其淬炼出的共同价值将有助于推动人类命运共同体的实现。

一、中西文化的根性比较

有人曾将一个国度的文化与文明比喻成骨架与血肉，它们彼此相连，缺一不可，其中文明是骨架，文化是血肉。任何一个国度的文明都承载着本国的文化，本国的文化提炼出该国的文明。如果说文化给国度带来的是传统，那么文明给国度带来的将是高度。文化与文明既相互联系又彼此区别，不同的社会形态呈现出不同的文化与文明，文明是文化的精髓，文化是文明的具象。在这里，与其说是对中西方文化的比较，不如说是对中西方文明的比较。当今世界正处于百年未有之变局，在巨大变量的冲击下，中西方的文明观与世界观都随之进行了调整。面对社会的发展与进步，一向以普适性价值观向全世界推广的西方，不禁产生了疑问：为什么缺少西方模式的中国却完成了工业化和现代

① 周一良. 中外文化交流史[C]. 郑州：河南人民出版社，1987：2.

化的建设？对于这一疑问，让我们从中西方文明的根性比较中寻找答案。

众所周知，希腊古典文明是西方文明的源中之源。西方现代文明追其根源，都能在希腊古典文明中找到。将希腊古典文明与处于同一历史时期的中国战国文明相比较，能更好地领会中西方文明的根性区别。

古希腊位处于欧洲的东南部、地中海的东北部，包括希腊半岛、爱琴海和爱奥尼亚海上的群岛和岛屿、土耳其西南沿岸、意大利东部和西西里岛东部的沿岸地区。因其紧邻地中海和爱琴海，被称为海洋文明的源头。中国的战国时期，是东周列国诸侯争斗的时代，韩、赵、魏推翻智氏，三家分晋，奠定了战国七雄的格局：楚国在南，赵国在北，燕国在东北，齐国在东，秦国在西，韩国、魏国在中。地理环境的不同造就了希腊古典文明与中华古典文明各有千秋，在历史长河中，对后期社会文明的发展都同样有重要的影响。

公元前 5 世纪到公元前 3 世纪，与古希腊处于同一历史时期的中国正逢春秋战国时期。历史竟然出现如此的巧合，分处于地球东西两个完全不同地域的古希腊与中国，却出现了相同的境遇。两国都因陷入战乱而走向统一运动，两国都有积极力量和大批知识分子为统一运动而上下奔走。然而统一运动的结果却截然不同：希腊迎来百年的分裂期，最终被罗马兼并；而中国却形成大一统的秦王朝，走向长达两千多年的封建王朝。为何会有如此大的不同？是因为两种文明的根性塑造了两种不同的道路，体现出两种完全不同的治国模式。“政治制度方面，希腊城邦多元自治，既有雅典的民主制，又有斯巴达的双王制；中国先秦时期则是由周朝分封制，转为战国末期的中央集权郡县制。政治观念方面，古希腊视城邦的独立自由为最高价值；中国先秦时期视大一统为最高价值。政治认同方面，古希腊城邦始终存在希腊人和蛮族的界限；中国先秦时期，华夏人和异族之间没有绝对界限，夷夏转化交融，为后世多民族融合奠定了基础。共同体构建方面，古希腊没有一个超越各邦之上的共有核心，也从未建立超越各城邦的国家；而先秦时代先是建立起以周天子为核心的统一秩序，又在战国时代建立了统一国家。”[①]西方文明中的个人主义和自由主义导致西方在地域上、民族上、语言上终究不断走向“分”；而中国文明中的集体主义则与之相反，不断走向“合”。

走向统一后的秦汉、兼并古希腊后的罗马都是中西方古文明的延续。秦汉与罗马作为两个都建立在农业社会之上的超大规模政治体，“但两者的结果完全不一样。罗马之后再无罗马，只有信仰基督教的欧洲封建列国。而秦汉之后却继续兴起了隋唐大一统王朝。”[②]具体体现为以下方面：首先，秦汉重视基层政权；罗马建立宪制官僚体制与司法体系，塑造西方市民社会。其次，秦汉推崇一体多元的大一统模式，用中华道统(其核心是重和合)的精神来建设大规模政治体，呈现出各行各业各人有各道的多元化；罗马却崇尚融合王权制、贵族制、民主制的共和。再次，对外战争中，秦汉实施仁政，供养战败者，只为收拢人心以归附；罗马以战败者为奴隶，只为挣钱。又次，秦汉的商道带有儒家道德伦理，后具有家国责任；罗马的商人政治家，以克拉苏为典范，投资罗马政治，罗马崩溃

① 潘岳. 战国与希腊——中西方文明的根性之比较[J]. 文化纵横，2020(3)：14-31.

② 潘岳. 秦汉与罗马[J]. 中央社会主义学院学报，2020(6)：5-27.

后转为新的封建领主。最后，秦汉关注平民，能够礼贤下士，能够求取基层寒士为文官；罗马忽略基层，致使制度、语言都无法抵达，因此没有基层制度。

无论是战国与古希腊，还是秦汉与罗马的对比，都体现出自由与秩序的抉择，对“个体与整体”认知的差异。中西方走出的两条完全不同的文明之路各有千秋，有起伏、有高低。诚然，文明既有优点也有缺点，我们不能纠结于优缺点，也不能以自身的优点与他者的缺点进行对比，而是应当体会彼此的优缺点，以寻找改进之法。当今世界纷繁复杂，呈现出多元态势，中华文明仍需与时俱进地进行转型与提升，在坚持自身一体之下拥抱世界多元，借鉴互鉴互融的古文明之路得以可持续发展之文明，以完成现代化。

二、淬炼中西文化的共同价值

中华文明和西方古文明既有不同之处又有相通之处。正如“在历史社会的新陈代谢中，不同一性和同一性是普遍地存在的。一切对立的事物，都在不同一性中寓同一性，没有不具同一性的对立面”。[①]重新审视中西方文明史上的不同一性中的同一性，对构建人类命运共同体有着深远的意义。纵观中西方文明史，各古文明都经历过人类的轴心时代，也曾遭遇西方现代工业文明的冲击，最终又被重新激活复兴的过程；还处理过传统与现代、不同族群及西方与非西方等关系，甚至在大一统思想与自由思想部分也曾有过交集。这是同一性的表象，却也寓有不同一性的内涵。

（一）大一统的思想

中西方古文化中，对大一统思想都有所阐述与演绎。古希腊，代表雅典精神核心的亚里士多德和伊索克拉底，从不同的角度表达了他们的大一统思想。伊索克拉底从军事战略的角度谈如何建成“大希腊”，坚持统一大业必须由雅典当领头人的观点，认为只要适用暴力的程度和掌握领导权的时间相匹配，就是好的霸权，“既然我们极少使用严厉的手腕，而又能在最长的时期里掌控这种领导权，又怎么不应该受到表扬呢？”与伊索克拉底不同的是，亚里士多德提出了“西方帝国主义暴力征服+文明传播”的方式，为实现“大希腊”建设了精神框架，认为应对不同征服对象采取不同手段，最终形成“希腊帝国”的精髓——内部是民主，外部是殖民；上面是公民，下面是奴隶。[②]然而，大一统实现的前提是民族认同，尽管罗马早期尝试通过传统道德来凝聚人心，感召一批文化巨匠，构建“罗马民族”的认同，但归根结底，罗马的治国思路只关注上层，忽略基层，无法实现真正的民族认同，大一统亦不可能实现。

中国春秋战国时期的诸子百家，无论是提倡“仁者爱人”的儒家，还是强调“兼爱”“非攻”，反对一切不义战争的墨家，无论是强调“人法地、地法天、天法道、道法自然”的社会秩序的道家，还是主张君主专制和封建集权的法家，都从各自的角度体现了民族团结与国家统一的价值取向，即大一统思想，对政治道德及社会与个人层面上的道德均

① 陈旭麓. 近代中国社会的新陈代谢[M]. 北京：中国人民大学出版社，2012.

② 潘岳. 战国与希腊——中西方文明的根性之比较[J]. 文化纵横，2020(3)：14-31.

有涉及。这也就意味着，“只要是中国人，就得认中华文明；只要认中华文明，就得认大一统；只要认大一统，就必然会捍卫国土不可分、国家不可乱、民族不可散、文明不可断的政治底线”。[①]

有别于同一历史时期的罗马，秦汉求取基层寒士为文官，力图建立一个“平民精神”的王朝，这在加固民族团结的同时促进了大一统社会的形成。此外，大一统还有一整套制度体系作为支撑，如郡县制、科举制、文官制、乡绅制、监察制、史官制等，从政治根基上稳固和发展了大一统社会。

（二）自由的推崇

自由是人类社会一个亘古不变的话题，有人类的地方就有对自由的向往。希腊罗马人崇尚自由，中国古人也有对自由的追求。但面对自由，根基不同，因此有所侧重。在古罗马，不论是雄辩家，还是军士家都常以自由之名义行自己之行为，赋予任何暴力阴谋以合法性和神圣性。罗马史上，“庞培宣布掌控元老院的马略派是暴政，自己要保卫自由，于是招募了一支私人军队，而私人招募公民兵是违法的；恺撒宣称庞培党迫害了罗马人民的自由，于是带着高卢军团跨过卢比肯河，而军团是属于国家的；屋大维造反，却宣称是要把罗马从安东尼手中解放出来，成功后，在铸币铭文中将自己刻成‘罗马人民自由的维护者’”。[②]个人利益凌驾于整体利益之上。18 世纪末至 19 世纪初，西方国家依然打着自由的旗号，以军事暴力在亚洲、非洲、拉丁美洲等地扩展其殖民地，进行血腥掠夺、贩卖奴隶、种族灭绝等残暴活动，正如马克思所形容的“资本来到世间，从头到脚，每个毛孔都滴着血和肮脏的东西”。中国古人也向往自由，从古诗词中可见一斑，如唐伯虎的桃花诗、陶渊明的《归园田居》、李白的《江上吟》、苏轼的《定风波・莫听穿林打叶声》等，无不体现出对自由的向往之心。即便是西汉史学家司马迁，也喜欢自由放任的商业社会，更赞赏许文景的“无为而治”。与西方不同的是，司马迁更关注的是整体社会而非个人，司马迁的自由观是受到社会政治制约的。当今的中国也谈自由，它是社会主义核心价值观之一，是属于社会层面上的内容，但与西方普世观的自由有着本质区别，特别是在逻辑结构上及实践结果上有很大的不同。西方普世观的自由是非历史抽象演绎，从抽象的人性论出发，否定其历史性，具有抽象性、模糊性、扩张性等特征；而社会主义核心价值观的自由是依据历史传统归纳出来的价值观，具有民族性、时代性和自主性等特征。

当前，世界多极化、经济全球化、文化多样化、社会信息化深入发展，来自经济、政治、文化的频繁交往促使人们对符合各方共同需求的普遍性价值观达成共识。越来越需要中西方文化进行对话，重塑文化多样性，加速文化交流互鉴。正如习近平出席 2019 年亚洲文明对话大会开幕式并发表主旨演讲时强调，文明因多样而交流，因交流而互鉴，因互鉴而发展。我们要加强世界上不同国家、不同民族、不同文化的交流互鉴，夯实共

① 潘岳. 传播中华文明 促进中西互鉴 EB/OL. http://www.chinaqw.com/qwxs/2021/09-27/309202.shtml，2021-09-27.

② 潘岳. 秦汉与罗马[J]. 中央社会主义学院学报，2020(6)：5-27.

建亚洲命运共同体、人类命运共同体的人文基础。

第三节　华侨华人与对外文化交流

在对外文化交流中，华侨华人起到了不可或缺的作用。作为文化的载体，华侨华人通过商品与贸易往来等活动，获得接触外来文化机会的同时，也让华侨华人感受到中华文化的魅力。华侨华人的执着与热情既为中华文化在海外的传扬奠定了基础，也给中华文化在海外的影响提供了依托的力量。

一、华侨华人与中华民族的关系和历史

旅居于国外的中国公民，称为华侨；已加入外国国籍的原中国公民及其外国籍后裔或中国公民的外国籍后裔，称为华人。无论是华侨还是华人，与中华民族之间都存在着不可分割的关系。

从华侨华人史来看，其产生与海上贸易及移民有着密切的关系。古人出洋贸易，常乘季风，利用东北季风南下，利用西南季风回国，返程若因错过季风或因贸易而留藩，称为“住蕃”。“住蕃”时间长短不一，或数月，或数年，数年“住蕃”者可看作第一代华侨。汉代的《汉书·地理志》《后汉书》等书对中国人出国有较为明确的记载。汉代以来开始发展的中南私商贸易及官方朝贡的关系，致使两晋到唐代的中外交通呈现出新特点，往来于中外的众多僧侣成为宗教文化交流的主要载体，不仅带来佛门经典，也带来沿途各国的政治经济、风土人情等文化知识，大大促进了中外的相互了解与文化交流。隋唐时期的对外交通相比以前有较大发展，海上贸易亦是如此。中国海商从广州、扬州、泉州等港口出发，远航东南亚、西亚等地进行贸易活动，将大唐文化远播海外。到了宋元时期及明初时期，海外华商网络初步形成。这一时期的朝贡贸易已具规模，私商经营的市舶贸易在民间显得十分活跃。贸易商品也从原来的奢侈品贸易逐渐向大众化商品转移，市面上出现了众多土特产。中国出口商品名目增多，除了瓷器、丝绸之外，日用手工艺品、农副产品等都成为重要的出口商品。中外贸易活动的频繁促使与贸易相联系的移民活动随之展开，特别是海上贸易的往来给东南沿海人民提供了外出谋生的机会。富者贩货成大小海商，贫者受雇为水手纤夫，海外华商聚居地逐渐形成。明初，南洋的东爪哇与旧港是当时两个较大的华商聚居地，也有迹象表明，这一时期的南洋移民大部分是来自福建及广东的商人社群。

明初实施海禁政策，镇抚海外华商，华商一度受挫，导致宋元时期活跃于海上的私商贸易迅速走向凋零。但为了生计，沿海人民只能冒禁出洋市贩，原有的通商港口悉被严查，货物集散地、交易场所、仓储、补给基地等转移到沿海小岛与偏僻港湾之

处，形成从浙江至广州沿海地区的华商网络。[①]闽南海商逐步成为海外华商的重要组成部分。明末(1610—1640)南洋华侨有约 9 万人(见表 5-1)。至清末，海外移民活动发生变化，从早期华商贸易与移民互动而形成海外移民的相对单一的模式，逐渐转变为多种因素的结果，这与当时的中国社会发生的变化有很大的关系。主要原因是在清朝人口激增、耕地资源有限，导致农民破产而生活困苦不堪，东南亚殖民地对劳动力的需求以及清政府移民政策改变，等等。至鸦片战争前夕，东南亚华侨主要聚居地首推暹罗，有 90 万～100 万人，爪哇有 11.5 万～12 万人，婆罗洲约 15 万人，马来半岛各土邦境内和海峡殖民地约 5 万人，越南 10 数万人，缅甸 11 万～13 万人，菲岛 7000 人，加上其他地区较少而未加以推算的华侨人口，全东南亚地区的华侨有 150 万左右。[②]鸦片战争后至 20 世纪 20 年代，大量契约华工出国，成为华侨主要组成部分，仅厦门一地在 1845—1853 年就共有契约华工 12261 人前往海外(见表 5-2)。据统计，当时在东南亚的华侨总人口约为 510 万人，大部分华侨都是劳动人民，雇主数量相当少。至 20 世纪 70 年代后期，迎来了华人新移民的大发展时期。20 世纪 70 年代末至 1999 年，中国内地、台湾、香港通过正常途径移民发达国家的数量估计为 250 万人以上，成为当时国际移民潮的主流之一。

表 5-1　明末(1610—1640)南洋华侨人数估算表[③]

南洋华侨聚居地	人数(约数)
菲律宾马尼拉	25 000
菲律宾外岛	10 000
爪哇苏鲁马益	3000
爪哇万丹	2000
爪哇新村	5000～6000
暹罗北大年	4000～5000
马来半岛吉兰丹	2000
暹罗大城	4000
缅甸江头城	20 000～30 000
马来亚马六甲	400 以上
马来半岛其他地方	数百人
摩鹿加、安汶	300
苏门答腊旧港	一定规模
柬埔寨篱木洲	一定规模
以上各地合计	90 000

① 庄国土. 华侨华人与中国的关系[M]. 广州：广东高等教育出版社，2001.

② 庄国土. 华侨华人与中国的关系[M]. 广州：广东高等教育出版社，2001.

③ 庄国土. 华侨华人与中国的关系[M]. 广州：广东高等教育出版社，2001.

表 5-2　从厦门出境的契约华工人数统计表[①]

年　份	运往地点	人数
1845	波旁岛(留尼旺岛)	180
1846	波旁岛	200
1847	哈瓦那	640
1848	悉尼	120
1849	悉尼	150
1850	悉尼	406
1851	悉尼	1478
	夏威夷	199
1852	悉尼	1077
	夏威夷	101
	卡亚俄(秘鲁)	404
	地麦拉拉	1257
	哈瓦那	2442
	加利福尼亚	410
1853 年 1—3 月	悉尼	254
	卡亚俄	500
	地麦拉拉	320
	哈瓦那	2123
总计		12 261

众所周知，华侨华人源于中华民族，从根源上讲，二者紧密相连，不可分割。中国历朝历代对海外移民的政策与态度很大程度上影响着海外华侨华人。纵观历史，如果说汉唐、宋元时期对海外移民一直是宽松态度的话，那么至明清两代，则转向敌视海外移民，直至晚清洋务运动的兴起，清政府的态度才有所转变，主要采取保护和利用海外华侨资源的政策。民国时期，无论是北洋政府还是南京政府都高度重视侨务工作，视华侨为海外国民，尽可能动员华侨资源为中国社会变革和发展服务。[②]中华人民共和国成立后，为保护华侨权益，中国政府逐步建立健全侨务机构和华联组织，制定侨务政策。侨务中心主要是以国内侨务工作为主，对于海外侨务工作则依据外交政策而定，因此不同时期呈现出不同的海外华侨政策。中国政府对侨务政策阶段性的调整与变化主要基于国内外形势的变化。1949—1954 年主要是“华侨应在政治上认同、经济上协助建设新中国”，强调海外侨民的性质，动员海外华侨对新中国应在政治上的认同、经济上的协助；1954—1959 年，由于有侨居国政府的排华政策，为缓解局势，鼓励“华侨应归化于

① 福建省华侨志编纂委员会. 福建省志华侨志[M]. 福州：福建人民出版社，1992.

② 庄国土. 华侨华人与中国的关系[M]. 广州：广东高等教育出版社，2001.

当地”；1959—1965 年，实行“以撤侨为中心的‘三好’政策”，[①]其重点是建议华侨华人归化当地国，同时撤回全部不愿意归化当地的华侨华人，以解决华侨问题。1978 年改革开放后，中国政府的工作重点从阶级斗争转移到经济建设上来，侨务政策的制定与执行也随之发生相应的变化，始终与中国的发展大局紧密联系，始终坚持维护华侨和归侨侨眷的合法权益，关注海外侨胞的生存与发展。

【拓展阅读 5-3】

中国华侨历史博物馆

中国华侨历史博物馆位于北京东直门内北小街，常设的华侨华人历史文化展分为中国人移民海外历史、华侨华人海外生活篇和贡献篇、华侨华人与中国发展、中国侨务等部分，展出文物千余件(套)，图片千余张。展览以历史传统与现代观念相结合，使用图文结合、场景复原、艺术作品、多媒体等展示手法予以呈现。

资料来源：http://www.ocmuseum.cn/index.html.

二、华侨华人在对外文化交流中的独特贡献

中华文化在世界文化中占有一席之地，不仅是因为中华文化丰富的内涵，还因为中华文化内在的创造性和开放性。若一种民族文化仅仅局限于自身的发展空间，不与外界交流甚至排斥外界文化，终将发展缓慢以致丧失其文化生命力；若一种民族文化不断对外交流，在交流中融合，在融合中升华，将彰显出其旺盛的创造力与生命力。中华文化之所以能够源远流长，对外文化交流起到了不可替代的作用，其间也离不开华侨华人的桥梁作用。

华侨华人是文化交流的推动者。无论是华商的对外贸易往来，抑或是海外华侨华人在侨居地生活，在传播中国文化方面都起到了极其突出的作用。虽然华侨华人是一个群体，但由于各自境遇不同，其中华文化的渊源不同，对外交流中所接触的人群不同，在传播中就会显现不同的特征。华商在对外贸易中，通过商品与服务贸易的方式成为不同国度的文化载体，对外传递文化的同时让西方人亲身感受中华文化的魅力与精深。华商也常常成为两国对话机制的牵引者，对国内制定对外政策能提供一定价值的参考。相比于华商的对外传播方式与影响力，在侨居地生活的华侨华人群体呈现出不同的样态，通过多种途径传播中华文化，具有组织性、多样性、针对性、有序性等特点。例如，建立各种华人社团组织，或是纯粹表演类型的文化组织或演出团体，或是附属于宗族乡亲、以血缘和地缘关系为纽带而组建的社团，或是在有些侨居地建立起众多的侨史研究机构及博物馆等[②]形式，以多种方式宣扬中华精神。此外，海外华侨华人还创办华文报纸杂

① “三好”政策，即华侨自愿加入侨居国国籍，很好；华侨自愿保留中国国籍，同样好；华侨愿回国参加祖国建设，也好。

② 詹正茂. 发挥华侨华人的作用促进中华文化在海外的传播[J]. 侨务工作研究，2012(1).

志，设立华文广播电台和电视台等大众媒体，在丰富海外华侨华人娱乐生活的同时加强了彼此的认同感与团结力，也向当地百姓展现了中华民族绚丽多彩且博大精深的文化。(图 5-5 为 2019 年在北京举行第九届世界华侨华人社团联谊大会)。

图 5-5　2019 年在北京举行第九届世界华侨华人社团联谊大会

资料来源：https://baijiahao.baidu.com/s?id=1634843473355889608&wfr=spider&for=pc.

众所周知，交流具有双向性，这种特性决定了华侨华人在推动中华文化向外传播的同时，也将西方的先进文明带入国内，让国人得以了解西方文明，特别在近代史上，华侨华人在促进与推动国人对西方社会认知的力量方面不可忽视。正是因为有了直接接触西方社会的机会，从而获得传统之外世界的第一直观印象，随后由直观生羡慕，进而比较，再生出追求，而后才有了后期的改革思潮与实践，为近代中国寻找国家出路的探索提供了可能。

【拓展阅读 5–4】

开平碉楼与村落

广东省江门市下辖的开平市，是著名的华侨之乡。这里有兴建于 20 世纪二三十年代、融合中西建筑元素的 1833 座碉楼，分布在 15 个镇(街道)，是中国乡土建筑的一个特殊类型，也是一种集防卫、居住和中西建筑艺术于一体的多层塔楼式建筑。碉楼(见图 5-6)是华侨改造家乡的一个具象，也是全球化的一个产物。中国乡村进入全球化，就是从侨乡开始的。2007 年 6 月 28 日，“开平碉楼与村落” 被列入联合国教科文组织《世界遗产名录》，成为中国首个华侨文化世界遗产，也是国际“移民文化”的第一个世界遗产项目。

图 5-6 开平碉楼与村落

资料来源：https://baike.baidu.com/item/开平碉楼与古村落/56117233?fromtitle=开平碉楼与村落&fromid=8348843&fr=aladdin.

华侨华人是文化融合的践行者。如果说华侨华人对外文化交流的贡献仅仅是传播中华文化，那是远远不够的。华侨华人之所以能够生活在侨居地、扎根在侨居地，融入当地生活或归化当地国，更大程度上是因为他们很好融合了中华文化与侨居国文化，并为之身体力行，从而影响侨居地的方方面面。中华民族的传统文化、风俗习惯、语言文字、饮食起居等的强烈自识性、家族关系和社团关系等所显示出的本民族的内在力量，对侨居国文化的发展产生了不可低估的力量，对多元化的世界文化的形成作出了贡献。[①]陶威斯・德克尔在《印度尼西亚历史纲要》一书中指出："中印(尼)之间的贸易除了商业上的利益，还有其他好处，即中国优美的文化传播到印度尼西亚，使印度尼西亚的艺术和文化光辉灿烂。"[②]中国的服饰通过华侨华人传入侨居国，这在一些民间信仰的神像、百姓服饰、社会风尚中都有所体现。例如，巴厘的邦利县所属的巴都村有一间"三宝灶婆公"寺庙，内供两尊神像，其一为着明朝服装、脸部有胡须的中国人，[③]据说男神像被当地人称为"海港之神"，是当年郑和下西洋时的厨师，这位厨师还带去花生、白葱和荔枝，并在巴厘岛种植成功，延传至今。巴厘岛上还流行一种舞狮的民间舞蹈，其造型与舞弄方式酷似中国的舞狮。菲律宾人的传统风俗，如婚姻父母安排、尊崇祖先、尊敬长辈、孝敬父母等都源自中国。此外，中国瓷器的传入对东南亚等国的当地居民生活产生了深刻的影响，甚至有些族群将中国瓷质的盘、碟、碗等当作传家之宝，在特别的节日(如祭祀、婚丧嫁娶)中才拿出来使用。可见，华侨华人定居于侨居国，在很大程度上影响了

① 蔡北华. 海外华侨华人发展简史[M]. 上海：上海社会科学院出版社，1992.

② 吴世璜. 印度尼西亚[M]. 北京：世界知识出版社，1956.

③ 蔡北华. 海外华侨华人发展史[M]. 上海：上海社会科学院出版社，1992.

当地居民的生活习俗，丰富了侨居国的文明，也丰富了世界文明。

【拓展阅读 5–5】

电视剧《下南洋》

《下南洋》是中央电视台拍摄的一部反映中国近代史上人口大迁徙的电视连续剧，也是央视的“闯关东、走西口、下南洋”近代大移民三部曲中的最后一部。该剧以国家命运大变革为背景，讲述了清末民初，岭南儿女不怕路途危险漂洋过海，历经磨难来到南洋荒芜之地，依靠自己的勤奋和努力打拼，彻底改变了自己和家族的命运。

资料来源：https://baike.baidu.com/item/下南洋/24626?fr=aladdin.

三、华侨精神的传承与开新

中华文化源远流长，经久不衰，不曾中断。在世界文化总体格局中，中华文化在所有的发展阶段都有着不可忽视的作用。文化传承的背后离不开精神力量的支持，中华民族精神是中华文化发展的内在动力，支撑着中华民族悠久的文化创造活动。华侨华人能够在对外文化中交流、包容最终走向融合，与华侨精神的传承、开新有着密切的关系。

（一）华侨精神传承中华民族精神

民族精神是一个民族赖以生存的精神动力与支撑，是反映一个民族历史发展进程所形成的民族意识，是能够推动民族发展的力量。中华民族是一个崇尚精神的民族，主要表现为对物质生活与精神生活相互关系的独到理解，也表现为对理想的不懈追求，还表现为对品格养成的重视。[①]进取、勤劳、开放、包容、奉献等，是中华民族精神的根本，也是华侨精神的精髓，更是中华民族优秀品质在海外的结晶。若从中国历史的角度考察华侨，他们是爱国主义者；若从世界历史的角度考察华侨，他们则化身为国际主义者。华侨的历史如中华民族的历史般源远流长，有华侨的地方就有中华民族精神的影响。中华民族的精神力量在广大华侨身上发挥着光芒、闪烁着荣耀，为世人所赞扬。华侨的创业史、侨居地的经济建设及新中国的建设等，无不体现出华侨精神。老华侨在讲述自己的创业史时，通常喜欢挂在嘴边的一句话“白手起家”，这句话并不夸张，而是实实在在的对艰辛创业的真实写照，描绘出华侨生存的不易。每一个华侨华人都有一部属于自己的奋斗史，在面临着各种困境时，没有毅力与刻苦耐劳，又怎能够在侨居地获得最终的成功？例如，旅日华侨在面临战争时，其战前构筑的经营成果全部化为泡影，但凭借着刚强毅力，哪怕是在两袖清风，除了一支牙刷外别无他物的情况下，依然能够不气馁，拼命努力追求成功。[②]

① 本书编写组.思想道德与法治[M]. 北京：高等教育出版社，2021.

② (日)南康文. 赤手空拳打天下：华侨如何致富[M].刘国栋，译. 台北：允晨文化实业股份有限公司，1987.

（二）华侨精神开新中华民族精神

这里的开新主要指同一精神在不同的历史时期所表现出的不同样态与形式。换句话说，样态与形式是与时俱进的，跟随着时代的变更而有所变化。中华民族精神是历经上下 5000 多年的历史形成的以爱国主义为核心的伟大民族精神，是中国人民在长期奋斗中培育、继承和发展起来的精神。同样，爱国精神也是华侨精神最为核心的部分，在不同的历史条件下呈现出不同的形式，不仅丰富了华侨精神的内涵，更彰显出华侨精神的生命力。例如，被毛泽东誉为“华侨旗帜、民族光辉”的陈嘉庚先生，一生为辛亥革命、民族教育、抗日战争、解放战争及新中国的建设作出卓越贡献，以实际行动演绎出华侨的爱国精神。中华人民共和国成立后，社会主义改造和社会主义建设事业的发展吸引着众多华侨华人回国建设。1978 年改革开放后，中国各地认真贯彻和落实侨务政策，吸引侨资大办企业，加快经济建设的步伐，使侨乡面貌发生了天翻地覆的变化。

当下正处于中国特色社会主义新时代，要求华侨华人有新作为。正如中国共产党第十九次全国代表大会报告所指出的：“广泛团结联系海外侨胞和归侨侨眷，共同致力于中华民族伟大复兴。”“加强海内外中华儿女大团结，团结一切可以团结的力量，齐心协力走向中华民族伟大复兴的光明前景。”海外华侨华人的力量不可小觑。习近平强调：“广大海外侨胞要运用自身优势和条件、积极为住在国同中国各领域交流合作牵线搭桥，更好融入和回馈当地社会，为促进世界和平与发展不断作出贡献。”自古以来，“国之交在于民相亲”，华侨华人是联通中国与世界的民间大使，是连接中华文化与世界文化的桥梁。当前在“一带一路”和“人类命运共同体”的倡导下，共建国家的华侨华人能促进中外文化交流，在“一带一路”上搭建起欧亚之间的经济文化之桥，为构建人类命运共同体贡献自己的一份力量。

第四节 丝绸之路与“一带一路”

自古以来，丝绸之路都是中外文化交流与互鉴的重要渠道之一。丝绸之路上各国的经济、政治、文化、风俗等通过交往、传播、互鉴等途径，极大地促进了中外文化的发展。深刻地了解这段历史并总结经验，能给当下中国乃至世界提供一定的历史启示。

一、丝绸之路的历史特点

丝绸之路是自古以来联系东西方、贯穿亚非欧及拉美等众多国家和地区的主要通道，也是中国古代连接中西方的主要商道。丝绸之路主要包括陆上丝绸之路和海上丝绸之路。

说起陆上丝绸之路，必须要说到张骞出使西域。公元前 138 年，张骞奉汉武帝之命，到西域(今甘肃玉门关和阳关以西的地区)寻找大月氏等国建立联盟，以共同夹击匈奴。张骞初次出使西域历时 13 年之久，虽未完成这一战略任务，但却打通了西域和西汉交往的通道，开辟了中国和欧洲、非洲大陆的通道，促进西域后汉夷文化的交流，使得中华文化通过该通道迅速向四周传播。这条通道也因运销中国的丝织品而闻名于世，1877 年被德国地质地理学家李希霍芬称为“丝绸之路”。陆上丝绸之路始于西汉，以首都长安(今西安)为起点，经我国甘肃、新疆至中亚、西亚，最终连接地中海各国的陆上通道。东汉时期陆上丝绸之路的起点在洛阳。

海上丝绸之路也是从汉代开始的，向东可抵达日本、朝鲜等国，向南可抵达东南亚和南亚等地。宋代以后，随着中国经济重心的南移，从广州、泉州、杭州等地出发的海上航路日益发达，从东南沿海港口起航，往南穿越南海，经马六甲海峡进入印度洋、波斯湾地区，远及东非、欧洲；从北方沿海通过东海，则可前往日本、朝鲜。这些海上贸易往来的各条航线，被称为“海上丝绸之路”。其中经东海通往东北亚地区的海上通道被称为东海丝绸之路，通往南海—印度洋方向的海上通道被称为南海丝绸之路。南海丝绸之路是东西方海上交通的主要航线。①

丝绸之路是一条历史漫长、影响深远之路。无论是陆上丝绸之路还是海上丝绸之路，都不是一蹴而就的，而是逐步形成和逐渐发展起来的一个由近及远的漫长过程。从早期的局部地区的若干个国家之间的小规模、非连续性的经济文化交流开始，逐步扩展为沿线众多国家与地区之间的大规模、连续性的经济文化交流。丝绸之路把印度文明、波西文明、两河文明、希腊文明、埃及文明等外来文明与中华文明连接起来，促成了文化交流与互鉴。

丝绸之路是一条集民间力量、政府指导与监管作用于一体的道路。这条道路上，时常可以看见沿线各国或地区的庞大商队，他们游走于沿线城镇之间进行商业活动。还可以看到沿线国家为道路的畅通所设立的驿站、建立的口岸、建设的贸易场馆及修筑的道路等完善的基础设施，为之提供的观察所、巡查站、治安亭等各种安全措施，以及与之配套而制定的各种交流规则、化解纠纷矛盾的机制等，为中外文化更好地相互交流提供了有力的保障体系。

丝绸之路是一条众多国家参与、协同、交流、互鉴之路。大国在这条道路上发挥引领与推动的作用，其他国家与地区参与其中，促进经济文化交流与互鉴。沿线各国和地区都为这条道路的形成与发展作出了历史性的、不可磨灭的贡献，它们从交流中获益，更有利于自身的存在与发展。作为大国之一的中国，历朝历代所展现出的强大的经济、政治、文化等实力及其影响力，为这条道路的畅通与繁荣提供了有力保证。

丝绸之路是一条实现和平交往为主流之路。历史上，无论是亚洲、欧洲还是非洲大陆和海洋都不是一帆风顺的，曾出现各种冲突与战乱，给丝绸之路带来冲击与破坏。但这种冲击与破坏没有中断丝绸之路沿线各国和地区的人民之间的交流与互鉴。各国和地区的人民秉持着彼此交流与互鉴的信念，通过共同坚持与努力，克服战乱带来的各种破坏、困难与不便，重现交流与互鉴队伍的络绎不绝，展现丝绸之路的繁荣与昌盛。

---

① 李庆新. 海上丝绸之路[M]. 黄山：黄山书社，2016.

二、丝绸之路的现实启示

读史可明智，知古方能鉴今。吸取前人的经验，以史为鉴，有益于后人的实践。了解丝绸之路上不同国家与地区之间文明交流、互鉴的历史，对于我们今天共建“一带一路”及当下不同文明之间的交流与互鉴具有促进作用，有利于为构建人类命运共同体提供有力而重要的历史借鉴。

众所周知，丝绸之路是古代东西方商贸往来极其重要的一条通道。中国通过这条通道源源不断地向西方传入丝绸、茶叶、瓷器、漆器等商品；西方则通过此通道向中国传入胡麻、胡桃、葡萄、番石榴、琥珀等物产。这些物产丰富了彼此的粮食作物及瓜果蔬菜，逐渐被接受并融入当地饮食习惯及文化之中，继而改变了当地人的生活习惯，对中国农业生产及饮食结构变迁产生了不可替代的作用。

丝绸之路促进了中西方宗教的传播和交流。西方佛教、基督教、摩尼教和伊斯兰教等宗教思想由此通道传入中国，中国汉文化也由此通道推向西方，促成了中西方文化的交汇与融合。公元 629 年，唐高僧玄奘从长安出发，辗转到达印度，推动了唐朝与西域及印度之间的文化交流。在贵霜帝国①时期，佛教对中亚地区产生了极大的影响，同时也与中亚当地的传统文化相融合。随后崛起的阿拉伯帝国，促使伊斯兰教逐步向东扩大和影响。至今，我们依然能从中亚地区和中国新疆、福建泉州等地的宗教文化的历史遗存中窥见一斑。

丝绸之路对沿线各国文化交流起到了重要的纽带作用。中国古代的“四大发明”经由丝绸之路陆续传入欧洲，为近代欧洲文明的产生及资本主义生产方式的发展提供了必要前提。西方的天文历法、建筑工艺、制糖法、酿酒技术等输入中国，推动了中国经济社会水平的发展。公元 3—7 世纪，地处中亚地区的萨珊王朝，②不仅受希腊和罗马文化与艺术的影响，还受到来自中国文化的影响，其城市建筑具有中西方文化兼容的特点。西域文化对唐朝也产生了很大的影响。在服饰方面，唐朝人崇尚突厥和东伊朗人的服饰风格；在乐曲方面，西凉乐、天竺乐、龟兹乐等西域乐成为当时著名的十部乐之一；在舞蹈方面，著名的《霓裳羽衣舞》等带有显著的西域色彩；在金银器方面，初唐时期的银盒装饰具有浓厚的外域元素，“徽章式纹样”是来自萨珊、粟特③金银器的装饰风格。目前收藏于陕西历史博物馆的鎏金团花纹六曲银盒(见图 5-7)，其盒面上的主题纹饰已由粟特、萨珊的神异动物转变为唐代流行的团花、折枝花，徽章式的圆框也转变为阔叶折枝。可见，西域文化已融入唐朝的方方面面，唐朝文化从完全接受到模仿改造再到自主

① 贵霜帝国，古国。自公元 1 世纪起，贵霜帝国统治印度河流域。在迦腻色伽一世(约 78—102 年)和其继承者统治之下达至鼎盛，成为当时的罗马、安息和中国的东汉并驾齐驱的欧亚四大强国之一。贵霜帝国政权在婆苏提婆死后，日益衰落。5 世纪亡。

② 萨珊王朝，是继波斯帝国、帕提亚之后第三个统治伊拉克的伊朗王朝，又名新波斯帝国。公元 224 年，帕提亚的波斯侯阿达希尔起兵反叛，于公元 226 年夺取泰西封，建立萨珊王朝(226—642)。

③ 粟特国，西域古国，是欧亚丝绸之路的核心地区。粟特文化是沿着阿姆河发展起来的。

创新，并形成特有色彩流传于世。

图 5-7　鎏金团花纹六曲银盒

资料来源：https://new.qq.com/rain/a/20210329a01ftn00.

在古代，丝绸之路是连接亚洲、欧洲、非洲三大洲之间的文明之路，昭示出古代欧洲、亚洲之间文明交融的必要性和必然性；在现代，丝绸之路已成为以现代交通设施与服务为基础的连接亚洲—欧洲之间的经济纽带，对促进沿线各国的经贸合作、经济发展和文化交流具有重要的现实启示。

只有交流融合，方能长盛不衰。文化能否在漫长的历史中经久不衰，取决于这个文化的生命力是否强大。而文化生命力的强大与否，在很大程度上与其同化力、融合力有着密不可分的关系，主要表现在对于外来文化采取哪种态度，是包容还是排斥？丝绸之路沿线众多国家和地区在流动而开放的时空中交流并传播着文化，在互鉴中发展文化，留下了许多至今广为流传的不同文明以及与国家之间交流互鉴的历史佳话；同时，外域文化追随着丝绸之路的轨迹进入中国，与中国文化相互交融，在融合中促进本土文化吸收新鲜血液，也使得外来文化适应本土要求，逐渐形成了具有丰富内涵的中华文化，同时造就了中华文化的博大精深。丝绸之路的历史价值与文化价值既昭示着古代不同文明交汇与融合的必要性和必然性，也揭示出不同文明之间交流的历史轨迹和历史规律。这对于当今世界各国学习、挖掘、弘扬丝绸之路所凝聚而成的交流、融合、共赢的基本价值有着深远的意义。

只有取长补短，方能不断进步。从事物发展的历史角度来看，无论是世界的发展还是人类文明的进步，没有什么是一成不变的。先进并不意味着永远先进，落后也不注定永远落后，先进与落后是可以相互转化的。故步自封不可取，学习先进需倡导。丝绸之路上众多文化交流与互鉴的历史，无不给我们提供了许多有关落后与先进相互转化并推动人类文明发展的史证。21 世纪是日新月异的时代，世界发展的步伐正以前所未有的速度向前进，世界各国都在大变局中不断奋进。中国提出的“一带一路”倡议，展示了中国对欧亚空间深度交流的决心与合作的情怀，更显示了中国和欧亚空间共同发展与合作的责任感及使命感。

只有和平互惠，方能合作共济。和平与发展是当今世界的主题。和平与发展是相辅相成的，没有和平就无法发展。中国历朝历代坚持实行“以和为贵”“万国咸宁”的邦交原则，与周边国家能够长期保持亲仁善邻的邦交关系，甚至与远方国家也能保持和平相交的友好关系。这一原则贯穿于丝绸之路沿线各国文明，也是历史给予我们的经验与认识。当今的世界更要以和为贵，建设和平的道路，这样才能互利互惠，进而合作共济，促进共同发展，实现共同繁荣。正如丝绸之路上的繁荣不是靠强制命令一样，“一带一路”的共建国家和地区也需要合作精神。中国是这条现代丝绸之路的倡导国，但仅依靠一国的力量无法推动和实现这一构想，相反，它需要的是新丝绸之路上共建国家和地区的共同努力与合作。我们相信，这是既顺应历史发展的潮流，符合各国人民的愿望。

三、共建“一带一路”是超越古丝绸之路的新型国际合作

“一带一路”是“丝绸之路经济带”和“21 世纪海上丝绸之路”的简称。习近平在 2013 年 9 月和 10 月分别提出建设“新丝绸之路经济带”和“21 世纪海上丝绸之路”的合作倡议。这个合作倡议旨在借用古丝绸之路的历史符号，依靠双多边机制，借助区域合作平台，高举和平发展的旗帜，积极发展与共建国家和地区的经济合作伙伴关系，共同创造经济共赢、文化包容的新型国际合作模式。

自 2013 年以来，中国秉持着“共商、共建、共享”的原则，围绕“五通”，推动“一带一路”建设取得重要进展与丰硕成果。据中国经济网报道，2021 年 11 月 19 日召开的第三次“一带一路”建设座谈会全面总结了共建“一带一路”取得的显著成就：8 年来，在各方的共同努力下，“六廊六路多国多港”的互联互通架构基本形成，中国与沿线国家货物贸易额累计达到 10.4 万亿元，对沿线国家非金融类直接投资超过 1300 亿美元。据世界银行研究报告，共建“一带一路”的倡议将使相关国家 760 万人摆脱极端贫困、3200 万人摆脱中度贫困，将使参与国贸易增长 2.8%～9.7%、全球贸易增长 1.7%～6.2%、全球收入增加 0.7%～2.9%。据新华社北京 2022 年 1 月 18 日报道，国家发展改革委新闻发言人金贤东说，截至 2022 年 1 月 18 日，中国已与 147 个国家、32 个国际组织签署 200 多份共建“一带一路”合作文件。中欧班列继续保持高位运行，截至 2021 年 12 月底，中欧班列(见图 5-8)已持续 20 个月单月开行千列以上。事实充分证明，共建“一带一路”的倡议源于中国，机遇和成果属于世界。共建“一带一路”追求的是发展，崇尚的是共赢，传递的是希望。

世界上许多政要、学者等有识之士，对“一带一路”倡议予以高度评价与肯定。联合国秘书长古特雷斯认为，中国提出“一带一路”倡议为促进国际合作搭建了重要平台，提供了新思路，并发挥了核心引领作用。世界银行前副行长帕拉西奥表示，古丝绸之路成为文明沟通桥梁的代名词，不冲突、不对抗的独立外交政策是新丝绸之路的精华所在。

图 5-8　中欧班列国际铁路专线

资料来源：http://cn.cetrains.com/archives/5885.html.

由此可见，“一带一路”倡议不仅是国家与国家之间的联通，还是各国人民的民心所向。面对全球性挑战，如何形成人类命运共同体？中国为世界提供了方案。正如俄罗斯总统普京在 2017 年 5 月“一带一路”国际合作高峰论坛上所表示的：中国倡议非常及时而有益。普京的话道出了众多国家领导人的心声。捷克总统泽曼、智利前总统巴切莱特等国家领导人纷纷表示“一带一路”倡议给全球带来全新的可持续发展道路，它将更有助于加深各国彼此间的了解，推动建立包容、公平、和平的世界。

全球新局势需要全球新治理理念，共建“一带一路”是实现世界和平发展的全新全球治理观。当今世界是一个相互联通的世界，人力、物力、财力、信息等在全球中流动加速，将各国紧密联系起来。越来越多的国家及其领导人认识到要实现自身发展，合作成为一种必然的选择。如果仅仅依靠自身的力量、脱离国际合作，是无法实现发展的。国际合作应怎么建设？谁来建设？为谁建设？成为全人类所面临的共同问题。世界迫切需要全新的全球治理理念来解决问题。正如习近平所指出的：“世界已经成为你中有我、我中有你的地球村，各国经济社会发展日益相互联系、相互影响，推进互联互通、加快融合发展成为促进共同繁荣发展的必然选择。”鉴于此，“一带一路”自建设以来从无到有、由点到面逐步取得积极进展。这是中国智慧的结果，也是中国贡献全球治理观的实践经验。正如中国共产党第十九次全国代表大会报告所指出的：“中国秉持共商共建共享的全球治理观。”中国正遵循这一国际合作的理念，提出“一带一路”倡议，破解当下全球治理难题，对构建新型国际合作关系有着积极而深远的影响。

当今时代，世界各国人民不仅需要维护持久和平，更需要实现共同繁荣。共建“一带一路”，秉持古丝绸之路的精神，实现共赢共享发展，顺应时代潮流，推动国际文明向前进，共同推进构建人类命运共同体的伟大进程。

【拓展阅读 5-6】

纪录片《一带一路》

中央电视台大型纪录片《一带一路》于2016年首播，共6集，分别是《共同命运》《互通之路》《光明纽带》《财富通途》《金融互联》《筑梦丝路》，记录了国内外60多个普通人物与“一带一路”的生动故事，用事实和事例印证“‘一带一路’不是中国一家的独奏，而是沿线国家的合唱”的宏大主题。

(有改动)

资料来源：http://tv.cctv.com/special/CCTV4ydyl/.

思考题

1. 你认为中华文化在传播过程中是否存在困难？如果是，存在什么困难？

2. 在当代，以华侨华人为媒介的民间文化交流方式有哪些？你认为这些交流方式对中国文化的传播产生了怎样的影响？

3. 你如何理解“一带一路”？

参考文献

[1] 张岱年，方克立. 中国文化概论[M]. 北京：北京师范大学出版社，2004.
[2] 潘岳. 战国与希腊——中西方文明根性之比较[J]. 文化纵横，2020(3)：14-31.
[3] 潘岳. 秦汉与罗马[J]. 中央社会学院学报，2020(6)：9-27.
[4] 庄国土. 华侨华人与中国的关系[M]. 广州：广东高等教育出版社，2001.
[5] 滕文生. 人民要论：古丝绸之路与一带一路[N]. 人民日报，2019-04-24(10).
[6] 刑广程. 丝绸之路的历史价值与当代启示[N]. 光明日报，2014-10-20(11).

其命维新：中华文化的传承与创新

推动中华文化的传承与发展是历史的必然和现实的呼唤。本章将通过回顾中华文化经由孕育、发展、隆盛、转型以及走向复兴的嬗变轨迹，分析传承与创新的动力源泉以及实现传承与创新的现实路径，试图从历史脉络、动力因素、具体途径等方面勾勒出中华文化生生不息、传承与创新的画卷。

第一节 传承与创新中的中华文化

文化的传承与创新对于一个民族来说非常重要。文化传承是文化保持其特征、特性的重要手段，文化创新则是文化保持其动力、效果的唯一凭借。传承与创新是中华文化的主流，每个时代的中华文化都是根据这个时代的主题并且围绕着人们的需要进行传承和创新的。博大精深的中华文化经历了一个从孕育、发展、隆盛、转型到复兴的发展历程。这一历程是物质文化、精神文化日臻丰富的历程，也是人不断解放自身、走向文明演进高峰的历程。例如，唐朝文化围绕着民族融合和中西文化交流等主题，强调兼容并蓄，这一时期是历史上中国向周边国家文化与技术的一个大输出时期；宋朝文化则围绕着儒学复兴和市民文化等主题，在理学、文学、史学、艺术以及科学技术领域收获累累硕果，是中华文化历史中的丰盛时期；到了清朝，闭关锁国政策的实施封锁了中华文化在世界舞台展示交流的机会，但中华文化自我革新的意识和外来文化的强势侵入滋长出反封建思想，成为推动近代文化转型的动力之一。可见，在每个时代交替的时刻，文化的传承总要与新时代接轨，以符合当代人强烈的生活需求和意识崛起。

一、中华文化的孕育

(一) 上古时期：中华文化的发生

中华文化的史前期包括旧石器时代和新石器时代，相当于中国古史的传说时代。具体表现在：

第一，出现了中国人种及文化的独立起源。大量考古发现有力地驳斥了中国人种西来、南来、东来等论断。我国境内分布广泛、数量众多的考古遗址表明，中国人种基本上是在一个大的人种(蒙古人种)主干下发生和发展的，还未发现西方人种的掺入。

第二，农业起源的中心奠定了农业文化的基石。中国作为世界农业起源的中心之一，开创了包括稻作和旱作在内的主要农业生产方式。以此为基础，产生了有别于游牧方式的农耕文化的基石，且决定了中华文化的许多实质性特点。

第三，中华文化的多元发生。中国前文明期的文化遗址恰似“满天星斗”，它预示着中国文明的多元发生，其主体集中在黄河流域和长江流域及其南北不远的范围内，这与文献传说和近年来考古发掘证明的三大先民集团——华夏、东夷和苗蛮大致相符。

(二) 殷商西周时期：从神本走向人本

像世界其他地区独自生成的文明系统一样，中华文化在此阶段形成了基本构架，后来影响中华文化乃至整个东亚文化长达两千多年的诸多特征也在此阶段初步显现，具体表现在：

第一，文明初兴。公元前 2000 年左右，在我国范围内普遍出现了文字、青铜器、宫殿、祭坛等，中华文化开始进入文明阶段，这与文献所载古史系统中的夏代相当。

第二，青铜文化独具特色。中国青铜时代的诸特点，如铜锡合金、范铸法、有特征性的器物类型及其组合，都与西方文明有所不同，中国青铜器优先用作象征王权和等级的礼器，其次才用作兵器投入战争。例如，西周晚期青铜器毛公鼎(见图 6-1)，就是毛公为了感恩周宣王的恩德，宣扬周王的伟大而铸鼎纪念并传示子孙的重要礼器，是西周晚期宗教转向世俗生活的代表作品。

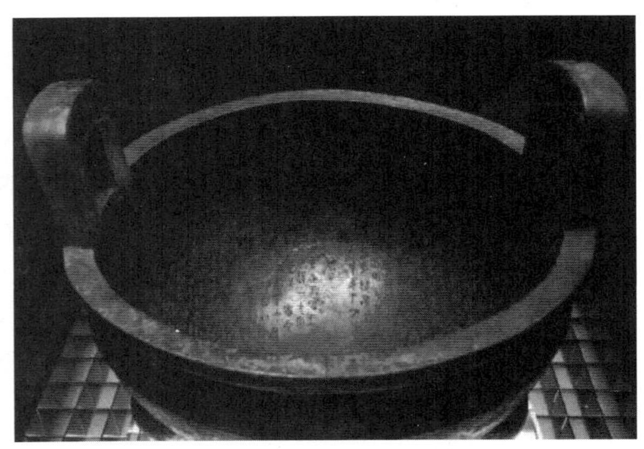

图 6-1　毛公鼎(“台北故宫博物院”)

第三，天、地、人三大祭祀发达。对祖先的崇拜尤其对上天的崇拜特别发达，来自西周的宗法制度和宗法观念孕育了中华文化的一系列特征，如慎终追远、重史立言等。

（三）春秋战国时期：中华文化的"轴心时代"

中华文明的基石已初步奠定，如象形会意的汉字、儒墨道法等诸子思想、宗法伦理等都对后世影响甚巨，具体表现在：

第一，中华文化的"轴心时代"。春秋战国时期是中国历史上第一次重大的社会变革和文化转折时期。诸子并存、百家争鸣，各门学科逐渐走上独立分化之路，各领域都吸收并扬弃了宗周的文化体系，与变革时代相表里，达到空前繁荣的水平。

第二，元典创制。这一时期形成的《诗》《书》《礼》《易》《春秋》《论语》《墨子》《庄子》《老子》《孟子》等中华元典系统地展现了中华文化的核心理念、人文精神、天道自然的宇宙生成论、忧患意识等以及阴阳、道器、有无、理气等范畴。

【拓展阅读 6-1】

轴心时代

轴心时代的概念是德国学者雅斯贝尔斯提出的，特指公元前 800 年至公元前 200 年这短短的 600 年里，横贯地球北纬 15°到北纬 30°的农业文明带，在相互隔离的古文明中，同时产生了一大批代表了人类思考高度的圣哲。代表西方理性主义的苏格拉底，犹太基督教的先知耶利米，波斯拜火教的琐罗亚斯德，印度教改革派佛教祖师释迦牟尼，我国的老子、孔子及诸子百家，还有遥远的玛雅先知们，共同创造了一个人类思想史上不可逾越的丰碑。

资料来源：https://zhuanlan.zhihu.com/p/445891421.

二、中华文化的发展

（一）秦汉时期：一统帝国与文化一统

从公元前 220 年到 220 年的四个多世纪，是中华文化由多元走向一统的秦汉时期，中原农耕文明在与周边游牧文明的冲突与交融中，逐渐赢得了强有力的主导地位。秦汉文化成为足以与南亚的孔雀王朝文化、欧洲的罗马文化相媲美，三者是亚欧大陆并峙的三大帝国文化。这一时期文化一统具体表现在：

第一，完成了对先秦多元文化的一统整合。例如，度量衡的统一、文字的厘定、教育模式、户籍控制、官吏考试方式和经学、史学体系的格局大定，形成了中国文化的特色，并沿用至今。

第二，儒家文化开始在意识形态领域占据主导地位。在经过秦朝至汉朝前期百余年的探索、调适与磨合后，大一统帝国的集权体制终于找到了与之相契合的意识形态，即吸纳了道、法诸家思想的儒家文化，在汉代统治集团倡导的"独尊"思想影响下，逐渐成为至尊之学。

第三，政治和文化上的大一统局面基本形成。统治者更重视对王权的神圣化，形成严格按宗法制度世袭转让的政权秩序，并逐步影响社会生活中的文化氛围。

（二）魏晋南北朝时期：乱世中的文化多元

这一阶段，中华文化开始大范围地与东亚、西亚、南亚文化进行涵化整合，踏上了“亚洲之中国”的道路。这一时期的文化多元具体表现在：

第一，佛学兴盛、玄学发达。魏晋以降，中国经济、政治、军事、文化各方面都呈现出有别于秦汉的时代特征。文化由社会转向个人，由外部转向内部，对个人生命意义和心性情理的探求给此后几百年间玄学和佛学的发展留下了充分的空间。儒学、经学和名教衰颓也是魏晋以来文化转折的一大标志。儒、玄、释、道多元文化共存共融，为隋唐时期出现继先秦诸子百家争鸣后又一次思想和学术的大繁荣奠定基础。

第二，农耕文化与游牧文化冲突与整合。这一时期，华夏农耕文化的同化力有所减弱，北方游牧民族的压迫曾造成两晋时期的“五胡乱华”[①]和东晋时期的“衣冠南渡”，[②]也带来一些增益作用，为南方地区带来了先进的政治、经济和思想文明，至唐代安史之乱后，中国的经济中心和文化中心开始向东向南转移。

第三，佛教文化与中国本土文化交叉互动。佛教文化和中国本土文化之间的交互关系是这600年间的又一主题。佛教传入之初，也曾和儒、道等文化体系相冲突，但最终与中国的伦理规范、实用理性、崇拜模式、政治需求等相妥协、相融合。

三、中华文化的隆盛

（一）隋唐时期：民族融合与中华文化全面传播

公元9世纪的中国，继春秋战国之际和汉魏之际，又一次发生了社会变革和文化转型，同时引起了东亚文化圈内朝鲜、日本等地文化的相继变化，具体表现在：

第一，地主—自耕农经济和文官政治相互结合。唐代以降，领主庄园经济破产，地主—自耕农经济定型；赋税制度以两税法代替租庸调制，以后宋明几代的赋税改革越来越明确地以地主对平民的直接经济关系确定下来。科举制度实行以后，门阀贵族淡出政治，管理层直接从地主和自耕农中选拔，社会阶层具有了一定的流动性。

第二，有容乃大的文化气派。经过魏晋南北朝时期的“五胡乱华”和胡汉融合，隋唐时期形成“华胡一体”的汉族(唐人)。此时的文化不仅有“胡气”，也融“佛气”，更现“大气”。中华文化不断吸收外域文化，如南亚的佛学、历法、医学、语言学等，中亚的音乐、舞蹈，隋唐文化对外域文化的大规模吸收，在中国文化史和世界文化史上均可

---

① 五胡乱华是指在西晋时期，北部众多游牧民族趁晋政权在八王之乱期间衰弱之际，征服汉地北部以建立五胡十六国，与退守汉地南部的晋政权形成对峙之势。

② 衣冠南渡最初指的是西晋末，晋元帝避乱渡江，在建康(今南京)建立东晋的事件，当时大批缙绅、士大夫及庶民百姓随之南下，后指中原文明大规模转移向现今中国南方地区。

称为卓越范例。

第三，中华文化全面传播。由于两条丝绸之路的开通，中华文化的对外交流在层次和规模上都得到了提升。东亚诸国对中国文字、儒家学说、典章制度、文学艺术、城池修造、宗教哲学等的学习扩大了中华文明传播的范围，形成了一个以中国文化为核心的中华文化圈。

（二）两宋时期：理学建构与市民文化勃兴

这一时期的理学建构和市民文化决定了1000年中华文化的基本格局和大体走向，具体表现在：

第一，儒学复兴。酝酿于唐代中叶，在宋明时期得以壮大的理学，是儒家人文理性的一种复归，而阳明心学则初具道德个人主义的内涵；另外，文人、官僚、地主或商人合为一体，官僚政治转向“崇文抑武”，形成了所谓的士大夫阶层，他们的审美情趣、人格理想、道德观念主导了社会的价值规范，对后世的精神生活仍有影响。

第二，市民文化勃兴。唐宋以来，货币(包括纸币)大量流通，实物经济日渐式微，城市政治和军事功能演变为经济和文化的集散地。随着工商业的繁荣，市民阶层兴起，市民文化趋于活跃，反映市民生活及其情趣的小说、戏曲初具雏形。

第三，佛家和儒家融合。以范缜、韩愈为代表的儒学家，通过学习佛教建构形上哲理的方法，使儒家成为一个兼有经验生活和形上追求的哲理体系。君主集权格局强化，官僚政治文武分离、重文抑武，虽导致国防劣势，但也改变了民族文化的气质和国民性格。

（三）辽夏金元时期：游牧文化与农耕文化的冲突和融汇

宋代自立国之始，就为外患所困扰，长期与辽、西夏、金等游牧民族政权相对峙。契丹、党项、羌、女真以及后来的蒙古势力对宋人世界的长期包围与轮番撞击，产生了双重文化效应，具体表现在：

第一，游牧文化与农耕文化冲突的双重效应。一方面，两宋因被动挨打而生的忧患意识、南宋人因国破家亡而生的忧患意识渗透于宋文化的各个层面；另一方面，契丹、党项、羌、女真等游牧民族从汉文化中吸收到丰富营养，把儒家经典和历史书翻译为本国文字，提高和发展本民族的文化水平。他们接受并改造中原汉族王朝的政治制度、礼仪制度、法律系统，使之能够包容多种民族、制度和文化，创造了“一国两制”和“一国多制”的国家模式，这在中国历史上具有伟大的意义。例如，元朝还在泉州等沿海港口城市设立市舶司，对海外贸易进行管理和推动，积极推动了商业的发展，使得帝国内部交流及其与外部世界的交流不断深化，为其后继者明、清两代留下了巨大的政治遗产和商业遗产。

第二，科举颓废，文人仕路受阻。元朝统治时期，汉族士人文化被游牧民族践踏得支离破碎，科举制度中止七八十年，以致元朝文人仕路堵塞。一部分穷困潦倒者与盛行于勾栏间的杂剧产生了亲缘联系，元杂剧愤激地谴责黑暗，以一种充满希望的热情去讴歌非正统的美好追求。

第三，统一的帝国促进中西文化交流。元帝国对欧亚大陆的征服使中国西部和北部的边界实际上处于开放状态，伊斯兰教和基督教以及当时处于世界领先水平的阿拉伯天文学、数学传入中国。与此同时，中国的历法、数学、瓷器、茶、丝绸、绘画、算盘也通过不同途径在俄罗斯、阿拉伯与欧洲广为传播，让世界文化的面貌更为绚丽多彩。

四、中华文化的转型

（一）明清时期：文化专制和早期启蒙思潮

已先期完成现代转型的西方以炮舰加商品打开了中国封闭的国门，中华文化第一次遭遇到比自己更“高势位”文化的入侵，在与西方文化的冲突、调适、融合过程中异常艰难。但这一过程也赋予了中华文化新的发展际遇，中华文化在制度、物质、行为、精神诸层面进入现代转型期，具体表现在：

第一，新的生产关系萌芽。明代与1840年前的清代的几百年间，中国社会的内部结构发生了缓慢而重大的变化，封建依附关系发生松解，新的生产关系的萌芽开始在封建制度母体内萌芽。

第二，文化专制。明清是中国君主专制制度登峰造极的时代，程朱理学被推上至尊地位。文化专制空前严酷地钳制着思想文化界。清统治者一边推行文字狱，另一边崇正宗、灭异端。王阳明和具有市民反叛意识的明清三大思想家(黄宗羲、顾炎武、王夫之)从不同侧面与封建社会晚期的正宗文化——程朱理学展开论战，有的批判锋芒直指专制君主。

第三，西学东渐。西方传教士进入中国，揭开了西学东渐的序幕，这是继佛教东传之后，中国本土文化与外域文化的又一次大交汇。为了传教的需要，这一时期的传教士们采取“学士传教”的方针，通过介绍西洋科学、哲学、艺术，引起士大夫们的注意和敬重，将西方的天文学、数学、物理学、地理学和医学等科学知识传入中国。另一方面还通过自身学习中国传统礼仪和儒家道家佛法的经典，学习汉语，使用中国名字等方式，融入中国社会，并进一步传递书信和翻译中国典籍，把中国悠久灿烂的文化介绍到欧洲，使欧洲出现了“中国热”。

（二）民国时期：中西文化论争

在中西文化的论争背景下，民国时期的中华文化带着强烈的民族主义冲动和人文主义关怀，各个文化部门和文化形式中都渗透着对民主化与科学化的现代性追求，甚至影响了抗战及抗战后的文化思潮，具体表现在：

第一，五四新文化运动掀起了追求科学、民主的思潮和运动，科学方面，产生了科学派、唯物史观派反击玄学派的“科玄论战”。民主方面，有中国共产党领导的人民民主运动；胡适、罗隆基发动的资产阶级“人权运动”；抗战后期全国范围内掀起的民主建国运动等等。全面抗战爆发前夕，左翼文化人还曾发起一场新启蒙运动，再次将民主与科学作为启蒙的目标。

第二，文化领域形成了西化思潮、文化保守主义思潮和马克思主义思潮三大思潮。具体在教育方面，借鉴了杜威所宣传的平民主义(或称民主主义)教育，强调受教育权的平等性，注意培养人的个性和独立人格，重视实验精神，对推进中国现代教育产生了积极影响。文学艺术方面，在崇尚民主精神的驱动下，揭露和鞭挞封建蒙昧主义成为最重要的主题。白话文逐渐代替文言文，产生了鲁迅的《呐喊》《阿 Q 正传》和《祥林嫂》，巴金的“激流三部曲”——《家》《春》《秋》，都是将此一主题与白话文的形式完美结合的经典之作。另外，30 年代兴起的大众语运动，延安时期崛起的“工农兵文艺”，也都是崇尚民主精神的直接产物。

五、中华文化的复兴

中华文化在发展过程中经历过很多艰难的时期，各个时期都因此产生了新的精神成果，在这些精神成果的指引下，我国人民迈向了新时代的光明。中国共产党成立 100 年来，始终不懈探索繁荣发展社会主义先进文化之路，将重点放在构筑中国精神、中国价值、中国力量等方面，在丰富人民文化生活、促进人的全面发展方面着力。文化建设为新中国实现从站起来、富起来到强起来的伟大飞跃提供了重要支撑。具体来看，包括以下四个阶段。

（一）新民主主义革命时期

20 世纪 30 年代，在“全盘西化”论和“本位文化”论的论争中，中国新文化的发展路向逐渐清晰起来，这就是要建设“民族的科学的大众的”新文化。这一时期，在宣扬个性解放的同时，“科学”与“民主”的口号也响彻云霄。在新文化传入的过程中，共产主义思想也进入中国，提出反对帝国主义、维护民族独立的新民主主义革命的主题。毛泽东指出：“它是反对帝国主义压迫，主张中华民族的尊严和独立的。”这就是说，新民主主义文化必须为解决中国近代社会的首要任务——挽救民族危机、维护民族独立而服务。

中国共产党强调马克思主义与中国具体实践相统一。1940 年 1 月，毛泽东在《新民主主义论》中第一次全面阐述了新民主主义文化观，认为其本质上就是“民族的科学的大众的”文化，其中“民族的”文化居于首位。为了从思想路线上彻底纠正教条主义错误，1941 年开展的整风运动从文风和思想路线的高度强调了学习本民族的历史文化的重要性。1943 年 5 月 26 日的《中共中央关于共产国际执委主席团提议解散共产国际的决定》将毛泽东的相关思想系统化，首次明确了中国共产党是中华优秀传统文化的继承者和弘扬者，明确提出要把马克思主义同中国传统文化结合起来。

（二）社会主义革命和建设时期

中华人民共和国成立前夕，毛泽东就提出了建设中国新文化的历史任务，他昭告世人："中国人民解放战争和人民大革命，已经复兴了并正在复兴着伟大的中国人民的文化。"[①]中华人民共和国成立以后，毛泽东多次强调马克思主义基本原理与中国传统文化相结合的精神，并身体力行，要求党的领导干部学习历史文化典籍。后来，以邓小平、江泽民、胡锦涛为代表的中国共产党人，从不同角度强调继承和弘扬中华优秀传统文化的重要性。1956年，毛泽东提出了繁荣学术文化的"百花齐放，百家争鸣"的方针。尽管这一方针在贯彻执行过程中曾受到"左"的路线干扰，但由于它正确地反映了学术文化发展的规律和我们这个时代的特征，所以还是大大促进了文学、哲学、社会科学、自然科学等事业的发展和繁荣。半个世纪以来，我国在这些文化领域所取得的成就是巨大的，甚至有些已达到或接近世界先进水平。

（三）改革开放和社会主义现代化建设新时期

20世纪70年代末以来，在世界信息化、全球一体化的时代氛围中，中国正在以前所未有的规模和深度变革，把清中叶以来百余年间跌宕起伏的文化转型推向高潮。

中国共产党的十一届三中全会以后，在思想文化领域出现了一个持续十余年的文化研讨热潮。这一时期文化建设的特点有三个：一是现实性。它对改革中遇到的各种问题，都从文化的角度加以探索研究，破除旧框框，打开新思路。二是广泛性。因它已远远超出了传统文、史、哲研究的学科范围和领域，也远远超出了文化学者的书斋研究和课堂教学的范畴，成为一门全民关注、参与的综合性学问。三是世界性。在改革开放的总形势下，中国当代文化处于世界文化的背景之中，应把民族意识和全球意识结合起来，把民族精神和时代精神统一起来。

（四）中国特色社会主义进入新时代

中国共产党的十八大以来，以习近平同志为核心的党中央秉持着作为"龙的传人"应有的使命感，强调"中华优秀传统文化已成为中华民族的基因"，多次以政治局集体学习和座谈会等形式对中华传统美德，中国古代的吏治、法治及德治等内容进行学习，并基于对中华优秀传统文化的学习、认同和体悟，将"文化自信"确立为中国共产党人必须坚持的"四个自信"之一，强调文化自信是更基础、更广泛、更深厚的自信，这是中国共产党人对中华文明发展规律的自觉把握，是对一段历史时期一些社会成员漠视、轻视中华优秀传统文化、缺乏文化自信现象的主动纠偏。

《中共中央关于制定国民经济和社会发展第十四个五年规划和二〇三五年远景目标的建议》明确提出到2035年把中国建成文化强国。这是中国明确建成文化强国的具体时间表，为我们指明了目前中国文化发展的方向。习近平在庆祝中国共产党成立100周年大会上的重要讲话中深刻指出，在新的征程上必须"坚持把马克思主义基本原理同中国具体实际相结合、同中华优秀传统文化相结合，用马克思主义观察时代、把握时代、引领时代，继续发展当代中国马克思主义、21世纪马克思主义"。这一新的"相结合"

---

① 毛泽东.毛泽东选集：第1卷[M].北京：人民出版社，1991.

澄明了中国特色社会主义与中华文明的关系，表明中国特色社会主义是从对中华文明5000多年的传承发展中得来的，传承发展中华文明的中国特色社会主义创造了人类文明新形态。

中国共产党的十九届六中全会强调习近平新时代中国特色社会主义思想是马克思主义基本原理同中华优秀传统文化相结合的成果，是中华文化和中国精神的时代精华，这是对习近平新时代中国特色社会主义思想突出特征的深刻揭示，是中国共产党人对在拥有5000多年文明的中国大地上发展马克思主义内在规律的遵循，充分体现了以习近平为代表的共产党人高度的文化自觉和文化自信，以及作为中华文化传承者和创造者高屋建瓴、以古鉴今的“大历史观”站位。

第二节　中华文化传承与创新的动力源泉

英国历史学家阿诺德·汤因比认为，“在近6000年的人类历史上，出现过26个文明形态，但是只有中华文化是延续至今而且从未中断过的文化。就世界范围而论，中国古代文化是世界上最古老的文化之一，唯有中华文化表现出最顽强的生命延续力”。[①]英国学者马丁·雅克先生也曾开玩笑地说：“如果我再多去几次中国，我就可能会变成了一个英国籍的中国人，所以不要试图去同化中国人，因为你首先会被同化。”[②]虽然今天中国的很多孩子都看漫威系列的电影，也爱玩手机游戏，爱吃肯德基。但是大家可以发现，不是肯德基改变了中国，而是中国同化了肯德基。这种西方餐饮的中国化蜕变，就是当代中华文化同化力强的表现。本节我们一起来探究中华文化有如此强大的同化力和生生不息的创新源泉。

一、文化观念的革新与延展

文化观念是人们在社会生活实践中产生的主体性建构，集中地反映了人们的心理、习惯、思维方式、审美情趣等内容。它经过长期的历史积淀，形成了相对独立的系统，具有不可割断的稳定性和历史继承性。作为观念形态的文化是对一定社会经济和政治的反映，随着社会环境的发展变化，呈现出一个动态的自然历史过程。

中华文化始源于原始农耕社会，形成和发展于历代封建社会，受创和衰落于近代社会，其历时之长久、进程之曲折、磨难之艰辛、成就之辉煌是世界上任何一种文化所无法相比的，其最重要的基本特征就是具有文化生机性，即强大的生命力和凝聚力。

中华文化强大的生命力和延展性一方面来自与异域文明之间的融合互鉴，另一方面来自内部各民族、各地域文化之间的融摄同构，“万物并育而不相害，道并行而不相悖”，

① (英)阿诺德·汤因比. 历史研究[M]. 上海：上海人民出版社，2010.

② (英)马丁·雅克. 当中国统治世界：中国的崛起和西方世界的衰落[M]. 上海：中信出版社，2010.

逐渐形成多元一体的、生机性的文化共同体，而生活在这个文化共同体中的各民族，对这个文化共同体有心理上强烈的认同感、向心力和凝聚意识，尤其是在民族危亡和西方现代文化的冲击面前，中华文化中的忧患意识、变易观念、华夷之辨、民本思想等精神传统凸显。具体体现为以下三点：一是经世思想。这是儒家文化的基本精神之一，孔子在创立儒家学派时，就提倡这种积极用世的精神，后世儒家继承了这种精神。二是变易思想。中国传统文化中存在着丰富的变易思想，儒学经典之一《易经》就是一部专门讲变异哲学的著作，它通过八卦推演阐明万物都是在阴阳两种势力的矛盾运动中变化发展的道理，对后世产生了巨大影响。近代中国人在鼓吹改革变法时，经常引用古代变异思想作为依据。三是民本思想。中国传统文化中有着丰富的民本思想，仅以儒家而言，孟子的民贵君轻说，一直为后世儒者所继承和发展，特别是明清之际的进步思想家在严厉批判君主专制的同时，把古代的民本思想发展到了新的高度，使之具有了近代启蒙思想的色彩。以上思想通过现代诠释获得了新的生命，转换为近代救亡意识、变法自强思潮、革命观念以及近代民族主义、民主主义等，助推了中华文化的现代化进程。

二、外来文化的冲击与论争

明清以降，随着整个世界格局的剧变，当清政府驱逐传教士，封闭国门，陶醉于“十全武功”之时，欧洲大陆的远西端，新兴的资本主义兴起工业革命，从而催化国际分工，资本被卷入商品流通的世界大潮之中。1840 年爆发的鸦片战争，以血与火的形式把中国文化推入了一个蜕变与新生并存的新的历史阶段，但以儒学为核心的中国传统文化仍是一个内部缺乏活力的惰性体系，长期停滞不前。促进中国社会结构脱离周期性的轨道，造成近代社会解体的主要原因，是中国文化开始与西方文明的挑战，接续的革命性运动就此展开。一是官僚制度的失效。官僚制度是稳定传统阶层体制的力量之一，自鸦片战争以后，积弱已久的中国为了达到富强，不得不“以夷制夷”，同时全面革新教育。二是民权运动的勃兴。百日维新拉开了近代中国民权运动的序幕，维新变法虽然失败，但推动了议会制度的出现和政党林立的现象，传统社会皇帝集大权于一身，现在还政于民，对社会来说是巨大的变化，使得礼治社会逐渐过渡到法治社会。三是自由思想的蔓延。严复的《论自由》是西方自由理论输入中国之始，知识分子逐渐对西方的新价值系统产生认同，开始批判传统封建礼教。四是科学工艺的输入。科技革新推动生产的发展，也使得知识分子新贵以及新兴的工商阶层出现，传统的社会阶层发生变化。可见，西方文化对中华文化的经济结构、政治结构、生活方式和文学艺术等方面都造成了极大的冲击。这个理论模式通常称作“冲击—反应”论，这个名称形象地概括出了西方现代文化的输入对于中国现代转型的作用，以及中国固有传统对现代转型的阻力，肯定了西方近代工业文明在促成中国和其他落后国家从前资本主义社会走向近代社会这一过程中的历史性作用。

三、与世界多元文化的交流和对接

整个中华文化的传承与创新都是在内力和外力共同作用下推动文化的现代转型的。从佛教东传到“伊儒会通”，再到西学东渐，抚今追昔，我们仿佛还能看到古代商人的驼队和航船、政府的使团、虔诚的僧侣和传教士、热衷探险的旅行家和文人学者，他们沿着陆路或海陆，穿越千里戈壁、万里波涛，从东南西北各个方向走进中国或离开中国，或带来琳琅满目的异域风情，或带走异彩纷呈的中华特色，上演了中外变化交流的一幕幕故事和美好画面。中华文化史，就是一部中华民族同异域民族文化在交融互鉴中发展的漫长历史。5000 多年的中国文化不仅同一衣带水、山水相连的东(南)亚近邻相交往，更与中亚游牧文化、西亚波斯的阿拉伯文化、南亚的印度文化、欧洲文化逐步接触，展开各种交往和交流。就如佛教传入古代中国、马克思主义传入近代中国，都极大地冲击、创新和再造了中国的传统文化，与世界多元文化的交流和对接避免了中华文化的静止化和单面化。

在一些特殊的历史时期，这种内外力的双向作用就表现得更加明显。清代晚期以降的现代转型就是西方影响与中华文化的固有因素彼此激荡、相互作用的产物。中国文化之所以具有悠久不绝的生命力，很大程度上得益于它始终保持着文化交流的自觉意识和开放的胸襟。我国历史发展中的大部分时间，除战乱时期外，都没有关闭对外交流的大门。中国人这种开放而不保守、交流而不封闭、融合而不对抗的态度使得中国文化形成了“输入—吸收—输出”的模式，善于在交流互鉴之中吸收广博的营养，并且能够根据自身情况，对外来的文化进行取舍、加工、改制、发扬了高度的主体性和内核的稳定性，表现了对本土文化极高的自信心，逐渐形成了多元一体、美美与共、博大精深的中华文化。

这给我们年轻一代的启示是：无论到什么时候都要有开放交流的胸怀，只要我们能汲取中外文化交流融合互鉴的有益经验，发扬丝绸之路精神，新时代的中国文化长河就会继续一往无前地奔涌。

第三节　中华文化传承与创新的现实路径

2021 年 7 月 1 日，习近平在庆祝中国共产党成立 100 周年大会上指出，在新的征程中，必须“坚持把马克思主义基本原理同中国具体实际相结合、同中华优秀传统文化相结合，用马克思主义观察时代、把握时代、引领时代，继续发展当代中国马克思主义、21 世纪马克思主义”。[①]

中国共产党在面对中华文化的继承与创新时，一以贯之的思想就是推进中华优秀传统文化的创造性转化和创新性发展，坚持辩证唯物主义和历史唯物主义，秉持客观、科

---

① 习近平. 在庆祝中国共产党成立 100 周年大会上的讲话[M]. 北京：人民出版社，2021.

学、礼敬的态度，积极将中华传统文化转化为新时代服务于民族复兴、国家富强、人民幸福的精神财富。中华优秀传统文化的传承与创新不仅是一项理论课题，更是一项实践课题。只有探索出中华文化传承与创新的现实路径，才能实现其现代转型、发挥其现实价值、增强其世界影响的关键核心。我们要从继承与弘扬、挖掘与阐发、协调与适应、创造性转化与创新性发展四个方面研究提炼中华传统文化的思想精华，并宣传普及。

一、继承与弘扬

继承中华优秀传统文化是中华民族永续发展的需要，是中华文化不断创新发展的需要，是中国特色社会主义实践的需要，是中华民族伟大复兴的需要。文化的继承，关键是承认中华文化中含有跨越时空、国度的稳定意义和价值，为我们当代的文化建设提供了"民族形式"，还提供了丰富内容。弘扬是把承接下来的传统发扬光大，往往指在实践中自觉地予以宣传、贯彻、提倡、发挥。弘扬与继承既有联系又有区别，继承是前提，弘扬是在继承基础上的发扬。传承和发展永远是联系在一起的。古人说，"承百代之流，而会乎当今之变"，就是指任何对历史遗产和传统的继承，都是在当代的条件下与当代的事件不可避免地汇合为一体，因而，文化要注重当代的需要，顺着中华传统文化的方向谋求新的发展，提倡继承式的改造，从自然到自觉，自觉推动文化继承向着我们的理想方向发展、转化、创新。

图 6-2　2019 年香港祭孔大典

一代代文化传承者选择革故鼎新，立足中国国情，对现代文化、现代文明兼收并蓄，走上新的文化建设道路。无论是鲁迅、郭沫若、茅盾这样的文学家，还是齐白石、徐悲鸿这样的画家，无论是萧友梅、冼星海、聂耳这样的音乐家，还是蔡楚生、郑君里这样的电影人，他们都深深植根于中国的历史、文化及现实的土壤，开放地吸收世界优秀文化，从而成为一代文学艺术大师，为世界文化提供"中国之声"，也为百年中国带来共同的艺术记忆和精神滋养。无论是春秋时期的百家争鸣，还是汉唐时期的盛世雍容，无论是近代中国新文化运动的风起云涌，还是改革开放至今的文艺春天，这些中国文化的黄金时期，都是在百家争鸣、百花齐放的大环境中，摒弃东施效颦的模仿，超越刻舟求剑的守旧，守正创新、推陈出新、融合创新，努力做到创造性转化和创新性发展，迎来真正的文化繁荣。

【拓展阅读 6-2】

祭孔大典

祭孔是华夏民族为了尊崇与怀念至圣先师孔子，而主要在孔庙(文庙)举行的隆重祀典。它是世界祭祀史、人类文化史上的一个奇迹。祭孔大典是山东省曲阜市专门祭祀孔子的大型庙堂乐舞活动，亦称“丁祭乐舞”或“大成乐舞”，是集乐、歌、舞、礼为一体的综合性艺术表演形式，于每年阴历八月二十七日孔子诞辰时举行。祭孔大典一般从每年 9 月 26 日持续到 10 月 10 日。

资料来源：https://baike.baidu.com/item/%E7%A5%AD%E5%AD%94%E5%A4%A7%E5%85%B8/1855844.

深受年轻一代喜爱的中国风歌曲，又称古风歌曲，就是在歌曲中以中国古代典故为故事背景，以现代音乐形式为载体，唱出古典的味道，唱法多样。曲风偏向传统的东方演奏，加入一些东方乐器，通曲音调婉转、回环，有一种传统东方的美感。音乐多采用“宫调式”的主旋律，编曲上大量运用中国乐器，如二胡、古筝、箫、琵琶等。越来越多的音乐人开始涉足这一音乐领域，也有越来越多乐迷开始喜欢听这一类型的音乐。中文遣词造句的博大精深和纸短情长，无不让这类音乐余音绕梁、回味绵长。这也让年轻的一代在欣赏优美音乐的同时，感悟中华文化的璀璨光芒，在古典文化与流行音乐的碰撞中追寻诗和远方的广袤天地。例如，信乐团的《北京一夜》嫁接了京剧和流行情歌，在苍凉的歌声中，弥漫着寂寞和忧伤，轻描淡写地调侃着人世的无情与人生的无奈。李玉刚的《新贵妃醉酒》作为近年来的优秀戏歌代表作之一，将京剧与流行音乐巧妙结合，加上李玉刚的“双声”唱法，使得这首歌曲充满了无穷韵味。戴荃的《悟空》将中华民族的戏曲元素融入流行音乐，歌词的禅意配上浓浓的京剧味道让人深深陶醉。港台地区也出现了很多脍炙人口的经典作品，如黄霑作词、王福龄作曲，张明敏演唱的《我的中国心》：“河山只在我梦萦/祖国已多年未亲近/可是不管怎样也改变不了/我的中国心/洋装虽然穿在身/我心依然是中国心/我的祖先早已把我的一切/烙上中国印/长江/长城/黄山/黄河/在我心中重千斤/无论何时/无论何地/心中一样亲。”这首歌曲用富含中华元素的事物寄寓海外华人对祖国的一份思念和祝福之情，以表达炎黄子孙不变的中国心。

二、挖掘与阐发

挖掘和阐发更突出强调的是中华优秀传统文化的时代价值。因为随着时代发展，中华优秀传统文化与现代社会的关联并不直接，需要用新的视野、方法来考察分析，才能充分挖掘与阐发其时代意义，才能构建起古代文本与现代社会的关联和连接。我们对中华文化进行阐发的立场可以多样化，即判断传统文化是非、好坏、优劣的标准是多元的，视角是多样的，方法是多维的。新时代中国特色社会主义从不同的视角或融合性的角度对中华优秀传统文化的文本、命题、形式做出了全新的诠释。在内容上，挖掘与阐发首先要大力弘扬中华优秀传统文化讲仁爱、重民本、守诚信、崇正义、尚和合、求大同的价值观，以此作为涵养社会主义核心价值观的基础和源泉，引导人们树立和坚持正确的历史观、民族观、国家观、文化观。在政治上，深入挖掘中华优秀传统文化治国理政的经验，如民为邦本、政者正也、德主刑辅、礼法合治、居安思危等，将其作为启示和借鉴，有利于国家治理体系的改进和完善。在思想上，挖掘如孝悌忠信、礼义廉耻、自强不息、厚德载物、仁者爱人、与人为善等价值，以努力促进中华优秀传统文化的创造性转化和创新性发展。

越来越多的创作者，特别是青年创作者已经走在对传统文化挖掘和全新阐发的道路上。近些年，一些优秀网络 IP 和影视作品不断改编创新，一些既具有中国风格、中国气派又具有现代时尚观念的电视节目、漫画、游戏、音乐已经开始融入这种鲜活气息。举例如下。

《中国诗词大会》(见图 6-3)从 2016 年开始至今，已经连续播出了六季，获得了广大观众的一致好评。该节目以经典诗词为切入点，从诗经楚辞、唐诗宋词、近现代诗词、毛泽东诗词中汲取中华民族生生不息、发展壮大的丰厚滋养，力求使中华优秀经典诗词成为中华民族文化的基因，用诗词立德树人，以春风化雨、润物无声的方式体现对中华优秀传统文化、革命文化和社会主义先进文化的传承与弘扬。这种文化类演播室益智竞赛节目通过演播室比赛的形式，烘托出全民共享诗词之美、感受诗词之趣、传承文化基因的热烈氛围。

图 6-3 《中国诗词大会》海报

电视节目《典籍里的中国》介绍生涩难懂的《尚书》《论语》《诗经》等典籍，重现了司马迁、孔子等古人的“心灵朝圣之旅”，内容传统，方式现代，用让人耳目一新的“打开方式”把年轻人拉回了荧幕前。

文博探索节目《国家宝藏》一改故宫过去的“严肃脸”，使其变得“萌萌哒”。甲骨文手机表情包成为斗图“新宠”，以时尚有趣的形象“飞入寻常百姓家”，给人们带来了丰富的文化大餐，也点燃了大家对中华悠久文化、厚重历史的热情。

另外，电视纪录片《如果国宝会说话》，适应当下碎片化传播特征的互联网时代，更吸人眼球。摒弃“长篇大论”的方式，首次采用短小精悍、分集设置的微记录方式的纪录片，俏皮的配音、卖萌式动画特效，让原本高大上的纪录片顿时变得亲民可爱。

中国台湾著名现代舞团云门舞集是用舞蹈形式创造性传承中华文化的杰出团队。他们借助西方现代舞的结构方式，表现东方的民族文化与审美。《行书》就是其典型作品，它以太极与武术为动作内核，在现代舞的表现形式下呈现出浓郁的书法艺术中的行草特点，通过舞者以张力为行，气运为神，随着肢体的起、承、转、合来代表书法的点、撇、钩、捺，看似相互分离的结构与内容借助阴阳消长的哲理趣味而焕然一新，凝结出东方哲学独特的神韵。海峡的这一端，同为舞蹈艺术形式的水下舞蹈《洛神水赋》(见图 6-4)近期也成功“出圈”，其婉转动人的配乐、流动灵气的舞蹈恍然将人带入“仙境”。《祈》取材自《洛神赋》，把洛神“翩若惊鸿，婉若游龙”的舞姿，通过水下舞蹈的形式呈现出来。水下高清摄影，让服装色彩倍显艳丽、舞蹈动作更加柔美。对“声光电”的巧妙运用以及后期精心的剪辑加工，最终呈现出这段堪称“视觉奇观”的节目内容。外交部发言人华春莹也在推特上发文：难以置信的美！舞蹈像天鹅一样优雅，像中国龙一样敏捷。

图 6-4　《洛神水赋》

【拓展阅读 6–3】

《国家宝藏》

《国家宝藏》是由中央广播电视总台、央视纪录国际传媒有限公司制作的文博探索节目，目前已播出三季。

《国家宝藏》第一季由央视与故宫博物院等八家国家级重点博物馆以“国家宝藏”为题举办一次特展——每个博物馆只选出一件宝藏入驻特展。每件宝藏都拥有自己的明星“国宝守护人”，他们讲述“大国重器”的前世今生，解读中华文化的基因密码。

《国家宝藏》第二季由中央广播电视总台联手故宫博物院，从《国家宝藏》第一季的八家博物馆(院)手中接过了讲述中国故事、让国宝活起来的接力棒。

《国家宝藏》第三季携手九座中华文明历史文化遗产，分别是600年的紫禁城、933年的西安碑林、1000年的苏州古典园林、1300年的布达拉宫、1654年的莫高窟、2200年的秦始皇陵、2500年的孔庙孔林孔府、3200年的三星堆、3300年的殷墟，透过影像化展示、故事化讲述，探讨中华文明的形成及其对世界的贡献。

资料来源：https://baike.baidu.com/item/%E5%9B%BD%E5%AE%B6%E5%AE%9D%E8%97%8F/22226325.

三、协调与适应

历史唯物主义基本原理强调，每一历史时代的经济生产以及必然由此产生的社会结构，是该时代政治和精神的历史的基础。马克思和恩格斯分析问题的立足点都是现实，都是用现实的需要来说明对历史和传统的继承，而不是用历史和文化传统来注解现实。

文化传习的实践必须与今天现实生活的需要相结合。当前我国正处于百年未有之大变局，如农村社会从中华人民共和国成立前到中华人民共和国成立后，从改革开放前到改革开放后，从城市化前到城市化后，社会变迁与变动的速度很快。城市的原有社会关系在城市改造建设的发展过程中也发生转型变化。总之，人与人的关系及其关系形式都发生了巨大变化，这使得原来适用于旧的人际关系及其形式的规范在新的社会结构条件下不再适用。古代文化的许多原则、精神是值得继承的，但其方式方法须结合新时代加以改变，以适应当代社会。例如，古代重视孝敬父母，其原则和精神应该继承，但孝敬父母的方式方法要和当代社会生活相适应。再如，古代文化强调个人道德，而没有发展出一套适合现代公共生活的准则体系，这就需要把古代的个人道德修养和遵守当代社会的公德协调起来。又如，古代文化重视以德治国，这一原则在现代社会仍有意义，但必须与现代社会依法治国的要求结合起来；中国古代形成了根深蒂固的民本思想，这与现代民主在精神上是相通的，但古代的以民为本的价值观也需要在现代社会落实、转化为一套民主制度的建设和社会意识。所以，当代文化指的是社会主义市场经济、民主制度、先进文化、社会治理等。传统文化需要与之协调、适应，才能为今天的社会服务。

当前我们不应该只偏向于宣传中国文化如何悠久，如何伟大，如何具有永恒价值，更应该思考对解决现代人类面临的文化危机，中国文化究竟能贡献些什么。要消除文化偏见，一方面我们要培养认知态度，如前所说，这可以弥补传统人文主义的不足。认知态度可以使我们在学术上学习根据事实下判断，不轻易使用价值判断，以免妨害对文化真相的认知。另一方面我们要普及文化人类学的知识，使其早日纳入各级学校的历史和有关文化的教科书。人类学就像一面巨大的镜子，使各个不同时期的文化在镜子面前照出原形，不再执迷在各自传统的神话和狭隘的观念中。只有在这种新的了解和新的知识基础上，中国传统的人文主义才能通过现代思潮的激荡获得新的生命、新的内容，并延续到未来。

四、创造性转化与创新性发展

《周易》中说："穷则变，变则通，通则久。"《礼记·大学》中说："苟日新，日日新，又日新。"几千年前，中华民族的先民就秉持"周虽旧邦，其命维新"的精神，开启了缔造中华文明的伟大实践。创新是一个民族进步的灵魂，是一个国家兴旺发达的不竭动力，也是中华民族最深沉的民族禀赋。在历史过程中，中国大地上发生了无数变法变革图强运动，留下了"治世不一道，便国不法古"等豪迈宣言。这种变革精神和实践推动着中华民族不断超越自我，并长期走在时代前列。"惟改革者进，惟创新者强，惟改革创新者胜。"推进中华民族伟大复兴仍要弘扬改革创新精神，贯彻创新发展理念，坚持创新在我国现代化建设全局中的核心地位，不断推进理论创新、制度创新、科技创新、文化创新等各方面创新，让创新贯穿于党和国家的一切工作，让创新蔚然成风。中华文化通过推陈出新的多样形式，与时俱进的技术手段，承载中华文化的博大精深的内容涵养和精神特质。

创造性转化是指按照时代特点和要求，对那些至今仍有借鉴价值的内涵和陈旧的表现形式加以改造，赋予其新的时代内涵和表现形式，激活其生命力。创新性发展是指按照时代的新进步新进展，对中华优秀传统文化的内涵加以补充、拓展、完善，增强其影响力和感召力。如果说在创造性转化的问题上不必特别强调形式的更新，那么在这里恰恰应该提到形式的创新。创新性发展中很重要的一点是创新普及传播传统文化的形式，发展其现代表达形式，增强其影响力和感召力。

从 2020 年开始，"天下之谜三星堆"的国宝们就通过直播、微纪录、短视频、特稿、海报、H5 等方式，成为网红界的顶流。多达几百万人通过直播方式观看了三星堆新品上架的过程。作为一个几千岁高龄的遗址，有众多粉丝追随似乎很出人意料。神秘的三星堆、神秘的古蜀文明借助新技术不仅没有淹没在历史的长河中，反而积极主动地迎向新时代，实现了古老文明穿越时空的对话。

【拓展阅读 6-4】

三星堆遗址发布祭祀区阶段性重大考古成果

2021 年 9 月 9 日，四川省文物考古研究院在三星堆博物馆举行的"考古中国"重大项目——三星堆遗址考古发掘阶段性成果新闻通气会上，公布了祭祀区三号坑、四号坑阶段性的重大考古成果，其中铜扭头跪坐人像、铜顶尊跪坐人像、铜顶坛人像、青铜"神坛"、神树纹玉琮、黄金面具等一批重磅文物精彩亮相。会上发布消息称，目前三星堆遗址三号坑出土各类器物残件和标本共 729 件。其中，较完整器物包括铜器、玉器、象牙、金器、骨雕、石器、海贝以及材质不明器物。三星堆最新出土的文物再一次证明了中国古人的想象力、创造力和创新精神是远超现代人想象的。

资料来源：https://kjt.hebei.gov.cn/www/kxpj22/kxbl56/247142/index.html.

思考题

1. 简述“百家争鸣”产生的文化背景。

2. 简述秦汉文化在中华文化史上的历史地位。

3. 简述隋唐文化多元化的原因。

4. 有人认为，经济全球化在全球扩张，从而产生了强势文化与弱势文化，必然影响强势文化向弱势文化流动，一些弱势的民族文化将逐渐淡出世界舞台，湮灭一些缺乏生命力、创造力、价值性的民族文化标识。你认为随着世界各国文化的发展，未来是多元文化并存的世界可能性大，还是产生由一种强势文化主导，湮灭他种文化的世界可能性大？其理由是什么？

参考文献

[1] 张岱年，方克立. 中国文化概论[M]. 北京：北京师范大学出版社，2004.

[2] 张维为. 文明型国家[M]. 北京：上海人民出版社，2017.

[3] 张应杭，朱晓虹. 新时代中国共产党对中华优秀传统文化继承创新的推进路径与实践主张[J]. 毛泽东邓小平理论研究，2021(2)：21-29.

[4] 新华通讯社. 习近平总书记在庆祝中国共产党成立100周年大会上重要讲话[M]. 北京：新华出版社，2021.

[5] 冯天瑜，杨华. 中国文化史分期刍议[J]. 学术月刊，1998(3)：52-60.

[6] 潘岳. 中华共同体与人类命运共同体[J]. 中央社会主义学院学报，2019(4)：5-8.

[7] 陈来. 中华优秀文化的传承和发展[N]. 光明日报，2017-03-20.

[8] 何中华. 开辟马克思主义基本原理同中华优秀传统文化相结合新境界[N]. 中国社会科学报，2021-10-26.

第七章 天下大同：中华文化的时代价值和世界意义

中华文化是中华民族在五千多年的社会实践中形成的思想理念、传统美德和人文精神中的集合，体现出中华民族特有的思维方式和精神标识。它在历史上为推动民族进步和社会发展发挥过重要的作用，为世界文明之花的丰富多样和交流互鉴，刻写下浓墨重彩的共同记忆。从时代价值来看，中华文化奠定了中国统一安定的治世局面，彰显了义以生利的经济伦理，创建了修己安人的文化家园，启迪着协和万邦的外交智慧。对当代世界来说，中华文化贡献了大同小康、共同富裕的中国式现代化新发展道路，推荐了为政以民、全过程民主的治理模式，提升了尚和合、贵中庸的文化自觉与自信，倡导了天人合一、道法自然的生态观，树立了人己相合、群己协调的和谐社群观，并构建着“和而不同、美美与共”的人类命运共同体。

第一节　中华文化的时代价值

2021 年 7 月，第 44 届世界遗产大会中国唯一申报项目——“泉州：宋元中国的世界海洋商贸中心”成功被列入《世界遗产名录》，中华文化的世界意义再度引起世人的关注和思考。“泉州：宋元中国的世界海洋商贸中心”由 22 处代表性古迹遗址及其关联环境和空间构成，不仅反映了当时泉州作为世界级城市“市井十洲人”的繁荣景象，也映射出当时不同习俗和文明和谐共存、相互交融的气质风貌，同时构建了一个关联制度保障、多元社群、城市结构、生产基地、运输网络、区域布局等完备的链条体系。这不禁让世人反思，是什么文化特征与发展智慧让泉州成为开放、多元、包容的世界性海洋贸易中心？迈向新时代的中华文化又将焕发出怎样的蓬勃生机？

一、奠定统一安定的治世局面

中国5000多年的历史经验证明，统一安定的治世局面符合中国疆域辽阔、人口数量庞大、少数民族众多的国情，是中国人的第一政治关切，是经无数次血的教训凝成的集体共识，任何外来理论都无法动摇。

中华民族多元一体，所谓“多元”是指多个起源，即56个民族及海外华族。所谓“一体”是指56个民族融汇形成中华民族这一主体。它包含了共同语言——共用一种国家通用语言：普通话；共同地域——共居于中国的版图；共同经济生活——共同参与中国特色社会主义经济；共同文化心理——认同并形成了一种中华文化。公元前2070年，炎黄、东夷、苗蛮、戎狄互动整合建立了夏朝，他们定九州、安雅言，以铜为兵、农率均田，紧接着就有了赫赫始祖，即三皇五帝之说。几千年来，炎黄二帝作为中华民族始兴之祖和统一的象征，对于海内外中华儿女的民族认同和增强凝聚力、向心力等方面发挥了巨大的作用。夏之后是文化基础扩延阶段的第一个阶段——青铜文化阶段，公元前1600年，殷商王朝开启了六畜兴旺、市肆繁盛，即“商人”之源的青铜文化。到公元前1046年的周朝，通过封邦建国、井田分封、六律八音、宗法制和礼乐制度，开启了和谐安邦、铸成中华文化内核的阶段。战国时期，农业发展、铸币流通、交通发达、城市兴起。到秦汉阶段，中华民族达到第一次融合高潮，郡县制、书同文、行同伦、车同轨、治驰道，通过这样的大互动、大认同、大融合，中华民族以及中华文化的核心逐步形成。到了魏晋南北朝时期，外来民族的入侵使群雄闪烁、分裂混战，各民族大规模地迁徙、融合，破坏了中原政权和经济架构，也使得北方游牧民族和中原汉族产生了充分的文化经济交往，使中华民族各民族之间达到了第二次融合高潮，同时使得中华民族之间的融合范式出现了转折点，即形成了大一统、胡汉融合以及璀璨恢宏的“唐文化”。中华民族的第三次融合高潮是五代十国、宋辽金夏时期，战争与和平交织，民族融合与认同深入，少数民族入主中原，汉人南迁，整个民族之间的认同不断深入。元明时期，蒙古军队一步步降服畏兀儿、哈剌鲁、吞西夏、征服金朝、招抚吐蕃、平定大理、灭南宋、统一中国，“以马上得天下”。清朝统治全国各民族，主要是汉族、蒙古族以及其他南方少数民族等，在一定程度上实现了汉族的“满化”和满族的“汉化”。伴随着清军入关、定鼎北京，其语言文字、风俗习惯、生产方式等均因受汉族的影响而发生变化。发展到清中后期，除皇室以外，入关的八旗将士根本不会说满语，其姓氏也从原来的复姓变为单姓，有的甚至采用汉姓。随后中华民国从“天下”到“国家”，使中国作为一个多元一体的国家形态逐渐进入到各民族人民的意识之中。今天，中华民族正在新时代中国特色社会主义建设中实现中华民族的伟大复兴。

中国人的政治向心力之所以如此之强，首先来自中央政府的政治向心力。从自然经济时代开始，中国就出现了一个以君王的专制权威为中心的政治结构。皇帝是封建制国家的最高权力、战略中枢和共同体化身，对这样一个权力中心和共同体化身，儒家是主张给予敬意和忠诚的，即“臣事君以忠”“礼乐征伐自天子出”；法家的韩非子强调要“定于一尊”；历朝历代无不主张“收天下之权以归于一人”，努力加强君主的权威，从而形成了“朕即国家”的“东方专制主义”。这种“道尊于势”的独特的王道政治理念有三层要求：敬天—爱民—尊孔。第一层要求是“天子受命于天”——故而要法天而王，这是政治合法性的超越基础。第二层要求是“得乎丘民而为天子”——天下生民往归，这是政治合法性的民意基础。第三层要求是“罢黜百家、独尊儒术”——尊孔尊儒，这是政治合法性的文化基础。王道政治观是对王朝政治合法性的界定标准，更是对专制主义君主权威的教育、范导和约束的力量，故而受到古代明君的普遍重视和昏君的深深忌惮。

除此之外，这种统一安定的政治治理局面还来自中国这个超大规模共同体内部的差异性和多样性的包容与融合，在平天下、柔远纳新的理想带动下，尊重各地区、民族、文化的差异，求同存异，多元一体。任何一个少数民族政权定鼎中原，都主动传承中国制度体系与伦理体系；任何一种宗教进入中国，都去除非此即彼的排他性而融入中华文明思想体系。

今天，在全心全意为人民服务、具备先锋队性质的中国共产党的坚强领导下，我们不仅有960万平方千米的广袤国土，实现充分组织和整合的14亿人口，还有5000多年续而不断的文化传统，它们是我们实现中华民族伟大复兴的基本内核。

二、彰显义以生利的经济伦理

我国古代经济伦理实践累积了丰富的伦理遗产，这些伦理遗产的核心是公平交易、诚信从商、重视信誉、秉持义利合一的价值观和财富观以及对社会利益和国家利益的高度关注。这些优秀的经济伦理思想值得我国在推进经济高质量发展、建设现代化经济体系、促进全体人民共同富裕的道路上挖掘和弘扬。作为儒家学派的创始人，孔子关于义利范畴的论述，对中国传统经济思想史和伦理思想史产生了深远影响。孔子在《国语·晋语一》中曾经提到这样一句著名的话：“义以生利，利以丰民。”意思是如果人们行事都有秩序，相互之间关系协调，社会稳定，则每个人都能得到与自己社会地位相应的一份利益。礼用来推行道义，道义用来产生利益，利益用来使老百姓太平，这是治理国家的关键。《左传·成公·成公二年》说：“礼以行义，义以生利，利以平民，政之大节也。”《论语》中也记录了孔子对“利”以及义利关系的许多观点，孔子说“君子喻于义，小人喻于利”“见利思义”“不义而富且贵，于我如浮云”“富与贵，是人之所欲也，不以其道得之，不处也”。

“义以生利”中的“义”是一种道德准则体系和行为规范，它所设定的情况是在现实生活中，如果被行为主体切实实行，就能为行为主体带来极大的社会声誉，其社会信用度和美誉度会极大提升，从而积累为“社会资本”。社会资本比物质资本、金融资本、知识资本更重要，是决定行为主体经济效率和经济利益的重要变量。因此，如果一个行为主体在经济运行和金融体系运作过程中遵循了“义”，即模范地执行了道德准则，就可能获得更多的社会资本。自荀子以来，秦汉以降迄于宋明，出现了一批敢于批判和矫正旧的伦理传统、肯定人的利益需求的功利主义学派，如战国后期荀子提出了“义利两有”的价值观；汉代司马迁也提出了顺应自然的人性观和功利主义经济伦理观，即善因论；南宋永康学派的陈亮和永嘉学派的叶适倡导功利之学，反对朱熹提出的“存天理、灭人欲”的命题。

延续古代中华文化的智慧，中国共产党人更是将“义”作为共产党人、社会主义国家积极倡导的理念，希望全世界共同发展，特别是希望广大发展中国家加快发展。而“利”是要求全世界恪守互利共赢原则，甚至要重义轻利地兼顾各方利益和关切，寻求利益契合点和合作的最大公约数。

中国共产党的十八大以来，中国对精准扶贫进行了战略部署，到 2020 年农村贫困人口全部脱贫，对全球减贫的贡献率超过 70%。同时，中国还积极支持和落实联合国千年发展目标和 2030 年可持续发展议程，为全球发展事业作出了重大贡献。

三、创建修己安人的精神家园

中华文化凝练了博大精深的精神要义。文化精神是相对于文化的具体表现而言的，它是文化思想的基础，是文化发展过程中精微的内在动力，也是指导民族文化不断前进的基本思想。人文主义或人本主义是中国文化的一大特色。人，首先是生活在人群之中的人，面对着各种人际关系，即我们所讲的“伦”，它是处理和摆放各种人际关系的原则秩序。

中国传统的德性文化注重伦理研究和修养。《易经》讲的是人与自然的关系、《尚书》讲的是人与政治的关系、《礼记》讲的是人与伦理的关系、《春秋》讲的是人与历史的关系、《诗经》《乐经》讲的是人与艺术的关系，它们都推崇仁德和良知，相信人性本善，又重视克服私欲，追求高尚和伟大的境界。中华人文道德文化也塑造了无数善良、正直的“民族的脊梁”，养成了中国人民所珍视的仁爱孝悌、谦和好礼、诚信知报、精忠报国、克己奉公、修己慎独、见利思义、勤俭廉正、笃实宽厚、勇毅力行十大传统美德。

儒家在各种纷繁复杂的人伦关系之中，首先重视的是五伦，即君臣、父子、夫妇、兄弟、朋友。五伦就像是人人要去走的五条大道，是人所不能避免的基本人际身份和社会关系。儒家也为人们走好这五条道路设置了相应的规则。孟子对此有一个最为经典的概括，即父子有亲、夫妇有别、长幼有序、君臣有义、朋友有信。儒家的五伦之礼各有要义，它希望每一个人在各自的伦理身份之中安常守分、敦伦尽分，如父母要慈，子女要孝；夫要义，妇要听；长者要惠，幼年要顺；君要仁，臣要忠；朋友之间要互信。从家庭到社会、从亲族到政治、从男女到长幼，建构起了一套以仁德为本位，情感和合、互爱互重、整体平衡的德性主义伦理体系。

正如习近平所指出的：“包括儒家思想在内的中国优秀传统文化中蕴藏着解决当代人类面临的难题的重要启示”[①]“中华优秀传统文化是中华民族的文化根脉，其蕴含的

① 习近平. 国际学术研讨会暨国际儒学联合会第五届会员大会开幕会上的讲话[M]. 北京：人民出版社，2014.

思想观念、人文精神、道德规范，不仅是我们中国人思想和精神的内核，对解决人类问题也有重要价值。”[①]仅以视野、情怀而论，与西方古代的城邦、王国、帝国及近代以来的民族—国家观念相对，中华文化中自古就有责任观念。自《尚书》以来，中国思想虽百家争鸣但都尊崇天下之说，儒家关于修身、齐家、治国、平天下的担当意识尤其为人所熟知。“天下为公”“天下大同”直接成为中国人对理想的美好生活的畅想，“以天下为己任”也成为士人的立身传统。

四、启迪协和万邦的外交智慧

中华文化的发展并不限于中国本土，还扩散到东亚各国，如日本、朝鲜、越南等，形成了中华文化圈或东亚文化圈，从公元前 4 世纪到 19 世纪中叶，中国一直是这个文化圈的中心。随着汉字的流传，中国的典章制度及哲学、宗教、科技等也传播于各国，形成具有共同文化要素的中华文化圈。这个文化圈与西方基督教文化圈、东正教文化圈、伊斯兰教文化圈、印度文化圈并称世界五大文化圈。中华传统文化是人类封建时代文化中发展水平最高、贡献最大的文化。第一，中华优秀传统文化是人类封建时代文化中理性主义和人文精神最浓的文化。第二，中国封建时代的科学技术长期居于世界领先地位。第三，中国封建时代的文学艺术领一代风骚。第四，中国在近两千年中央集权的统一国家的建设中积累了许多经验教训，形成了许多至今仍可借鉴的制度，显示出很高的政治智慧。第五，中国素有发达的农业和手工业，在封建时代，中国的物质文明水平也是世界第一流的。

《尚书·尧典》中载：“克明俊德，以亲九族，九族既睦，平章百姓，百姓昭明，协和万邦，黎民于变时雍。”意思是从个人的道德修养开始，逐步推及家庭、家族、国家、天下。即使在中国圣贤认为能力可以达于天下之时，也不是征服天下、统治天下，而是协和万邦，使人民生活幸福，和谐相处。儒家继承了古圣先王的良好品德，《大学》说：“古之欲明明德于天下者，先治其国；欲治其国者，先齐其家；欲齐其家者，先修其身；欲修其身者，先正其心；欲正其心者，先诚其意；欲诚其意者，先致其知，致知在格物。物格而后知至，知至而后意诚，意诚而后心正，心正而后身修，身修而后家齐，家齐而后国治，国治而后天下平。”这里特别需要注意，孔子所说的“平天下”不是征服天下、占有天下，而是“欲明明德于天下”，即用自己的德行感召天下，带动天下之民同归于德。

《礼记·中庸》有言：“万物并育而不相害，道并行而不相悖。”《尚书》中的“抚绥万方”，意思是国家强盛的根本在于安抚、团结各个邦国。传统中国处理对外关系，一直守中道致中和，追求各美其美、美美与共、以和为贵、协和万邦。几千年来，我们即便在国力最鼎盛的时期，也从没有向外征服扩张，而是靠商贸怀柔远人；从没有殖民统治周边邻国，而是靠朝贡体系礼尚往来；从没有对外传教，搞文化霸权，历朝政府从没组

① 习近平. 国际学术研讨会暨国际儒学联合会第五届会员大会开幕会上的讲话[M]. 北京：人民出版社，2014.

织过一个儒生去国外传过教。一句话，一部中华文明史上没有对外扩张、没有殖民掠夺、没有炮舰政策、没有强迫的文化输出，这与奉行丛林法则的新老帝国主义有着本质区别。

如今，许多古老文明国家都在努力探索一条根植于自身文明传统的非西方现代化道路。这些国家在古代史上都曾灿烂辉煌，在近代史上都曾被西方侵略，以后都开始学习西方，再以后又都在学习西方完成现代化之后逐步回归自己的古老文明传统。这其中的关键就在于既要现代化，又要民族化；既要学习西方，又不变成西方。因为古老文明中蕴藏着化解现实困境的宝贵经验，更懂得如何在传统与现代、多元与一体、秩序与自由中找到平衡。

第二节　中华文化的世界意义

近年来，北京 APEC(亚太经济合作组织)峰会、G20 杭州峰会、“一带一路”国际合作高峰论坛、全球政党大会等活动在中国耀世登场，它们重塑了中国的海外形象，弘扬了中国气度，配合了“一带一路”建设，有力地促进了沿线国家的民心交融。我国与近 160 个国家和地区建立了文化交流和合作长效机制，多边多元多层次的文化交流合作持续发展，文化产品和服务贸易的原创性不断增强，涌现出一批优秀中国文化品牌，国际文化话语权不断提升。作为一个有着悠久历史文化的东方大国，一个历经苦难、不断奋斗而快速崛起的大国，中国需要向世界展示自己灿烂悠久的文明，需要让世界了解东方的智慧，需要与世界分享一个发展中国家走向成功的经验。

一、贡献大同小康、共同富裕的中国式现代化新发展道路

“小康”一词出自《诗经·大雅·民劳》中的“民亦劳止，汔可小康”。在这里，“小康”具有“小休”“小安”的意思，表达了百姓对宽裕、殷实的理想社会生活的向往。《礼记·礼运》系统描述了“小康”和“大同”两种社会模式。所谓“大同”，指的是天下为公、力不为己、讲信修睦、财产公有、井然有序的社会，这与中国共产党所追求的共产主义社会有相通之处。“小康”和“大同”分别为中国古代人们追求的现实目标和最高目标。邓小平借用中国古代的“小康”一词来描述中国式的现代化，并提出实现小康社会的步骤，使用“小康”来确立中国的发展目标，既符合中国发展实际，也容易得到最广大人民的理解和支持。

追求共同富裕彰显了中国式现代化新发展道路的深厚文化底蕴。习近平指出，优秀传统文化是一个国家、一个民族传承和发展的根本，如果丢掉了，就割断了精神命脉。中国式现代化新发展道路传承弘扬了中华优秀传统文化的价值理念和理想追求，具有深厚的历史文化底蕴。

中国共产党从中国目前所处的社会主义初级阶段的具体国情出发，将全面建成小康

社会作为第一个百年奋斗目标，坚持在发展中不断保障和改善民生。如今，经过全党全国各族人民的持续奋斗，实现了第一个百年奋斗目标，在中华大地上全面建成了小康社会，历史性地解决了绝对贫困的问题。这意味着中国在共同富裕道路上迈出了坚实一步。中国共产党的十九大报告提出，到2035年“全体人民共同富裕迈出坚实步伐”，到21世纪中叶“全体人民共同富裕基本实现，我国人民将享有更加幸福安康的生活”。党的十九届五中全会提出了更为具体的要求，提出到2035年“人均国内生产总值达到中等发达国家水平，中等收入群体显著扩大，基本公共服务实现均等化，城乡区域发展差距和居民生活水平差距显著缩小”“人民生活更加美好，人的全面发展、全体人民共同富裕取得更为明显的实质性进展”。这些重要决策部署指明了实现共同富裕的前进方向，描绘了实现共同富裕的宏伟蓝图。

追求共同富裕明确了走中国式现代化新发展道路的必然要求。中国式现代化新发展道路是马克思主义基本原理同中国具体实际相结合的伟大创造。马克思主义科学揭示了人类历史发展规律、社会主义发展规律，为我们认识世界、改造世界提供了科学世界观和方法论。具体而言，马克思主义揭示了资本主义社会发展的历史趋势，明确提出“无产阶级的运动是绝大多数人的、为绝大多数人谋利益的独立的运动”。马克思、恩格斯设想，在未来社会中，“生产将以所有的人富裕为目的”“所有人共同享受大家创造出来的福利”。习近平指出，要坚持把增进人民福祉、促进人的全面发展、朝着共同富裕方向稳步前进作为经济发展的出发点和落脚点。着力解决新时代社会主要矛盾，就要不断创造美好生活，逐步实现全体人民共同富裕。

中国式现代化新发展道路拓展了发展中国家走向现代化的路径，为那些既希望加快发展又希望保持自身独立性的国家和民族提供了全新选择，改变了长期以来西方现代化模式占主导地位并垄断话语权的格局，打破了“全球化=西方化、西方化=现代化、现代化=市场化”的思维定式和“美丽神话”；中国式现代化新发展道路注重运用市场和资本但不被市场和资本所俘获，它为人类对更好社会制度的探索提供了中国智慧。

二、推荐为政以民、“全过程人民民主”的治理模式

人为万物之灵，这一观念已经变成中华文化的一个基因，成为中国人文精神的重要组成部分。因为人有思想、有精神、有自由，所以人能够进行道德判断，有道德自觉、道德观念和道德行为。儒家学说的人性论、人生观、社会观以及道德修养功夫论等也以此为基础。正是在这样的思想基础上，儒家强调民为邦本，认为人民构成国家政治的基础，强调“民贵君轻”，提出人民、国家、君主的同等重要性。

中国共产党在民主制度建设和政治实践的探索过程中，注重发掘传统文化中的民主性思想，尊重亲民、重民、爱民等为政以民的价值观和行为准则，为建设基于中国文化的中国式民主作出了重要贡献。在庆祝中国共产党成立100周年大会上，习近平简练而精辟地提出了发展“全过程人民民主”的重要论断。这一论断充分吸收了中华传统政治文化中的和谐思想、民主思想、天下为公思想以及传统议事制度、传统纳言渠道等制度

的影响。

“全过程人民民主”包括民主选举、民主决策、民主管理、民主监督等过程。对“全过程人民民主”的探索之路反映了中国的历史追求，符合统一多民族人口大国政治发展的基本规律，不仅引领中国人民在国家发展的道路上继续稳步前行，也将为世界政治文明发展贡献独特的中国智慧和中国方案，为全人类共同价值的发展带来重要影响。

“全过程人民民主”尊重大多数人的利益和诉求，支持和鼓励各种形式的协商贯穿于民主发展全过程，体现了中国独特的民主价值观，是植根中国大地、反映中华优秀传统文化的政治文明形态的表达。以基层民主参与为例，协商是落实“全过程人民民主”的重要形式。有事好商量，众人的事情由众人商量，找到全社会意愿和要求的最大公约数。坚持个人、家庭、集体、国家多主体共同参与，坚持民主政治与经济社会协调发展，坚持秩序与活力、法治与自由相互兼容、统筹兼顾，同样显示出鲜明的中国文化特色。

三、提供尚和合、贵中庸的文化自觉与文化自信

21 世纪第二个十年以来，人类遭遇了严重的自然危机、社会危机和人类自身的危机，特别是此起彼伏的恐怖主义、网络安全、重大传染疾病、气候变化等共同挑战。这些危机和挑战各有原因，但总体根源源自近代以来强势的西方文明。在处理民族、国家、文明的关系上，以美国为代表的西方文明自持优越，秉持强权政治，以强凌弱，大搞单边主义、保护主义、霸权主义，致使世界冲突不断，危险重重，人类和平发展受到了严重威胁，人类的前途命运也蒙上了阴影——人类文明蒙尘。种种事实表明，人类的拯救途径就在于能否开显出超越西方文明的新文明形态。

西方思维方式主要来源于自我中心主义、理性主义、功利主义。其中自我中心主义导致霸权主义与恐怖主义蔓延，进一步导致政治单边主义、民族分裂主义与宗教极端主义。它在人与自然的关系方面进一步上升为人类中心主义，过度开发、肆虐大自然导致环境破坏严重、能源危机、物种灭绝、自然灾害频发等。理性主义则崇尚工具理性、迷信科学技术，使现代文明过于注重机械化、流程化、制度化、普世化、全球化、网络化、信息化，导致社会的发展过于冰冷、僵化、琐碎等。另外，由于人们过于追求时尚工具的价值，社会人口流动越来越快。再加上机械化、制度化的应用越来越广，各行各业的竞争压力越来越大，使得人的身心负担严重、人群多发强迫症、抑郁症等精神疾病。同时，功利主义又催生了享乐主义、拜金主义，资本家和商人见利忘义，世界各国都存在环境安全、食品安全、金融安全、科技安全、文化安全、经济安全等社会重大隐患，并导致了不同行业、不同阶层、不同地区、不同国家之间巨大的贫富差距，恶性竞争、社会扶贫与慈善救济成为全球的时代难题。中华文化中尚和合、贵中庸、重自觉的文化自觉理念，正好可以从根本上分别予以对治。

在天下意识的统摄下，中华文明对于不同生活方式、礼仪习俗乃至其他文明有着开放包容的态度。首先，我们确认“物之不齐，物之情也”(《孟子·滕文公上》)；“此上以为政，下以为俗，而未足为异也”(《列子·汤问》)。认为差异是正常的，不求一律。

其次，认为“道无常名，圣无常体”，不同文化乃至宗教只要“济物利人，宜行天下”，就可以“随方设教，密济群生”(《大秦景教流行中国碑》)，完全可以“万物并育而不相害，道并行而不相悖”(《中庸》)。最后，面对差异造成的矛盾，总是希望通过一定努力，最终使他者变成可以和平照面的“你”。其中最重要的是反求诸己，即通过提升自己的修养、境界感化对方，达到“修己以安人”(《论语·宪问》)，“故远人不服，则修文德以来之”(《论语·季氏》)的效果。

中华文明的天下意识以及对待其他文化、文明的情怀，使得中华文明超越了民族—国家，成为一个文明国家，也成为人类历史中唯一真实存在过的、最接近于各文明相处理想状态的“拟人类文明”。中华文明的这种天下意识与情怀，与马克思的世界历史思想、类存在观念和“新唯物主义的立脚点则是人类社会和社会化的人类”的思想高度契合，并凸显出崇生、尚和、重情、贵德的维度，这些正是当今西方文明所垄断的世界最缺乏和最急需的思维与伦理。

【拓展阅读 7-1】

福岛核事故

福岛核电站位于北纬 37 度 25 分 14 秒，东经 141 度 2 分，地处日本福岛工业区。它是目前全世界最大的核电站，由福岛一站、福岛二站组成，共 10 台机组(一站 6 台，二站 4 台)，均为沸水堆。日本经济产业省原子能安全和保安院 2011 年 3 月 12 日宣布，受地震影响，福岛第一核电站的放射性物质泄漏到外部。2011 年 4 月 12 日，日本原子能安全保安院将福岛核事故等级定为核事故最高分级 7 级(特大事故)与切尔诺贝利核事故同级。

资料来源：https://baike.baidu.com/item/%E7%A6%8F%E5%B2%9B%E6%A0%B8%E7%94%B5%E7%AB%99/5178559.

四、倡导天人合一、道法自然的生态观

从 20 世纪 30 年代开始，发达国家相继发生了比利时马斯谷烟雾事件、美国洛杉矶光化学烟雾事件、英国伦敦烟雾事件等八大公害事件。这一系列破坏环境的事件与西方文化强调征服自然、战胜自然的思想渊源不无关系。西方近代文化可以追溯到基督教经典《圣经》，它指出人是站在自然界之上、之外的，有统治自然界的权力；所以人与自然是敌对的；人要在征服、战胜自然的艰苦斗争中求得自己的生存。这些思想观念影响深远，在很大程度上造就了西方文化在人与自然关系上的基本态度。西方文化中对“力的崇拜”和对科学技术的热烈追求，对西方科学技术和工业的发展产生了巨大的推动作用。但是，西方文化过分夸大了精神、思维在征服和战胜自然中的作用，夸大了科学技术的作用，以为只要通过科学技术征服或战胜了自然，人类就可以获得幸福的生活。

在长期的农耕生活中，中华民族和大自然有着丰富而深刻的互动，并在细致地观察和深入地思考中形成了自己独特的观念，即天人合一、和谐天成的生态平衡观念。天地之道创生万物，没有偏袒和自私，每一个生命个体都是世界不可或缺的组成部分，都有其独立的价值和意义，都是鲜活的生命律动，天人之间休戚与共。儒家的大生态观以生态学的季节节律(时)为基础，以有机农业为核心，以利用和保护自然资源为保证的思想体系。在孔子的思想体系中，其用“时”将农业和自然联系在一起，提出了“道千乘之国，敬事而信，节用而爱人，使民以时”(《论语·学而篇》)的主张，这里的“使民以时”将生态学的季节节律(时)、农业生产和自然保护看作了三位一体的东西。在这种思想的影响下，孟子将“不违农时”(根据生态学的季节节律进行农业生产)和“斧斤以时入山林”(根据生态学的季节节律利用和保护自然资源)作为“王道”的基础；荀子也是从这种三位一体的角度来看待该问题的，将按照生态学的季节节律进行农业生产(春耕、夏耘、秋收、冬藏，四者不失时)和利用、保护自然资源(草木荣华滋硕之时，则斧斤不入山林等)作为“圣王之制”的内在规定。

中华文化中的自然观念是一脉相承的。虽然在特定时期，中国为追求经济发展对生态建设有所忽视，但近年来国家围绕自然生态环境做出了许多努力。“五位一体”总体布局和新常态下的“五大发展理念”，将“生态文明建设”和“绿色”摆在的突出位置，秉持“人与自然和谐共生”和“绿水青山就是金山银山”的价值理念，配合发展出更为深刻、更贴近中华文化土壤与世界生态现实的伦理思想。

生态环境问题从来不是地方性的，而是全球性的。针对当前的环境危机，习近平基于中华文化的丰富内涵和历史智慧，提出了美丽中国、低碳生活、可持续性发展战略以及人类命运共同体构想，这些构想都是对传统自然观念的继承与勃兴，都是引领新时代中国经济发展的强大思想武器。

【拓展阅读 7-2】

绿水青山就是金山银山

2005 年 8 月 15 日，时任浙江省委书记的习近平在浙江湖州安吉考察时，首次提出了“绿水青山就是金山银山”的科学论断。后来，他又进一步阐述了绿水青山与金山银山之间三个发展阶段的关系问题。习近平的“两山”重要思想，充分体现了马克思主义的辩证观点，系统剖析了经济与生态在演进过程中的相互关系，深刻揭示了经济社会发展的基本规律。

资料来源：https://baike.baidu.com/item/%E7%BB%BF%E6%B0%B4%E9%9D%92%E5%B1%B1%E5%B0%B1%E6%98%AF%E9%87%91%E5%B1%B1%E9%93%B6%E5%B1%B1/18349519.

五、树立人己相合、群己协调的和谐社群观

在西方近代思想文化理念的影响下，人们在处理个人与社会的关系时，习惯性地采

取以个人为中心的思维方式和处理方式。这种诞生于近代西方的个人主义自我观是一柄“双刃剑”：一方面，它可以促使人们充分发挥自己的主观能动性，进行充满活力的创造和创新；另一方面，它使得个人完全以自我为中心，容易视他人为工具、为敌人，产生各种非人道的行为，对他人和社会造成伤害。发挥个人主义的正面价值对于现代生活来说是很有必要的，如市场经济、民主政治以及个人发展等都必须以此为基础。同时，个人主义的负面影响也危害颇深，为减少这种负面影响，必须将西方个人主义的自我观和中国立体网络式的自我观加以融合调适，形成一种新的、更符合人类社会发展的自我观念。这种新的自我观面向人的本真的丰富而开放的生活，既承认人的社会性的必然，又认可人的创造性的能力；既确认人的道德义务与能力，又肯定人的适度追求和利益的正当性；既确定人和社群的和谐关系，又尊重人的独立发展。这种新的自我观念致力于推动人的自我身心和谐建构，实现人和他人的和谐发展，从而真正形成一种未来人类可以持久性存在的自我观念。

中华文化是一种讲究圆融和谐的智慧。儒家、道家、兵家、墨家、佛家都有“和谐”的主张和关怀，老子呼吁“以德报怨”、墨子主张“兼爱非攻”……普遍认为个体的存在是不能脱离社群和社会的。也就是说，传统中国的自我观从来都是人己相合的自我观念。古代人坚持个人的利益需要在社群的利益中实现，因为人的生存不可能离开社群，所以个人的成就归根结底是整个社群共同运作的结果。作为古代中国思想文化主流的三家——儒家强调“民胞物与”“兼济天下”，道家强调“福利众生”，佛家强调“普度众生”，皆认为个人需要和天下万物共生共存，而且因为人高于万物的能力，人应当造福于万物。

中华传统文化有三才(天地人)之说，认为天、地、人各有其道，人在这个世界上具有巨大的存在意义与价值，人与天地一起使这个社会和谐、和睦而丰富多彩地运行。个体的真正价值实现不仅仅是通过金钱、财富、地位等，而且是对自己所生活于其中的各个社群能有所反馈、有所贡献。

具体来说，在人己、社会关系中，首先是如何处理自己与家人的关系，在中国“民族—家族—家庭”的系列演变中，由夫妇子女组成的家庭居于社会的基础地位。天地之道化生万物，人也是这样，乾为男、为夫，坤为女、为母。男女婚嫁，于是有了家庭的“夫妇之道”，夫妇生育子女，就是家庭的开始。这种建构人伦关系的方式精微而绝妙，深远地影响了中华文化的基本品质。人是在父母的养育中，最初体验到人与人之间那种温暖而真挚的道德情感的，孝悌是人的道德情感之源，是道德的发生，于是儒家从对“孝悌”的内在体认开始建构家庭伦理，说“君子务本，本立而道生。孝弟也者，其为仁之本与”无疑有其充分的合理性。20 世纪 90 年代通过的《全球伦理宣言》(见图 7-1)说：“只有在个人关系和家庭关系中已经体验到的东西，才能够在国家之间及宗教之间的关系中得到实行。”基于此，儒家对于父子、儿女、夫妻等之间的关系，都进行了合乎情理的推演扩充，建构起了父慈、子孝、兄友、弟恭的家庭伦理。当今网络时代，在个体主义等西方价值观念的影响下，现代家庭面临一系列难题。对此，建立在人性温情基础上的中华家庭观无疑对现代家庭问题的解决有诸多可借鉴之处。同时，中华文化还将家庭本位主义发展为一种独特的社会本位主义。这种社会本位主义的特点就是把国家和社会视为一个大家族。由“亲亲”开始，通过“老吾老，以及人之老；幼吾幼，以及人之幼”(《孟子·梁惠王上》)，最后达到孔子主张的“泛爱众”，即普遍的“博爱”。社会伦理虽然起源于家庭，但并没有停留在血缘情感的特殊性上，而是在此基础上讲求“本立而道生”，这个“道”就是普遍的仁爱。在儒家看来，“道”的扩充原则是“人同此心，心同此理”的同理心，也是孔子说的“忠恕之道”，这里的“忠恕”就是“己欲立而立人，己欲达而达人”“己所不欲，勿施于人”，这是孔子普遍实行仁道的一以贯之的方法。

图 7-1 《全球伦理宣言》

六、构建“和而不同、美美与共”的人类命运共同体

中华文化历来实行“天下一家、协和万邦”的开放态度，一直主张用文化怀远的方式来处理中外关系。历代王朝政府乐见中外搭建和谐友好、互通有无的交流网络，也愿意为此采取积极的建制性的工作手段，以玉成其事。比如，陆上丝绸之路的开辟就与西汉张骞和东汉班超这两位国家公使的外访工作有直接的联系。唐代万国来朝，长安成为国际化都市，居住着粟特人、波斯人等各国客商多达三万人，外国人甚至可以参加科举，在朝廷任职等等，这都跟唐政府开放、包容和鼓励交往的国策有着密切的关系。大食(阿拉伯帝国)也派遣唐使多达 40 多次，比日本派遣唐使更加频繁。又如，汉唐王朝都曾设置西域都护府，用于维护丝路的交通安全，宋元明政府为协调管理对外的海贸事务而设置市舶司。同时，丝绸之路沿线国家和地区为了维护丝绸之路的畅通，一般都会建立口岸、设立驿站、建设贸易场馆、修筑道路和完善基础设施，或者为之提供观察所、巡查站、治安亭等各种安全措施，并配套制定各种交流规则、化解纠纷矛盾。

然而，这些曾经流淌着牛奶与蜂蜜古丝绸之路沿线国家和地区，如今很多地方却成了冲突动荡和危机挑战的代名词。所以汲取5000多年中华文明的灵感，承载近代以来中华民族伟大复兴梦，接续丝绸文化传统成为新世纪新时代的重要使命。

随着1989年柏林墙的拆除和1991年苏联的解体，战后国际关系进入了一个新的时代，经济全球化浪潮席卷全球市场，不再受国家边界的限制，资本可以在国际上自由流通，以人民需求、价格竞争、贸易经济的同质化为代表的经济全球化成为现实。美国学者弗朗西斯·福山把这种经济全球化的后果向社会政治领域延伸，提出了所谓的“历史终结论”，认为此后的世界将是一个不再有意识形态对立的世界，从而进入一个由自由主义民主政治市场经济等欧美式理念支配和渗透的时代。然而，当整个西方世界还在为建了一个同质化基础上的“和谐世界”而欢呼雀跃时，美国学者塞缪尔·亨廷顿提出了颇具影响力的“文明冲突论”。他认为，后冷战时代人们之间最重要的区别不是意识形态或经济的区别，而是文化的区别，文化或文明将成为国与国之间分裂的最重要原因。在这一理论与现实背景之下，如何进行不同文明之间的和平对话，实现不同文明之间的和谐共生成为最紧迫的时代课题。

中华人民共和国成立以来，历代领导人传承中华优秀传统文化，曾在不同的场合向国际社会庄严宣告中国永不称霸、永不扩张的决心，坚持独立自主的和平外交政策，积极倡导并参与构建国际秩序新格局，旗帜鲜明地反对霸权主义和强权政治，坚持在实现中国梦的征程中选择和平崛起之路。2013年，习近平放眼世界、胸怀南北，提出“一带一路”倡议，成为国际社会观察中国的关键词，它的核心内容是促进世界各国基础设施建设和互联互通，对接各国政策和发展战略，高举和平发展的旗帜，共同打造政治互信、经济融合、文化包容的利益共同体、命运共同体和责任共同体。这一跨越时空的宏大战略构想是中国新时期全方位开放战略，也是推行新型全球化和新型全球治理的合作倡议，更是融通“中国梦”与“世界梦”的伟大事业，可以说“一带一路”是21世纪中国最具有前瞻性、主动性、外向性的重大布局，是中国参与全球治理、主动设置议题、提升全球话语权的重大举措，体现的正是中华文化中“和而不同”的价值理念与“美美与共”的文化理想。

【拓展阅读7–3】

《丝路》

《丝路》是中央电视台策划并拍摄的一部记录丝绸之路重新崛起的纪录片。该片以丝绸之路作为空间线索，以欧亚大陆桥近2000年的历史作为时间线索，在丝绸之路沿线7个国家拍摄，全面展现丝绸之路在政治、经济、文化、军事等方面的丰硕成果，记录了多样的文明以及它们如何互相适应、和平相处，共同缔造新丝绸之路的故事。以历史的眼光，见证中华文明的博大胸襟，回顾中华民族的开放历程，书写世界四大古文明交流的辉煌历史。我们发现，在中国经济崛起的表象背后，人们的内心动力，与几千年前支撑丝绸之路的力量没有什么不同：都是对美好生活的渴望、对未知世界的好奇、对内心信念的坚持。

【拓展阅读 7-4】

中国文化概论

近代中国文化开始在欧洲产生影响，可以追溯到《马可·波罗游记》。马可·波罗在元朝初年来到中国，回到意大利后，发表了这本游记。这本游记把中国描写得很美，很富庶，这是引起近代西方人对中国感兴趣的第一本书。正式把中国文化传往近代西方的，是一些来中国传教的传教士。他们都能直接阅读中国古籍，生活也相当中国化。他们曾翻译了许多中国的重要典籍，如《论语》《中庸》《大学》等。

中国文化对18世纪法国影响最大的是学术思想。这时期，正是法国大革命的前夕，思想界反宗教的气氛很浓，中国富有人文精神的儒家哲学，就被当时的思想家利用来作为攻击宗教的利器。他们认为中国：①乃纯粹有德性的民族。②国家和文化令人欣羡。③道德秩序与自然秩序相调和。④相信人性本善。⑤人法天道，天道即自然秩序，所以说道法自然。⑥天道与人道相协调，亦即为中庸之道。⑦合理的观念，或理性至上主义。⑧重视人道观念。⑨向往内心和谐。⑩孔子代表合理主义，老子代表自然主义。

哲学方面，德国的莱布尼兹(Leibniz，1646—1716)是欧洲最早认为中国文化可以对西方文化有贡献的哲学家。他不仅讨论了中国人之神的观念，以为中国哲学的理，就是欧洲人所讲的神，还讨论了理与气的关系，以为理即太极，气为原始物质，是依理而有。莱氏是一位具有世界眼光的哲学家，他有沟通中欧文化的抱负，并在柏林创建了一个学会，作为实现这一抱负的机构。

法国思想家伏尔泰(Voltaire，1694—1778)是启蒙运动时代的大思想家之一，也是当时对中国文化最具好感的人。他对法国社会、文化的影响，相当于梁启超在清末民初对中国社会、文化所产生的影响。伏尔泰十岁起就在耶稣会主办的学校受教育，这使得他对中国文化有广泛的接触。他对中国文化无限制地加以赞扬，并尤其崇拜孔子。他说："我悉心攻读过孔子的书，做过节录。他所讲授的都是最高洁的道德，他不谈奇迹，不涉玄虚。"他认为："中国是世界上最公正最仁爱的民族。"他向欧洲人说："我们对于中国，应该赞美、应该自惭；但是尤其要紧的，应该模仿。"因此，他曾叹息："我之不能像中国人，为一大不幸。"伏尔泰的大量著作，有不少是利用中国历史的材料写成的，最著名的一个例子就是他早年曾根据中国的《赵氏孤儿》，编成《中国孤儿》的剧本。

资料来源：韦政通. 中国文化概论[M]. 长春：吉林出版集团，2008.

思考题

1. 如何理解共同富裕是中国式现代化的本质特征？
2. 简述"全过程人民民主"中包含的中华文化智慧。

3. 简述中华文化对解决当前全球生态危机具有的时代价值。
4. 简述构建人类命运共同体的世界意义。
5. 简述中华文化与人类命运共同体之间的关系。

参考文献

[1] 张立文. 中国传统文化与人类命运共同体[M]. 北京：中国人民大学出版社，2018.

[2] 孙伟平. 中华文化可以向世界贡献什么？[M]. 南宁：广西人民出版社，2019.

[3] 姚洋. 中国道路的世界意义[M]. 北京：北京大学出版社，2010.

[4] 张维为. 文明型国家[M]. 上海：上海人民出版社，2017.

[5] 王绍光. 中国崛起的世界意义[M]. 北京：中信出版集团，2020.

[6] 张维为. 中国特色社会主义[M]. 上海：上海人民出版集团，2020.

[7] 张践. 中华文化成为构建人类命运共同体的重要文化资源[C]//纪念孔子诞辰2570周年国际学术研讨会暨国际儒家联合会第六届会员大会论文集，2019-11-16.

[8] 潘岳. 中华文明塑造中国道路[N]. 环球时报，2019-11-01(1).

[9] 潘岳. 传播中华文明促进中西互鉴[EB/OL]. 人民网，[2021-10-07]. http://world.people.com.cn/n1/2021/0927/c1002-32238992.html.

[10] 韦政通. 中国文化概论[M]. 长春：吉林出版集团股份有限公司，2008.

融通中外：把中华文化传播到五湖四海

世界上从来不存在什么绝对完美的文化，只有永远追求“人文化成、文明以止”的初心。21 世纪是日新月异的时代，各个民族只有明晰自己的文化体系的内外特征及其优缺点，对优秀传统文化继承发扬、对亚文化的糟粕果断抛弃，改革图强、日新又新，才能在文明竞争和文明发展的大潮流中勇立潮头。

中华文化是一种以天下为己任的文化形式，其终极目标即“以化成天下”，就如儒家所说的“以天下为一家，中国为一人”。所谓天下，既包括又高于民族与国家。天下文明，追求天下太平、天下大同，提倡创造一个开放、包容、流动、变通和发展的人类生活世界。天下文明观与文化的中心主义不同，它主张任何一种类型的文明都有其历史形态和社会价值，而没有绝对唯一的价值标准，更没有高低贵贱之分。我们相信，中华传统文化中的天下文明、四海一家、持中守正、和而不同、礼尚往来、义重于利、平等共治、顾全大局等优秀要素，都将在新时代中外文明的交流交往中发挥积极作用。

在本书的编写过程中，编写组成员坚持马克思主义科学理论与中国实际相结合的大历史观视角，将“实现中华民族伟大复兴”置于 5000 年中华文明的历史长河中，追求以和谐共处、天下大同的包容文明观为文明底色的民族复兴，采用整体性的叙事原则，从时间维度、空间维度以及价值维度把握中华文化的重要意义。全书系统地追溯了中华文化其命维新的历史脉络，盘点了中华文化不拔之基的形成基础，洞察了中华文化远神近人的哲学思想，展现了中华文化道不离器的文化形式，提炼了中华文化千年道统的文化精神，追忆了中西文化美美与共的交融经历，最后，对包括港澳台侨及海外学生在内的全体社会成员提出共赴天下大同的人类命运共同体倡议。

华侨大学作为一所以侨立校、为侨服务的外向型综合性大学，历来坚持“会通中外、并育德才”的校园精神，秉承侨校初心，切实将港澳台侨学生的培养放在突出位置。在中华文化课程建设方面，搭建了以“中华文化概要”课程为核心，以“根在中国”为主题的“中国文化之旅”实践、侨乡文化研习实践、海外文化传播实践等“三类实践”，让港澳台侨学生和留学生有更多机会走进福建文化、齐鲁文化、中原文化等中华文化现场，不断增强社会实践考察的学术性和趣味性，产生了积极的育人效果。与此同时，港澳台侨学生和各国留学生也奉献了他们的地域文化和异域文明，丰富了华侨大学的校园文化氛围。例如，华侨大学马来西亚留学生从 1997 年创办校园第一支“二十四节令鼓”鼓队至今，来自马来西亚、印尼、泰国等东南亚国家以及中国内地和港澳地区的鼓队队员 300 多人，举办了“气节”“华响”“岚霆击叙”“凡音之起・由心而生”等多届校园公演活动，成为校园文化的一项盛事。华文学院从 2005 年举办“丝路文化品牌工程之泰国水灯节”活动至今，师生同放水灯、共寄美好祝福，成为校园一道靓丽的风景线。此外，学生美食节等活动总能掀起校园节日般的热潮。这些活动汇聚一起，形成了华侨大学“一元主导、多元融合、和而不同”的侨校文化氛围。

我们始终秉持一个心愿，愿来到华侨大学、来到中国求学的青年才俊们热爱中华文化，融通中外文明，成为新时代知华、友华、爱华的使者，把中华文化传播到五湖四海，为中外文化交流与合作贡献力量。

中国列入《世界遗产名录》的项目

截至 2022 年 8 月，中国拥有世界遗产 56 项，其中世界文化遗产 38 项(含世界文化景观 5 项)，世界自然遗产 14 项，世界文化与自然双重遗产 4 项，共有 29 个省、自治区、直辖市和特别行政区拥有世界遗产。

注：“文”代表世界文化遗产，“自”代表世界自然遗产，“自文”代表世界文化与自然双重遗产，罗马数字表示入选标准，国名后打“*”代表多国共同项目。

名称	地点(省)	入选标准	入选年份
泰山	山东	自(iii) 文(i) (ii) (iii)(iv) (v) (vi)	1987
长城	河北、北京、甘肃、内蒙古、天津、宁夏、陕西、山西、辽宁	文(i)(ii)(iii)(iv)(vi)	1987
北京和沈阳的明清皇宫	北京 辽宁	文(i)(ii)(iii)(iv)	1987(北京故宫) 2004(沈阳故宫)
敦煌莫高窟	甘肃	文(i)(ii)(iii)(iv)(v)(vi)	1987
秦始皇陵及兵马俑坑	陕西	文(i)(iii)(iv)(vi)	1987
周口店北京人遗址	北京	文(iii)(vi)	1987
黄山	安徽	自(iii)(iv) 文(ii)	1990
九寨沟风景名胜区	四川	自(vii)	1992
黄龙风景名胜区	四川	自(vii)	1992
武陵源风景名胜区	湖南	自(vii)	1992

(续表)

名称	地点(省)	入选标准	入选年份
承德避暑山庄及其周围寺庙	河北	文(ii)(iv)	1994
曲阜孔庙、孔林和孔府	山东	文(i)(iv)(vi)	1994
武当山古建筑群	湖北	文(i) (ii) (vi)	1994
拉萨布达拉宫历史建筑群	西藏	文(i) (iv) (vi)	1994(布达拉宫) 2000(大昭寺) 2001(罗布林卡)
庐山国家公园	江西	文(ii) (iii) (iv) (vi)	1996
峨眉山——乐山大佛	四川	自(iv) 文(iv) (vi)	1996
丽江古城	云南	文(ii) (iv) (v)	1997
平遥古城	山西	文(ii) (iii) (iv)	1997
苏州古典园林	江苏	文(i) (ii) (iii) (iv) (v)	1997(拙政园、留园、网师园、环秀山庄) 2000(沧浪亭、狮子林、艺圃、耦园、退思园)
北京皇家园林——颐和园	北京	文(i) (ii) (iii)	1998
北京皇家祭坛——天坛	北京	文(i) (ii) (iii)	1998
大足石刻	重庆	文(i) (ii) (iii)	1999
武夷山	福建、江西	自(iii) (iv) 文(iii) (vi)	1999(武夷山) 2017(北武夷山)
青城山——都江堰	四川	文(ii) (iv) (vi)	2000
皖南古村落——西递、宏村	安徽	文(iii) (iv) (v)	2000
龙门石窟	河南	文(i) (ii) (iii)	2000
明清皇家陵寝	湖北、河北、江苏、北京、辽宁	文(i) (ii) (iii) (iv) (vi)	2000(明显陵、清东陵、清西陵) 2003(明孝陵、明十三陵) 2004(盛京三陵)
云冈石窟	山西	文(i) (ii) (iii) (iv)	2001
云南三江并流保护区	云南	自(i) (ii) (iii) (iv)	2003
高句丽王城、王陵及贵族墓葬	吉林、辽宁	文(i) (ii) (iii) (iv) (v)	2004
澳门历史城区	澳门	文(ii) (iii) (iv) (vi)	2005
四川大熊猫栖息地	四川	自(x)	2006
殷墟	河南	文(ii) (iii) (iv) (vi)	2006

(续表)

名称	地点(省)	入选标准	入选年份
中国南方喀斯特	云南、重庆、广西、贵州	自(vii) (viii) (ix) (x)	2007(云南石林、贵州荔波、重庆武隆) 2014(广西桂林、贵州施秉、重庆金佛山、广西环江)
开平碉楼与村落	广东	文(ii) (iii) (iv)	2007
福建土楼	福建	文(ii) (iii) (iv)	2008
三清山国家公园	江西	自(vii)	2008
五台山	山西	文(ii) (iii) (iv) (vi)	2009
登封“天地之中”历史古迹	河南	文(iii) (vi)	2010
中国丹霞	福建、湖南、广东、江西、浙江、贵州	自(vii) (viii)	2010
杭州西湖文化景观	浙江杭州	文(ii) (iii) (vi)	2011
元上都遗址	内蒙古	文(ii) (iii) (iv) (vi)	2012
澄江化石遗址	云南	自(viii)	2012
新疆天山	新疆	自(vii) (ix)	2013
红河哈尼梯田文化景观	云南	文(iii) (v)	2013
大运河	北京、天津、河北、河南、山东、安徽、江苏、浙江	文(i) (iii) (iv)	2014
丝绸之路：长安——天山廊道的路网	*中国：河南、陕西、甘肃、新疆，吉尔吉斯斯坦*，哈萨克斯坦*，	文(ii) (iii) (v) (vi)	2014
土司遗址	湖南、湖北、贵州	文(ii) (iii)	2015
左江花山岩画文化景观	广西	文(iii) (vi)	2016
湖北神农架	湖北	自(ix)(x)	2016
青海可可西里	青海、西藏	自(vii) (x)	2017
鼓浪屿：历史国际社区	福建	文(ii) (iv)	2017
梵净山	贵州	自(x)	2018
中国黄(渤)海候鸟栖息地(第一期)	江苏	自(x)	2019
良渚古城遗址	浙江	文(iii)(iv)	2019
泉州：宋元中国的世界海洋商贸中心	福建	文(iv)	2021

中国列入《人类非物质文化遗产代表作名录》的项目

年份	项目
2001 年	昆曲
2003 年	古琴艺术
2005 年	蒙古族长调民歌(与蒙古国联合申报)
	新疆维吾尔木卡姆艺术
2009 年	中国传统桑蚕丝织技艺
	中国朝鲜族农乐舞
	南音
	南京云锦织造技艺
	宣纸传统制作技艺
	侗族大歌
	粤剧
	《格萨(斯)尔》
	龙泉青瓷传统烧制技艺
	热贡艺术
	藏戏
	《玛纳斯》
	蒙古族呼麦歌唱艺术
	花儿

(续表)

年份	项目
2009年	西安鼓乐
	中国书法
	中国篆刻
	中国剪纸
	中国雕版印刷技艺
	中国传统木结构建筑营造技艺
	端午节
	妈祖信俗
2010年	京剧
	中医针灸
2011年	中国皮影戏
2013年	中国珠算——运用算盘进行数学计算的知识与实践
2016年	二十四节气——中国人通过观察太阳周年运动而形成的时间知识体系及其实践
2018年	藏医药浴法——中国藏族有关生命健康和疾病防治的知识与实践
2020年	太极拳
	送王船——有关人与海洋可持续联系的仪式及相关实践(与马来西亚联合申报)

注：属于《人类口述和非物质遗产代表作》的，2008年被统一纳入《人类非物质文化遗产代表作名录》

中国列入《急需保护的非物质文化遗产名录》的项目

年份	项目
2009 年	羌年
	黎族传统纺染织绣技艺
	中国木拱桥传统营造技艺
2010 年	麦西热甫
	中国活字印刷术
	中国水密隔舱福船制造技艺
2011 年	赫哲族伊玛堪

中国列入《保护非物质文化遗产优秀实践名录》的项目

年份	项目
2012 年	福建木偶戏后继人才培养计划